Mara Laue

Von der Idee zum fertigen Text

Tipps, Tricks & Kniffe
für kreatives Schreiben

Über die Autorin

Mara Laue (Jahrgang 1958) lebt und arbeitet als freie Schriftstellerin und Künstlerin am Niederrhein. Sie verfasst hauptsächlich Krimis, Thriller, Okkult-Krimis, Science Fiction- und (Urban) Fantasy-Romane, aber auch Lyrik und Theaterstücke. Außerdem schreibt sie als Ghostwriterin Biografien und Firmenchroniken für verschiedene Auftraggeber und unterrichtet kreatives Schreiben in Workshops und Fernkursen. Sie ist Mitglied der „Mörderischen Schwestern – Vereinigung deutschsprachiger Krimiautorinnen" und im „Syndikat – Autorengruppe deutschsprachige Kriminalliteratur".

Weitere Infos: www.mara-laue.de

Titelfoto: Entwurfsnotizen (© Mara Laue)
Innenabbildungen: © Mara Laue

© 2011 Mara Laue
Alle Rechte vorbehalten

4. erweiterte Auflage
Herstellung und Verlag:
Books on Demand GmbH, Norderstedt

ISBN 978-3-8391-6947-6

Inhalt

1. Am Anfang: eine Idee — 7
2. Shortstory oder Roman? — 9
3. Der Plot – Aufbau einer Geschichte — 14
   1. Originalität — 14
   2. Die unverzichtbare Logik — 16
   3. Handlungsaufbau — 19
   4. Ein guter Anfang — 24
   5. Spannung erzeugen und halten — 28
   6. Der Konflikt — 43
   7. Das Ende — 46
   8. Die „Heldenreise" — 50
4. Personenentwicklung — 54
   1. Der Name — 54
   2. Das Aussehen — 60
   3. Der Charakter — 61
   4. Motive — 64
   5. Die „Personalakte" — 65
   6. Der Protagonist und sein Gegenspieler — 74
5. Die Perspektive — 76
6. Die Rückblende — 87
7. Der Dialog — 90
8. Zeigen, nicht erzählen — 100
9. Das Setting – das Umfeld muss passen — 106
10. Der Titel — 112
11. Recherche — 116
12. Die Sprache — 124
    1. Wie Sie gut schreiben — 126
    2. Klischees — 135
    3. Stilblüten — 136
    4. Satzbau — 138
13. Überarbeiten — 143

14.	Das Exposé	146
15.	Formales	158
	1. Die Normseite	158
	2. Die Manuskriptnorm	163
	3. Das Verlagsanschreiben	163
16.	Das Genre	180
17.	Der Weg zur ersten Veröffentlichung	205
18.	Das Pseudonym	209
19.	Schreibblockade – was nun?	211
20.	Die letzten Tipps	217
21.	Schreiben als Beruf	221

Anhang
1. Kreative Hummeln im Hirn — 227
2. Glossar — 228
3. Weiterführende Literatur — 241
4. Literaturverzeichnis — 242
5. Schreibkurse — 243
6. Weitere Bücher der Autorin — 244

Anmerkung zum Gebrauch des grammatikalischen Geschlechts:

Im Gegensatz zu den vorherigen Auflagen dieses Buches habe ich dieses Mal ausschließlich die maskuline Form für allgemeine Begriffe gewählt (Protagonist, Autor, Held), statt wie in den anderen die moderne gemischtgeschlechtliche Form (ProtagonistIn, AutorIn, HeldIn), da diese den Text schwer lesbar machte.

Bitte betrachten Sie das Maskulin in diesem Buch als geschlechtsneutrales, rein grammatikalisches Geschlecht, das unabhängig vom realen Geschlecht lebender Personen immer auch die weibliche Form mit einschließt.

1. Am Anfang: eine Idee

Jeder Roman, jede Geschichte – ob lang oder kurz –, jedes Gedicht beginnt mit einer Idee. In den meisten Fällen bezieht sie sich auf den Inhalt. Manchmal hat man auch eine beeindruckende Person vor Augen oder einen Ort, einen Gegenstand, ein Tier, vielleicht sogar ein Kleidungsstück und möchte darum herum eine Geschichte weben. Auch ein Satz – gesprochen, gehört oder gelesen –, ja sogar ein einziges Wort kann uns zu einer Geschichte inspirieren.

Die österreichische Schriftstellerin Marie von Ebner-Eschenbach (1830 – 1916) antwortete auf die Frage, woher Schriftsteller ihren Stoff (= die Ideen) nehmen: *„Bücken Sie sich, und heben Sie ihn auf, er wächst überall aus dem Boden. So strecken Sie die Hand aus, wenn Sie sich nicht bücken wollen, Stoffe fliegen zu Hunderten in der Luft herum."* Besser lässt es sich nicht ausdrücken.

Wer mit offenen Augen durch die Welt geht, findet an jeder Straßenecke, in jedem Zimmer, bei jedem Blick aus dem Fenster Inspiration für die schönsten Geschichten. Hier ein paar Beispiele von Dingen, die mich inspiriert haben.

- Eine zerschlissene Couch auf dem Sperrmüll wurde erst zu einer Story, später zu einem Theatersketch, in dem eine Couch von ihrem bewegten Leben „unter" ihren Besitzern erzählt („Der Liebesorden").

- Die vogelähnliche Maserung einer hölzernen Tischplatte gab die Idee zu einer mystischen Geschichte, in der diese Maserung plötzlich lebendig wird („Der verzauberte Vogel").

- Eine ganz in regenbogenfarbene Kleidung gehüllte Frau auf einem Parkplatz wurde zum Märchen „Die Regenbogenfee".

- Ein Stück Bindfaden auf der Straße fand sich als Held in einer Geschichte wieder, in der er ein Menschenleben rettet („Nur ein alter Bindfaden").

- Eine um Haaresbreite verlorene Schachpartie gab den Anstoß, die Schlacht auf dem Brett mal aus der Sicht der Figuren zu beschreiben („Das Bauernopfer").

Und natürlich birgt jede Begegnung mit anderen Menschen eine Fülle von Stoffen für Geschichten und Romane. Aus diesem Grund haben sehr viele Schriftsteller die Angewohnheit, regelmäßig in Cafés oder ähnliche Lokale und an andere belebte Orte zu gehen und dort ihre Zeit (unter anderem) damit zu verbringen, die Menschen zu beobachten und ihren Gesprächen zu lauschen. Bahnhöfe, Supermärkte, Straßenbahnen, Kinos etc. sind fantastische Orte für einschlägige Studien.

Doch wie wird aus der Idee die Geschichte, die in ihr steckt? Mehr noch: Wie formen wir daraus eine Story oder sogar einen Roman, die/der nicht nur uns selbst gefällt, sondern auch andere Menschen begeistert oder doch zumindest interessiert?

Mit einer Menge Arbeit!

Sehen wir einmal davon ab, dass es einige wirklich seltene Naturtalente unter den Schriftstellern gibt, die ein intuitives Gespür für die Materie des Schreibens haben und ausreichende Kenntnisse des dafür erforderlichen Werkzeugs (= der Sprache) besitzen, so ist und bleibt Schreiben ein Handwerk, das man lernen kann und lernen muss, wenn man nicht nur für sich selbst schreiben will. Jeden Beruf und auch die Fertigkeiten jedes Hobbys muss man in einer Lehrzeit oder einem Studium zwischen zwei und acht Jahren (Regellehr- bzw. Regelstudienzeit) lernen. Der Beruf/das Hobby des kreativen und erst recht des journalistischen Schreibens bildet da keine Ausnahme! Sogar für die Naturtalente gilt das alte Sprichwort: *„Begabung macht dich allenfalls gut; allein die beständige Übung bringt dich zur Meisterschaft."*

Beginnen wir also mit den ersten Schritten auf dem Weg zu Ihrer Meisterschaft.

2. Shortstory oder Roman?

Bevor Sie mit dem Schreiben beginnen, müssen Sie sich (in der Regel) erst einmal entscheiden, ob die Geschichte, die Sie erzählen wollen, eine Kurzgeschichte werden soll oder ein Roman. Oder doch lieber eine Novelle, eine Erzählung? Zwar hat sich schon aus so mancher als Kurzgeschichte begonnene Idee später ein Roman entwickelt. Auch ist es schon vorgekommen, dass aus einem Romankonzept am Ende nur eine Kurzgeschichte wurde. Spätestens wenn Sie Ihr Werk einem Verlag anbieten, sollten Sie aber klar benennen können, um welche Literaturform es sich handelt.

Die Unterschiede zwischen einer Shortstory und einem Roman sind natürlich jedem auf Anhieb klar: die Länge macht es. Aber worin unterscheidet sich eine Shortstory von der Kurzgeschichte, eine Kurzgeschichte von der Erzählung, eine Erzählung von der Novelle usw.? Auch hier macht es zum Teil die Länge, obwohl die Übergänge fließend sind und es auch inhaltliche Unterschiede gibt.

Form:	Zahl der Anschläge[1]:	Seiten[2]:
Shortstory:	500 – 1.000	½ – 1
Kurzgeschichte (Story):	2.000 – 36.000	2 – 20
Erzählung:	36.000 – 180.000	20 – 100
Novelle:	90.000 – 270.000	50 – 150
Heftroman:	180.000 – 190.000	60[3] – 68
Taschenroman:	216.000 – 360.000	120 – 200
Roman:	216.000 – X	120 – X

Von der Länge her sind bereits ab der Erzählung die Übergänge nicht mehr eindeutig. Mal ganz abgesehen davon, dass eine Kurzgeschichte mit weniger als 5000 Anschlägen immer noch eine Kurzgeschichte ist und eine Erzählung auch schon mal nur

---

[1] Anschläge = alle Buchstaben, Zahlen, Satzzeichen einschließlich aller Leerschritte dazwischen
[2] Normseiten (siehe Kapitel 15.1)
[3] Sonderformat, das nicht mit normalen Buchseiten vergleichbar ist

15.000 Anschläge oder mehr als die ihr zugestandenen maximal 180.000 haben kann.
An dieser Stelle kommt das zusätzliche Kriterium des *Inhalts* ins Spiel.

Eine **Shortstory** (oder „Mini-Kurzgeschichte"; im Englischen: „Shortshortstory") zeigt wie ein Schlaglicht nur eine einzige kurze Szene und hat meistens nicht mehr als maximal zwei handelnde Personen. (Ausnahmen gibt es natürlich immer.) Das bekannteste Beispiel für Shortstorys sind Witze. Die kürzeste Gruselgeschichte der Welt, die vor Ewigkeiten in einer Zeitschrift veröffentlicht wurde, besteht aus nur zwei Sätzen: *„Der letzte Mensch der Welt sitzt einsam in seinem Zimmer. Da klopft es an der Tür."*

Bei der **Kurzgeschichte** (neudeutsch „Story", englisch „Shortstory") handelt es sich um eine Form, in der – je nach Länge – durchaus a) mehr als nur eine oder zwei Personen handeln (können) und b) es mehr als eine Handlungsebene geben kann (nicht muss), also die Perspektiven wechseln können. Ein Unterschied zur Erzählung, Novelle und zum Roman besteht auch darin, dass die Einleitung (auch hier gibt es Ausnahmen) kurz ist oder ganz wegfällt und die Handlung mit dem/einem Höhepunkt der Geschichte beginnt. Auf die Beschreibungen von Orten und Personen wird verzichtet, soweit sie nicht für die Handlung relevant sind. Die Handlungsorte sind begrenzt (meistens nur einer, höchstens zwei). Außerdem konzentriert sich die Kurzgeschichte normalerweise auf ein einschneidendes Erlebnis der Hauptpeson(en) und deren Folgen. Hierbei gibt es allerdings durchaus deutliche Unterschiede in den einzelnen Genres.

Die **Erzählung** ist eine längere Geschichte, in der eine Handlung a) chronologisch erzählt wird und b) aus nur einer einzigen Erzählperspektive dargestellt ist. Auf Rückblenden wird meistens verzichtet. Außerdem liegt einer Erzählung oft eine reale Begebenheit zugrunde. Bestes Beispiel: „Der alte Mann und das Meer" von Ernest Hemingway.

Der Inhalt einer **Novelle** konzentriert sich zwar ebenfalls auf einen zentralen Konflikt, stellt diesen im Gegensatz zur Erzählung aber nicht zwangsläufig chronologisch dar und auch nicht unbedingt nur aus einer einzigen Perspektive. Charakteristisch sind das *detaillierte* Beschreiben und Herausarbeiten eines Höhepunktes oder Wendepunktes im Leben der Hauptperson sowie die damit verbundenen Folgen. Bekannte Beispiele für Novellen sind Theodor Storms „Der Schimmelreiter" oder „Die Judenbuche" von Annette von Droste-Hülshoff.

Der **Roman** ist nicht nur von seiner Länge her der „König" der Literatur, sondern auch hinsichtlich der Komplexität seiner Handlungen. Wobei wir auch schon bei einem Hauptkriterium sind. Jeder Roman hat (normalerweise) mehrere Hauptpersonen – mindestens zwei: den Protagonisten (Helden) und dessen Antagonisten (Gegenspieler) – und mehrere Handlungsstränge, die zeitgleich ablaufen und miteinander verwoben sind, selbst wenn das nicht auf den ersten Blick erkennbar ist. Es können beliebig viele Personen auftreten und beliebig viele Schauplätze gewählt werden. Ein Roman umfasst oft einen längeren, in jedem Fall aber für die Hauptfigur(en) wichtigen Lebensabschnitt.

Das Hauptthema, das sich durch jeden guten Roman zieht, ist ein einschneidendes, je nach Genre auch bedrohliches Ereignis im Leben der Hauptperson, das bewältigt werden muss. Diese Bewältigung wird detailliert beschrieben und kann durchaus humorvoll sein. Dabei lebt der Roman von einem Konflikt, sei es mit anderen Personen, dem eigenen Gewissen, den Lebensumständen, unvorhergesehenen Ereignissen oder auch der Natur. Meistens führt der Konflikt die Hauptperson an ihre physischen und psychischen Grenzen, manchmal bis hin zur Lebensgefahr. Am Ende geht die Hauptperson entweder gestärkt bzw. charakterlich gereift, in jedem Fall aber verändert aus der Situation hervor oder scheitert.

Im Gegensatz zur Erzählung – und teilweise auch der Novelle – hat ein Roman immer eine fiktive Handlung. Wenn diese auf realen Ereignissen beruht, aber literarisch ausgeschmückt wird, handelt es ich um einen sogenannten „Tatsachenroman", selbst wenn die darin enthaltenen Tatsachen nur wenige Prozent im einstelligen Bereich des Gesamtwerks ausmachen. Aber auch hier sind die Übergänge fließend.

Der **Heftroman** ist eine Kategorie für sich und unterliegt je nach Genre inhaltlich teilweise sehr restriktiven Vorgaben seitens des Verlages, da es sich immer um eine Serie oder Miniserie (sechs bis acht Folgen) handelt. Vier Dinge kennzeichnen einen Heftroman formal. 1. erscheint er nur als Heft auf billigem Papier gedruckt. Da er aufgrund dessen (zumindest früher) recht billig war, nannte man ihn im Volksmund „Groschenroman".[4] 2. erhält er keine ISBN (Internationale Standard Buchnummer), sondern eine ISSN (Internationale Standard Seriennummer). 3. ist er nur in seltenen Ausnahmefällen länger als 64 Seiten und überschreitet niemals die 72 Seiten. 4. erscheint er regelmäßig in wöchentlichem, vierzehntägigen oder seltener in monatlichem Rhythmus. Inhaltlich gelten für ihn, abgesehen von seiner Länge, dieselben Kriterien wie für den Roman. Allerdings ist die Handlung deutlich einfacher gehalten und die verwendete Sprache ebenfalls relativ einfach.

Der **Taschenroman** ist nicht zu verwechseln mit einem Taschenbuch, obwohl er natürlich ausschließlich in Taschenbuchform publiziert wird. Kann ein Taschenbuch auch die als TB herausgegebene Lizenzausgabe eines zuvor als Hardcover erschienenen Romans sein, so ist ein Taschenroman nichts anderes als ein Heftroman in ungefähr doppelter bis dreifacher Länge. Er gehört meistens zu einer Romanserie, in der entweder immer wieder dieselben Personen eine Rolle spielen oder die innerhalb eines Genres eine Serie bilden. Er unterliegt inhaltlich denselben Vorgaben seitens seines Verlages wie ein Heftroman und erhält wie dieser eine ISSN. Wie beim Heftroman erscheint auch ein Taschenroman regelmäßig im Turnus, allerdings nur ein- bis dreimonatlich. Inhaltlich gelten für ihn dieselben Kriterien wie für einen Roman, allerdings wird beim Taschenroman auf eine allzu komplexe Handlung verzichtet.

---

[4] Groschen = alte Bezeichnung für eine Zehnpfennigmünze.

Letztendlich sind die Grenzen zwischen längerer Erzählung, Novelle und kurzem Roman fließend, und es liegt in der Entscheidung des herausgebenden Verlages, in welche Kategorie ein Werk am Ende eingeordnet wird.

3. Der Plot – Aufbau einer Geschichte

Aus der Idee entwickelt sich als Nächstes der sogenannte Plot. Das Wort stammt aus dem Englischen und bedeutet „Plan, Handlung". Der Plot ist die Essenz der Geschichte, der Handlungsplan, die grobe Zusammenfassung dessen, worum es in der Geschichte/dem Roman überhaupt geht und der die inneren Zusammenhänge darstellt. Er ist nicht zu verwechseln mit dem Klappen- oder Covertext eines Buches, der immer nur ein möglichst spannendes Schlaglicht auf einen Teil der Geschehnisse wirft und potenzielle Leser dazu veranlassen soll, das Buch zu kaufen.

Der gesamte Plot wird (bei Romanen und anderen längeren Werken) in einem Exposé (siehe Kapitel 14) zusammengefasst. Bevor wir aber ans Verfassen eines Exposés gehen, müssen wir uns erst einmal über die Handlung, ihren Ablauf und ihr Ziel im Klaren sein. Bei einer Kurzgeschichte, die meistens ein Ereignis nur in einer einzigen Szene oder wenigen Szenen darstellt, genügt es, wenn wir die Handlung im Kopf entwerfen. Allerdings gibt es auch professionelle Schriftsteller, die selbst den Plot ihrer Kurzgeschichten in ein paar Sätzen schriftlich vorformulieren.

Bei einem Roman empfiehlt sich ein schriftlicher Plot, weil man, wenn man die Handlung im Zusammenhang vor sich liegen hat, eher ihre Schwachstellen erkennt. Allerdings gibt es auch Schriftsteller, die nie einen Plot verfassen und trotzdem tolle Romane/Geschichten schreiben. Für Anfänger ist das Erstellen eines Plots aber auf keinen Fall verkehrt.

1. Originalität

Bei durchschnittlich zwischen 7.000 und 8.000 Neuerscheinungen jeden Monat (!) allein auf dem deutschen Buchmarkt gibt es nahezu nichts, was nicht schon in irgendeiner Form irgendwann mal geschrieben worden ist. Es ist also wenig sinnvoll, weil für die Leser uninteressant, wenn Ihre Geschichte/Ihr Roman der 1002. Aufguss von „Harry Potter" wäre, um ein bekanntes Beispiel zu nennen. Geschichten, in denen es um die Erlebnisse von Kindern/Jugendlichen in einem Internat/einer Schule für Zauberei geht, gibt es inzwischen wie Sand am Meer. Man sollte also unbedingt vermeiden, noch eine weitere derartige Story zu schreiben. Es sei denn man schriebe sie nur für sich selbst. Oder es gelänge Ihnen, die Story so aufzuarbeiten, dass trotz des bekannten Grundmusters etwas Neues dabei herauskommt. (Kristin und P.C. Cast ist das zum Beispiel mit ihrer Serie „House of Night" hervorragend gelungen, in der es um die Vorkommnisse in einem Internat für Vampire geht.)

Selbsterlebte Geschichten sind natürlich immer originell, auch wenn andere Menschen Ähnliches erlebt haben. Hier besteht die Kunst darin, sie so zu erzählen, dass sie spannend und interessant sind und sich nicht anhören wie Omas x-te Rezitation der Story, wie sie damals im Tanzkurs den Opa kennengelernt hat.

Ein ausgezeichneter Trick, ein originelles Thema zu finden bzw. ein bekanntes Thema neu zu verarbeiten, ist, das Bekannte umzukehren und „gegen den Strich zu bürsten". Ein Beispiel: Märchen, in denen der tapfere Ritter die Prinzessin vor dem Drachen rettet, gibt es zuhauf. Schreiben wir doch eine Geschichte, in der der nette Drache die Prinzessin vor dem bösen Ritter rettet, der sie nur wegen ihres Golds heiraten will – und schon haben wir etwas Originelles. Anders ausgedrückt: „Hund beißt Mann" ist keine Schlagzeile wert, weil es (leider) alltäglich ist. „Mann beißt Hund" ist dagegen außergewöhnlich.

Mit etwas Fantasie lässt sich auch aus Althergebrachtem etwas Neues, Spannendes kreieren. Ein paar Beispiele:

- Geschichten und Romane über König Artus gibt es massenhaft. Marion Zimmer Bradley hat in ihrem Bestseller „Die Nebel von Avalon" den ersten Roman geschrieben, in der die alte Story aus der Perspektive der Frauen erzählt wird. Morgaine Le Fay, die bis dahin stets als böse Intrigantin dargestellt wurde, ist darin eine sympathische, positiv besetzte Protagonist.

- Seit Bram Stokers „Dracula" waren Vampire die Bösewichte, die man jagte und vernichtete. Anne Rice

schrieb mit ihrem „Interview mit dem Vampir" das erste Buch aus der Sicht der Vampire.
- K. G. Chesterton erfand den vermutlich ersten (Hobby-)Detektiv, der ein Priester ist: „Pater Brown".
- Und Harper Lees Weltklassiker „Wer die Nachtigall stört" wäre nie so erfolgreich geworden, hätte ihr Protagonist Atticus Finch einen Weißen verteidigt und nicht einen Schwarzen.

Der Sieben-Verlag schreibt dazu in seinen für seine Autoren festgelegten „Richtlinien für Dark Romance": *„Obwohl man ‚das Rad nicht neu erfinden' kann, sollten doch eigene Wendungen und Überraschungen enthalten sein, ein paar neue Ideen zum Mythos der Fantasy-Gestalten. Kleinigkeiten reichen oft schon, einen Roman unverwechselbar zu machen. Die Leser, die gern Vergleiche anstellen, sollten also später sagen können: Das ist wie* (im Roman) *XY, aber doch anders!"*

Dieses Andere macht die Originalität aus. Lassen Sie sich etwas einfallen!

2. Die unverzichtbare Logik

Jede Geschichte muss in sich folgerichtig und schlüssig sein. Dazu gehört zwingend, dass die Ursache der Wirkung vorangeht. Das bedeutet nicht, dass die Ursache gleich zu Anfang der Geschichte genannt werden muss; zum Beispiel bei Ermittlerkrimis würde das die Spannung aus dem ganzen Roman nehmen. Spätestens am Ende muss sie jedoch offenbart werden. Stimmt die innere Logik der Story oder die ihrer einzelnen Szenen nicht, ist die ganze Geschichte unglaubwürdig und werden die Leser sie deswegen ablehnen. Ein Mord ist zum Beispiel immer die *Wirkung* einer Ursache und wird nur verständlich, wenn wir den Lesern *glaubhaft* das Motiv vermitteln können.

Für die Logik der Gesamthandlung ist bei längeren Geschichten und Romanen daher das Erstellen eines schriftlichen Plots oder Handlungsexposés (siehe Glossar) zu empfehlen, weil sich die Logikfehler in der komprimierten Form der Handlung am ehesten entdecken lassen.

Beispiele:
Die Hauptperson befindet sich um neun Uhr morgens in München und ist zum Mittagessen bei einem Meeting in Duisburg. Unmöglich, da man selbst mit dem schnellsten Wagen, dem schnellsten Zug und dem schnellsten Flugzeug (der Duisburg nächstgelegene Flughafen ist Düsseldorf) nicht in 3 – 4 Stunden diese ca. 650 Kilometer bewältigen kann. Oder ein Mensch, der gerade einen Schuss in den Oberarm erhalten hat, macht für die nächsten mindestens vier Wochen mit eben diesem Arm keinen Klimmzug auf die nächste Mauer hinauf, wie man das in vielen Filmen regelmäßig zu sehen bekommt.

Ebenso wichtig sind auch Kleinigkeiten, die stimmen müssen und die selbst bei renommierten Autoren schon mal im Eifer des Schreibens daneben gehen können. Ein paar reale Beispiele aus diversen Büchern:

- Am Anfang der Geschichte hat die Heldin blaue Augen, mehrere Kapitel später sind sie plötzlich grün.

- In der einen Nacht ist Vollmond und nur eine Woche später bereits Neumond. Sorry, das braucht immer noch 14 Tage.

- Ein Protagonist trägt von einer Szene auf die andere unterschiedliche Kleidung, ohne die Gelegenheit gehabt zu haben, die zu wechseln.

- Die Sprache einer Person wird in einem Krimi als mit einem deutlichen Dialekt behaftet beschrieben, der für die Gegend, in der das Verbrechen geschah, völlig untypisch und deshalb auffallend ist. Aber bei der Gegenüberstellung mit Sprechprobe erkennt das Opfer den Täter trotz dieses auffallenden Dialekts nicht. Höchst unwahrscheinlich!

- Ein Mörder will den Selbstmord seines Mordopfers vortäuschen und platziert in dessen Wohnzimmer einen gefälschten Abschiedsbrief. Danach zündet er die Wohnung an, um seine eigenen Spuren zu beseitigen – und der falsche Abschiedsbrief wäre fröhlich mit verbrannt, wenn nicht zufällig ein Nachbar rechtzeitig die Feuerwehr gerufen hätte. Da dieser Zufall vom Täter nicht vorhersehbar war, er aber wollte, dass der gefälschte Abschiedsbrief von der Polizei gefunden wird, hätte er folglich niemals die Wohnung abgefackelt, um Spuren zu beseitigen oder den Brief an anderer Stelle deponiert.

- Ein Protagonist fällt von einem Baum aus zehn (!) Metern Höhe. Unten angekommen springt er auf und rennt (!) davon, ohne auch nur einen Kratzer abbekommen zu haben. Bedauere, aber bei so einem Sturz ist ein Bruch beider Beine und evt. noch anderer Knochen (je nach Aufprallwinkel und Gewicht der Person) die Regel! Wer zehn Meter abstürzt und nicht zufällig in tiefem Wasser landet, ist so verletzt, dass er garantiert nicht mehr gehen, geschweige denn aufspringen und rennen kann.

Solche sogenannten „logischen Brüche" sollte man unbedingt vermeiden. Dazu empfiehlt es sich, die Geschichte von jemand anderem probelesen zu lassen. Wir selbst stecken in unseren eigenen Geschichten zu sehr drin und sind deshalb „betriebsblind", sodass wir selbst bei mehrmaligem Lesen solche Fehler nicht unbedingt bemerken.

Ein zweiter, nicht weniger wichtiger Aspekt, ist die Logik in den Handlungen der Personen. Jeder Mensch hat einen eigenen Charakter (auch fiktive Romanfiguren!), der gewisse Verhaltensmuster bedingt, wie jeder Psychologe bestätigen kann. Es ist für die Glaubwürdigkeit unserer Figuren zwingend erforderlich, dass sie nach der ihnen von uns gegebenen Persönlichkeit handeln. Andernfalls werden sie unglaubwürdig, und die Leser können sich nicht mit ihnen identifizieren.

Zum Beispiel würde der schüchterne, stille Schüler niemals vor der ganzen Klasse dem Lehrer den „Stinkefinger" zeigen oder ein soziopathischer Serienmörder nicht plötzlich Mitleid mit seinem Opfer haben und es deshalb leben lassen (weil Soziopathen unfähig sind, Mitgefühl zu empfinden). Ein penibler Pedant, der größten Wert auf sein Äußeres legt, geht ganz sicher niemals mit offenem Hemdkragen oder ungebügelter Hose auf die Straße, und eine verklemmte Frau würde niemals das Wort „ficken" in den Mund nehmen. Sie hätte wahrscheinlich schon Schwierigkeiten, das Wort „Sex" auszusprechen, ohne zu stottern oder knallrot zu werden. Tun unsere Protagonisten solche Dinge dennoch, werden sie dadurch unglaubwürdig und wird die Geschichte/der Roman als schlecht empfunden.

Deshalb sollten wir zumindest bei Romanen, Novellen und Erzählungen für jede Hauptperson einen Charakterbogen oder eine „Personalakte" anlegen (siehe Kapitel 4 Punkt 5), in der wir ihre Eigenheiten genau definieren und festhalten, um uns während des Schreibens daran zu orientieren. Je länger der Text ist, desto mehr neigt auch der Autor dazu, gewisse Aspekte zu vergessen, da man nicht alle Charaktereigenschaften oder das Aussehen alle paar Seiten wiederholt, um sie dadurch in Erinnerung zu behalten.[5]

Fazit: Die innere Logik einer Story und ihrer handelnden Personen ist ein sehr wichtiger Aspekt einer guten Geschichte.

3. Handlungsaufbau

Romane, Erzählungen und Novellen folgten ursprünglich im Aufbau ihrer Handlungen dem Vorbild des klassischen Dramas. Das heißt, sie waren/sind in drei bis fünf Akte gegliedert. Wie beim

---

[5] Auch wenn ich solche und andere Dinge aus eigener Erfahrung und Überzeugung empfehle, gibt es doch etliche Autoren, die das anders handhaben und bestens klarkommen. Mein Tipp: Probieren Sie es aus; wenn es Ihnen hilft, behalten Sie es bei, wenn nicht, finden/entwickeln Sie Ihre eigene Methode. Beim Schreiben zählt das Endergebnis, nicht Ihr Weg dorthin.

Schulaufsatz hat außerdem jede Geschichte eine Einleitung, (mindestens) einen Hauptteil (Höhepunkt) und einen Schluss. Derselbe Handlungsaufbau gilt auch für jede einzelne Szene, und sei sie noch so kurz: Sie sollte Anfang, Höhepunkt und Schluss haben. (Es gibt jedoch Ausnahmen, z. b. beim „Cliffhanger"; siehe Punkt 5 dieses Kapitels.)

Beim klassischen Konzept werden im ersten Akt die Hauptpersonen vorgestellt, wird das Thema eingeführt und ebenso der zentrale Konflikt. Im zweiten Akt wird der Konflikt gesteigert, und werden weitere Personen eingeführt. Im dritten erreicht die Geschichte ihren (einen) Höhepunkt. Im vierten Akt kommt es zu einer Umkehr oder dem Showdown bzw. der Lösung des Konflikts, und der fünfte Akt bildet den Schluss, den Ausklang, in dem es (nur noch) darum geht, die offenen Enden aufzulösen.

Bei modernen Romanen sind die Übergänge und Grenzen fließend, können Elemente der einzelnen Akte ineinander übergehen oder sogar vertauscht werden. Es gibt Romane, die mit dem Ende beginnen und rückwirkend den Weg dorthin erzählen. Aus Gründen der Spannung kann und darf man im Roman durchaus mit einem Höhepunkt beginnen und die Erläuterungen, die Einleitung, wie es zu diesem Höhepunkt gekommen ist, als Rückblenden oder Dialoge nachreichen.

Die Handlung muss nicht zwangsläufig chronologisch aufgebaut sein (dies ist ein Merkmal einer Erzählung) und auch nicht linear geschildert werden. Sie muss jedoch interessant sein und zum Weiterlesen animieren. Man muss die wichtigen Dinge auch nicht sofort am Anfang nennen, sondern sollte dem Leser immer nur so viele Informationen verraten, wie für das Verständnis der *gegenwärtigen* oder unmittelbar folgenden Textpassage nötig ist und alles Überflüssige weglassen. Ausnahme: Hinweise, die für eine spätere Szene relevant sind, dürfen und müssen natürlich schon früher platziert werden, auch wenn ihre Relevanz erst später erkennbar wird. Das macht aber nichts, denn eine gute Geschichte/einen guten Roman werden die Leser mehrmals lesen.

Ein Beispiel:
Eine Familie mit zwei Kindern macht einen Sonntagsausflug mit dem Fahrrad. Beschrieben wird kurz (= in einem, höchstens zwei

Sätzen) das schöne Wetter und je nach dem Fortgang der Geschichte auch in einem „inneren Monolog" (siehe Glossar) der Hauptperson, wie er/sie sich gerade fühlt (aber nur, wenn das für die Handlung wichtig ist).

Nehmen wir an, die Hauptperson ist die Ehefrau und Mutter. Eins ihrer Kinder macht mit dem Fahrrad wilde Kapriolen. Sie versucht erfolglos, das Kind durch Ermahnungen zur Räson zu bringen. Deshalb fährt es aus Unachtsamkeit den Hund einer Spaziergängerin an und verletzt sich durch den Sturz selbst schwer. An *dieser* Stelle – d. h. *bevor* der Unfall passiert oder während der Rettungsaktion – wäre es völlig überflüssig zu beschreiben, welche Hoffnungen und Zukunftspläne die Eltern für dieses Kind bzw. beide Kinder haben, da das keine Relevanz zum Inhalt der Szene hat und die Handlung an *diesem* Punkt nur unnötig verzögert, aufbläht und die Spannung herausnimmt. Diese Überlegung wird aber in einer späteren Szene wichtig, wenn die Mutter im Krankenhaus am Bett ihres verletzten Kindes sitzt und sich nun Gedanken macht, dass die geplante Karriere als Pianist ins Wasser fällt, weil der verletzte Arm für immer steif bleiben wird.

Ebenso unschön und in solcher Form überflüssig sind Passagen mit sogenanntem **„Infodump"**. Das englische Verb „to dump" bedeutet ausschütten, fallen lassen. Infodump begegnet uns immer dort, wo ein Autor uns mit Sachinformationen überschüttet, die nicht selten wie Eintragungen aus einem Lexikon klingen.

Negatives Beispiel: *„Die Schlange konnte keine Anakonda sein, da Anakondas erstens nicht grün sind und zweitens nicht auf Borneo leben. Sie kommen ausschließlich in Südamerika vor."* Hier sehen wir den erhobenen Zeigefinger des Lehrers. Sofern die Szene nicht gerade in einer Schule spielt und ein Lehrer tatsächlich Biologie- oder Geografieunterricht gibt, hat eine solche Schilderung in einem Roman oder einer Geschichte nichts zu suchen. Doch trösten Sie sich: Solche Passagen kommen selbst bei erfahrenen Autoren ab und zu vor. In dem Fall ist es die Aufgabe der Lektoren, sie zu streichen und umzuschreiben.

Dennoch müssen wir auf solche Sachinformationen nicht verzichten; wir müssen sie nur anders verpacken:

Julian kam kreidebleich aus der Hütte gerannt und deutete hektisch hinein. „Eine Anakonda! Da drinnen ist eine Anakonda! So groß" – *er deutete mit ausgestreckten Armen die Länge an* – *„und ganz grün."*
Reiseleiter John grinste breit und blieb völlig gelassen. „Beruhigen Sie sich, Sir. Was immer Sie gesehen haben, ist garantiert keine Anakonda."
Julian blickte ihn irritiert und auch verärgert an, weil der Mann ihn offenbar nicht ernst nahm. „Und wieso nicht? Ich weiß doch, was ich gesehen habe!"
John ließ sich nicht aus der Ruhe bringen. „Nun, Sir, eine grüne Anakonda muss erst noch geboren werden. Die Viecher gibt's nur in Braun, Schwarz und grün gemustert. Außerdem hat es auf ganz Borneo noch nie eine Anakonda gegeben, allenfalls im Zoo."
Julian sah ihn verständnislos an.
„Anakondas leben ausschließlich in Südamerika." John schlug Julian freundschaftlich auf die Schulter. „Sehen wir uns Ihre uneingeladene Besucherin mal an."

Hier bekommen wir fast dieselben Informationen (und noch ein paar mehr), aber sie sind in die Handlung eingebettet, führen sie fort und unterbrechen sie nicht wie der Infodump.

Allerdings sollten auch solche gut verpackten Informationspassagen nur dann im Text auftauchen, wenn sie für die Handlung wichtig sind bzw. einen wichtigen Bezug dazu oder zu einer späteren Szene haben. Ansonsten sollte man gerade bei Kurzgeschichten auf sie verzichten. In Romanen kann man sie unter Umständen belassen. Für Kurzgeschichten gilt immer: *In der Kürze liegt die Würze!* Dort wird alles Unwichtige weggelassen.

Bei unserem Beispiel hätte diese geballte Informationsladung eine Berechtigung, wenn Julian später nach Südamerika reist und dort tatsächlich einer Anakonda begegnet, die er nur aufgrund von Johns ausführlicher Beschreibung als solche erkennt. Oder wenn die Szene uns eine Eigenschaft Julians (Unwissenheit, Ängstlichkeit) zeigen soll.

Grundsätzlich gilt, dass jede Szene, jedes beschriebene Ereignis entweder die Handlung als solche voranbringen und weiterführen sollte oder wichtig für die persönliche Entwicklung bzw.

Beschreibung der Protagonist/Antagonisten ist. Oder sie dient dazu, der Leser Informationen zu geben, die zum Verständnis der Handlung erforderlich sind. Jede Passage, die diese Voraussetzung nicht erfüllt, kann und sollte spätestens beim Überarbeiten gestrichen werden.

Beispiele:
Die Beschreibung einer Landschaft oder eines Ortes ist wichtig, damit die Leser wissen, wo die Szene spielt und sie sich plastisch vorstellen können. Auch hierbei sollte man sich weitgehend auf das Wesentliche beschränken. Wenn z. B. ein Spaziergänger ermordet werden soll, indem man ihn über den Rand einer Steilklippe stößt, muss diese Klippe natürlich beschrieben werden. Allerdings – siehe oben – *nicht* mit Infodump, sondern in die Handlung eingebettet (siehe Kapitel 8). Das zukünftige Mordopfer könnte sich beim Wandern am Rand eben dieser Klippe Gedanken darüber machen, dass hier schon mehrere Unvorsichtige abgestürzt sind, weil sie steil und ungesichert ist, weshalb er/sie sich vornimmt, ganz besonders gut aufzupassen. Noch besser: Man packt solche Dinge in einen Dialog.
  Eine Szene, in der ein Passant den Protagonisten anrempelt, ist nur dann von Bedeutung, wenn zum Beispiel dieser Passant sich später als Taschendieb entpuppt, der durch den Rempler der Hauptperson die Brieftasche geklaut hat. Bleibt das Anrempeln ohne Folgen für die Geschichte, dann wäre es überflüssig.

Übung:
Nehmen Sie einen Ihrer eigenen Texte vor und lesen Sie ihn aufmerksam durch mit dem Augenmerk auf solche überflüssigen Passagen. Streichen Sie die und lesen Sie den verbleibenden Text noch einmal. Sie werden feststellen, dass er viel „dichter" und interessanter geworden ist.

Besonders für einen Roman erlangt der sogenannte **„Plotpoint"** (= Wendepunkt) eine wichtige Bedeutung. Jede Geschichte hat mindestens zwei Plotpoints: 1. wenn nach der Vorgeschichte die Handlung richtig in Schwung kommt, 2. wenn die Handlung das

Ende der Geschichte vorbereitet; z. B. indem der Kommissar den entscheidenden Hinweis auf den Täter erhält.

Zugunsten der Spannung kann man den Roman/die Geschichte durchaus mit dem ersten Plotpoint beginnen und kann und sollte man bei Romanen unbedingt mehrere Plotpoints einbauen. Das Kennzeichen dieser weiteren Plotpoints ist das Überraschungselement. Sie bringen eine für die Leser (idealerweise) unerwartete Wendung.

Beispiel:
Ein Mord ist geschehen, und die Kripo beginnt mit den Ermittlungen (1. Plotpoint). Der Kommissar erhält einen Hinweis auf den Täter (2. Plotpoint), will ihn verhaften – aber der Täter ist geflohen. Er verfolgt ihn, doch der Täter entkommt immer wieder. Dann erhält der Kommissar eine wichtige Information, mit deren Hilfe er dem Täter eine Falle stellen kann (3. Plotpoint) und ihn fängt. Doch es stellt sich heraus, dass der vermeintliche Täter unschuldig ist (4. Plotpoint). Der Kommissar muss mit seinen Ermittlungen wieder von vorn beginnen. Schließlich findet er den entscheidenden Hinweis auf den wahren Täter (5. Plotpoint) und kann ihn überführen.

Gerade das Genre des Thrillers (siehe Kapitel 16) lebt vom geschickten Einsatz mehrerer Plotpoints.

Generell muss man aber darauf achten, dass man nicht zu viele Wendungen in die Handlung bringt und sie dadurch so verwirrend macht, dass die Leser ihr nicht mehr folgen kann.

Um unsere Leser nun möglichst schnell in die Handlung hineinzuziehen, bedarf es zunächst einmal eines interessanten Anfangs.

4. Ein guter Anfang

Lektoren/Verleger lesen normalerweise nach dem Exposé (der Inhaltsangabe) nicht mehr als vier, höchstens fünf Seiten des ihnen eingereichten Manuskripts, von einer Kurzgeschichte nur die erste oder die ersten zwei. Aufgrund dieser Seiten entscheiden sie, ob sie weiterlesen oder nicht. Der Grund: Die Fehler, die ein Text hat (womit nicht nur Rechtschreib- und Grammatikfehler gemeint sind), erkennen erfahrene Lektoren bereits auf diesen wenigen Seiten. Diese Fehler setzen sich gewöhnlich in der gesamten Geschichte/dem gesamten Roman fort.

Deshalb ist es wichtig, den Anfang spannend zu gestalten und ihn vor allem so zu schleifen, dass nicht nur die Lektoren, sondern später auch die Leser weiterlesen wollen.

Hier ein paar Beispiele für gute Anfänge.

„So lautet meine Entscheidung. Wir werden sie nicht diskutieren", sagte der Mann am Schreibtisch. Er schaute bereits wieder in ein Buch. Seine beiden Kinder verließen den Raum und schlossen die Tür hinter sich.[6]

Und natürlich wollen wir wissen, was der Vater entschieden hat, denn dass seinen Kindern diese Entscheidung nicht gefällt, impliziert seine nachdrückliche Weigerung, sie zu diskutieren.

Sie fühlte den weichen Samt auf ihrer Haut und darunter die Kälte des steinernen Altars, auf dem sie lag. Der Raum wurde nur von roten Kerzen erleuchtet, die in weitem Kreis um den Altar herum aufgestellt waren. Dreizehn Kerzen. Eine Art Weihrauch verbreitete einen betörenden, stimulierenden Duft.[7]

Allein schon die Erwähnung, dass da eine Frau auf einem Altar liegt, erweckt Spannung, denn normalerweise liegen Menschen nicht auf Altären.

Wilhelm Dreyer schloss die Tür der Erdgeschosswohnung in der Rudolfstraße 23 auf. Das Erste, was ihm entgegenströmte, war der verführerische Duft eines Rinderbratens, der ihm das Wasser im Mund zusammenlaufen ließ. Er zog seinen Mantel aus und hängte ihn sorgfältig auf einen Bügel an der Garderobe.

„Rita, ich bin da!"

---

[6] Tamora Pierce: „Die schwarze Stadt"
[7] M'Raven: „Dämonenerwachen", Gruselroman (Heftserie „Schattenreich", Band 22), Bastei-Verlag, 2005

Jeden Mittwochabend freute er sich auf seinen Besuch bei Rita Milnerth. Wenn er mit ihr zusammen war, musste er in keine Rolle schlüpfen und wahlweise Firmenchef, Stadtratsmitglied oder der rücksichtsvolle Ehemann einer Künstlerin sein. Bei Rita war er nur er selbst und fand für ein paar kostbare Stunden Entspannung.
Dass sie ihm heute nicht wie sonst mit einem Lächeln entgegenkam, irritierte ihn. „Rita?"[8]

Gleich mit dem ersten Satz befinden wir uns mitten in der Szene, und zwar in einer *aktiven* Szene, in der jemand etwas tut. Als Nächstes werden unsere Sinne angesprochen: Es riecht nach Rinderbraten. Im dritten Absatz wird angedeutet, dass der Protagonist offenbar seine Frau betrügt. Schon ist unsere Neugier geweckt, und wir wollen erfahren, warum er das tut. Der letzte Absatz lässt uns zudem ahnen, dass da etwas nicht stimmt und etwas Schlimmes passiert ist oder gleich passieren wird. Wollen wir weiterlesen? Ganz sicher!

Der Sturmwind zerrte an ihm. Er spürte, wie die Kälte sich tief in ihm ausbreitete, und er wusste: wenn sie nicht binnen drei Tagen Land sichteten, würden sie alle tot sein.[9]

Hier springen wir mitten hinein in eine lebensbedrohliche Szene und tauchen sofort darin ein. Die Erklärungen, wo sich das Schiff befindet, welche Mission es hat etc., kann nachgereicht werden. Wir wollen jetzt wissen, ob es den Seeleuten gelingt, sich an Land zu retten.

Callara schrie auf, als der nebelhafte Schatten sie berührte. Seine eisige Kälte drang in ihren Körper und tötete jedes Gefühl darin. Er kroch wie eine Spinne durch ihre Eingeweide, lähmte ihr Herz und erstickte ihre Seele. In wenigen Augenblicken würde sie nicht mehr sie selbst sein, sondern ein Teil des Schattens, in dem etwas Unaussprechliches lauerte, das Callaras innerstes Wesen auslöschen und sie als eine leere Hülle zurücklassen würde.[10]

---

[8] Mara Laue: „Die dritte Seite", Kriminalroman, McGinley Verlag, 2008
[9] James Clavell: „Shogun"
[10] Mara Laue: „Dáskaruns Flamme 1: Die Bedrohung", Fantasyroman

Und? Kann sie entkommen? Wird sie gerettet? Wird sie sterben? Wir werden unbedingt weiterlesen wollen. Das tun garantiert auch die Lektoren.

Diese Beispiele sollen genügen. Zu einem guten Anfang eignen sich die folgenden Stilmittel:

- Springen Sie mitten in eine Aktion hinein oder beginnen Sie mitten in einer spannenden Szene. Reichen Sie die Erklärung, wie es zu dieser Szene gekommen ist, wohldosiert nach und geben Sie nicht mehr als nötig preis.
- Beginnen Sie mit der aktiven (!) Einführung einer Hauptperson oder wichtigen Nebenperson (= die Person tut etwas). Hierbei muss die Person nicht unbedingt namentlich genannt werden.
- Schildern Sie ein Ereignis, das von entscheidender Bedeutung für den Roman/die Geschichte ist, auch wenn sich dem Leser diese Bedeutung erst am Ende erschließt.
- Geben Sie den Lesern eine Information, die sie neugierig macht und eine wichtige Rolle für die Handlung spielt („So lautet meine Entscheidung, und wir werden sie nicht diskutieren.").
- Falls Sie mit einer Beschreibung eines Ortes, Gegenstandes oder einer Person beginnen, sprechen Sie die Sinne der Leser an. Lassen Sie sie nicht nur sehen, sondern auch hören, riechen, fühlen, schmecken etc. (siehe Kapitel 8).
- Werfen Sie dem Leser etwas Kryptisches in einem Wort, einem Satz oder einem kurzen Absatz hin und blenden Sie danach zur nächsten Szene um: *„Das letzte Ziel lag vor ihr. Sobald sie es erreicht hatte, würde sie endlich frei sein. Nur noch wenige Stun-*

den (...)" [11] Schnitt. Absatz. Nächste Szene mit völlig anderer Perspektive. Und die armen, von Spannung gequälten Leser rätseln, was es mit diesem seltsamen Anfang wohl auf sich hat.

Natürlich ist es nicht damit getan, nur einen guten ersten Satz oder Absatz zu schreiben. Haben wir die Leser erst mal an der Angel, sollen sie auch ins Netz gehen und uns nicht wieder vom Haken gleiten. Wir müssen sie also bei der Stange halten und so spannend weiterschreiben, wie unser interessanter, Appetit anregender Anfang es ihnen versprochen hat.

5. Spannung erzeugen und halten

Fast jeder, der schreibt, möchte irgendwann einmal, dass seine Geschichte von jemand anderem gelesen wird, sei es „nur" von der/dem Liebsten, vom engen Familienkreis oder einem breiten Publikum. Mit anderen Worten, wir wollen unsere Leser unterhalten mit lustigen Begebenheiten oder mit atemberaubender Spannung. Deshalb muss selbst die kürzeste Geschichte unsere Zuhörer fesseln. Schon Voltaire meinte: *„Jede Art zu schreiben ist erlaubt, nur nicht die langweilige."*

„Fesseln" bedeutet, dass die Leser wissen wollen, wie die Geschichte weitergeht, wie sie ausgeht, dass sie – je nach Handlung – mit den Hauptpersonen mitfiebern. Anders ausgedrückt: Die Geschichte/der Roman muss interessant sein. Ein Teil des Interesses wird bereits durch das Thema selbst geweckt und davon, wie originell und spannend es sich schon in den ersten Sätzen/Absätzen präsentiert. Die übrige Wirkung erzielen wir durch die Anwendung der folgenden Methoden.

---

[11] Mara Laue: „Das Werkzeug seiner Rache", Thriller

a) Das abrupte Umblenden oder der „Cliffhanger"

Das Flurlicht erlosch.
Paula zuckte zusammen und presste sich gegen die Wand, halb in Erwartung, dass Kastor herausgestürmt kam und auf sie schoss. Nichts geschah. Mit zitternden Fingern zog sie die Stablampe aus der Gesäßtasche, die sie im Einsatz immer bei sich trug, und schaltete sie ein. Sie hielt sie unter die Pistole, damit sie nach vorn leuchtete und drückte mit dem Ellenbogen langsam die Klinke herunter. Zentimeter für Zentimeter schob sie die Tür mit dem Fuß auf.
Der Raum dahinter war stockfinster. Der Strahl der Taschenlampe traf auf Gerümpel, das hier abgestellt worden war. An der Decke hingen leere Trockenleinen.
Sie lauschte angestrengt, konnte aber nicht das leiseste Geräusch hören; auch nicht den Atem des Flüchtigen. Sie schob sich weiter in den Raum hinein. (...) Und der einzige Ort, an dem er sich verstecken konnte, war der Gerümpelberg.
Paula ging langsam darauf zu, alle Sinne und Nerven aufs Äußerste angespannt, bereit, im Bruchteil einer Sekunde zu reagieren. Eine alte Matratze lehnte schräg an der Wand und ließ dazwischen genug Platz für ein gutes Versteck. Sie sprang nach vorn und richtete ihre Waffe auf die Lücke dahinter. Der Lichtstrahl der Taschenlampe traf nur zwei Meter vor ihr auf eine dunkle Gestalt und wurde von dem glänzenden Lauf einer Pistole in deren Hand reflektiert. Die Mündung zeigte genau auf Paula.
Bevor sie reagieren konnte, drückte ihr Gegenüber ab.

*

Witold Graf hatte sich von der Besprechung zurückgezogen um nachzudenken (...)"[12]

Und wir Leser hängen wie die soeben abgefeuerte Kugel in der Luft und müssen uns mehrere Szenen oder sogar ein ganzes Kapitel lang (evt. länger) mit der Frage quälen, was denn nun mit Kommissarin Paula passiert. Wird sie getroffen, vielleicht sogar erschossen? Schwer verletzt? Oder kann sie sich retten?

---

[12] Mara Laue: „Smaragdjungfer. Ein Wilhelmshaven-Krimi", Sutton-Verlag, 2011

Eine Szene, ein Kapitel mit einem abrupten Umblenden zu einer ganz anderen Szene zu unterbrechen (auch „Cliffhanger" = „Klippenhänger" genannt), ist das gängigste Mittel, um Spannung zu erzeugen. Die Szene wird hier nicht beendet, sondern zerteilt und wie die zwei Brothälften eines Sandwiches um eine neue Szene herum drapiert. Wenn wir den richtigen Augenblick zum Umblenden gewählt haben, dann werden die Leser noch eifriger weiterlesen, den Roman/die Story „verschlingen", um möglichst schnell zu dem Punkt zu kommen, an dem die erste Szene weitergeht. Spannung pur!

Der amerikanische Thriller-Autor Eric Van Lustbader („Der Ninja", „Schwarzes Schwert" u.v.a.m.) ist ein Meister des Cliffhangers. Im wirklich allerspannendsten Moment blendet er um zu einem anderen Kapitel, einer anderen Perspektive, einem anderen Schauplatz, ja sogar zu einer anderen Zeit und lässt uns im Schweiße der von ihm erzeugten Spannung schmoren, währen er mit nicht nur einem Kapitel, sondern gleich einem ganzen Kapitelsatz eine neue Spannung an einem anderen Schauplatz aufbaut, nur um uns, wenn dessen Spannung ihren Höhepunkt erreicht hat, wieder im Stich zu lassen und zurück zur ersten unaufgelösten Spannung zu führen, die wiederum zu neuen Spannungen führt, auf deren Höhepunkt ... – Lustbader zu lesen ist nichts für Leute, die keine Spannung aushalten können.

Eifern wir ihm und anderen Könnern auf diesem Gebiet nach.

b) Unverhofft kommt oft

Jenny hatte bereits Seitenstiche und wusste, dass sie nicht mehr lange durchhalten würde. Sie konnte Hugh unmöglich entkommen, indem sie weiterhin vor ihm davonlief. Immerhin hatte sie einen kleinen Vorsprung, den sie nutzen musste. Links öffnete sich eine Schneise, an dessen Rand ein Stapel Baumstämme lagerte. Kein sehr originelles Versteck, aber besser als nichts. Jenny brachte sich hinter dem Stapel außer Sicht und quetschte sich in eine Lücke zwischen den Stämmen, die breit genug für sie war, wenn sie sich ganz klein machte. Hastige Schritte näherten sich ihr. Blieben stehen. Gingen weiter um den Holzstapel herum und kamen genau auf ihr Versteck zu. Jenny unterdrückte ein Wimmern, als zwischen den Lücken der Stämme, die Beine ihres Verfolgers in Sicht kamen, der genau auf sie zuhielt. Im nächsten Moment hatte er sie entdeckt und griff nach ihr.

*„Jenny, was machst du denn hier?", fragte **Bill** verblüfft und zog sie unter den Stämmen hervor. „Und wieso rennst du wie von Furien gehetzt durch den Wald"*[13]

Ätsch, reingefallen! Nicht wahr, Sie haben gedacht, dass derjenige, der Jenny gefunden hat und ans Licht zerrt, der böse Hugh ist, vor dem sie flieht und der ihr gleich den Garaus machen wird. Und nun ist es der nette Bill. Doch wo steckt Hugh?

Bei diesem Stilmittel wird die Spannung dadurch erzeugt, dass der Leser etwas ganz Bestimmtes erwartet und diese Erwartung enttäuscht wird. Die Enttäuschung wird allerdings nur dann als angenehm empfunden und dem Autor nicht übel genommen, wenn sie sich als spannender erweist als es die enttäuschte Erwartung gewesen wäre. In dieser Story entpuppt sich Bill nämlich als Komplize von Hugh, der ihm Jenny ausliefert.

Eine Variante dieses Spannungsmittels ist die Aneinanderreihung von maximal drei solcher Enttäuschungen. Beim dritten Mal denkt der Leser, es wäre wieder nur falscher Alarm, doch gerade dann schlägt das Unheil zu. Ein Beispiel:

Zwei Arme umfingen sie von hinten. Sie stieß einen erschrockenen Schrei aus. Eine kalte Nase drückte sich gegen ihren Hals, und ein heiseres Knurren erklang unmittelbar neben ihrem Ohr.

„Kleine Mädchen sollten nicht allein in den dunklen Wald gehen", flüsterte eine Männerstimme in tiefer Tonlage. „Denn ich bin der große böse Wolf und habe kleine Mädchen zum Fressen gern!"

Sheila befreite sich rigoros. „Mann, Jimmy! Lass den Quatsch! Du hast mir fast einen Herzinfarkt verpasst!"

Jimmy lachte leise. „Siehst du, genau das meine ich. Wenn du dich schon in den finsteren Wald begibst, muss dich doch jemand beschützen." Er umarmte Sheila erneut. „Außerdem gibt es eine

---

[13] Mara Laue: „Zeit zu sterben", Kriminalstory

Menge angenehmer Dinge, die wir zu zweit allein im Wald tun können." Er biss sie zärtlich in den Hals.

Sheila machte sich ein zweites Mal von ihm los. „Ich muss mal pinkeln, und dabei will ich keine Zuschauer haben. Erst recht nicht dich. Und für gewisse Dinge zu zweit allein ist es viel zu kalt."

Sie wandte sich dem Wald zu. Jimmy fasste sie am Arm und zog sie zu sich heran. „Nicht wenn ich uns eine warme Decke besorge."

Sie verdrehte ungeduldig die Augen und befreite sich energisch von ihm. „Ich muss mal, Jimmy. Also lass mich in Ruhe."

Sie ging hastig weiter und war froh, dass er ihr nicht folgte. Sie hockte sich an einer geschützten Stelle hinter ein Gebüsch und erleichterte sich. Als sie sich wieder angezogen hatte, knackte es vernehmlich nicht allzu weit von ihr entfernt, begleitet von einem leisen Knurren, das überaus bedrohlich klang.

„Jimmy, du Kindskopf! Mich erschreckst du nur einmal. Darauf falle ich nicht wieder rein."

Entschlossen ging sie in Richtung auf das Lagerfeuer, das sie als schwachen Schein zwischen den Bäumen sah. Sie hörte Schritte im Unterholz und blieb stehen. „Verdammt, Jimmy, lass den Scheiß. Benimm dich wenigstens ein einziges Mal wie ein erwachsener Mann und nicht wie ein dummer Junge!"

Ein Schatten stürzte sich mit einem tiefen Grollen auf sie und warf sie zu Boden. Sheila schrie auf und schlug nach ihm. „Idiot! Willst du mir alle Knochen brechen?"

Jimmy grinste sie unbekümmert an, legte die Arme um sie und küsste sie innig. „Na, ist dir das männlich genug? Ich habe die versprochene Decke mitgebracht."

Er ließ sie los, griff neben sich und zog eine Wolldecke heran, die er auf dem Boden ausbreitete. Einladend deutete er darauf.

Sheila seufzte versöhnlich. „Ach, Jimmy."

Sie legte sich auf die Decke. Jimmy streckte sich neben ihr aus und nahm sie in die Arme. Bevor er dazu kam, mehr zu tun, als seine Hand unter ihren Pullover zu schieben, ertönte ein Rascheln und Knacken in unmittelbarer Nähe. Er stöhnte unterdrückt.

„Hey, Leute, ich habe euch doch gebeten, uns in Ruhe zu lassen. Das finde ich jetzt echt nicht witzig!"

Sheila kicherte. „Da siehst du mal, wie nervtötend so was sein kann", stellte sie boshaft fest und rief in die Dunkelheit: „Aber echt, Leute, lasst uns jetzt allein, ja?"

Ein Knurren antwortete ihr, das so ganz anders klang als das, was Jimmy vorhin von sich gegeben hatte. Es war erheblich lauter und tiefer und konnte unmöglich aus einer menschlichen Kehle stammen. Sheila richtete sich entsetzt auf. Jimmy tat dasselbe und tastete mit der Hand nach irgendetwas, das er als Waffe benutzen konnte. Er bekam einen dicken Ast zu fassen und hielt ihn wie eine Keule vor sich.

Das Knurren wiederholte sich. Diesmal klang es noch sehr viel näher und kam auch aus einer anderen Richtung.

„Was ist das?", flüsterte Sheila. Sie fühlte ihre Hände kalt werden.

„Irgendein Tier", flüsterte Jimmy zurück. „Geh langsam zurück zum Lagerfeuer!"

Sheila wandte sich um und schrie auf. Ein paar Schritte vor ihr leuchteten zwei gelbgrüne Augen, die zu dem Körper eines wahrhaft riesigen schwarzen Hundes gehörten. Der fletschte die Zähne und entblößte ungewöhnlich große Fänge. Jimmy stellte sich schützend vor Sheila und schlug mit dem Ast nach dem Tier.[14]

Die erfahrenen Leser von Gruselromanen werden sich unschwer denken können, dass das Tier natürlich kein wilder Hund, sondern ein Werwolf ist. Außerdem wussten die Leser – im Gegensatz zu Sheila und ihren Freunden –, bereits vor Beginn der Szene, dass sich genau dort, wo die jungen Leute ihre Party feiern, ein Werwolfrudel herumtreibt.

An diesem Beispiel sehen wir gut, wie man die Leser dazu bringen kann zu glauben, sie wüssten, was als Nächstes passiert, aber dann kommt es doch ganz anders.

Wie schon gesagt, muss man bei diesem Stilmittel darauf achten, dass man die Erwartung nicht mehr als dreimal hintereinander enttäuscht, sonst wird es langweilig und sind die Leser sauer. Außerdem sollte man eine solche Sequenz in einer Story/einem

---

[14] Mara Laue: „Sukkubus 9 – Das Schwarze Rudel", Okkult-Krimi, Online-Roman auf www.geisterspiegel.de, 2009

Roman nur ein einziges Mal als Spannungselement einbauen, sonst nutzt es sich ab und verfehlt beim zweiten Mal seine Wirkung. Schließlich haben wir ja noch andere Mittel, um unsere Leser auf die Folter zu spannen.

c) Lassen Sie die Leser Rätsel raten ...

... und Ihre Figuren ebenfalls. Aber bitte nicht zu viel und vor allem nicht so verworren, dass man nicht einmal mehr nach der Endauflösung durchsteigt. „Rätsel" heißt auch nicht unbedingt, dass es sich tatsächliches um ein Rätsel handelt wie z. B. die verschlüsselten Hinweise, denen Robert Langdon in Dan Browns „Da Vinci Code" („Sakrileg") durch die halbe Welt folgt, obwohl dieser Roman natürlich ein ganz hervorragendes Beispiel für diese Methode der Spannungserzeugung ist.

Rätsel sind manchmal nur Fragen, die aufgeworfen werden, deren Beantwortung aber erstens auf sich warten lässt (und oft erst am Ende des Romans geschieht). Zweitens wirft jede beantwortete Frage, jedes gelöste Rätsel idealerweise mindestens eine weitere Frage, ein neues Rätsel auf, sodass die eben noch greifbar scheinende Lösung wieder in weite Ferne rückt. Nämlich bis zum Roman- oder Storyende.

„Also war es von Anfang an Alex, der jeden unserer Einsätze verraten hat", stellte Karlsson grimmig fest. „Verdammt, das hätte ich ihm nicht zugetraut. Kein Wunder, dass alle Razzien bei Schulte nichts gebracht haben außer Frust."

Die Kollegen nickten zustimmend. Auf ihren Gesichtern malte sich neben der Enttäuschung auch Erleichterung, dass sie das Leck in ihrer Abteilung endlich gefunden hatten. Nur Johanna war in tiefes Nachdenken versunken und teilte die allgemeine Zufriedenheit nicht.

„Ich frage mich, woher Schulte wissen konnte, wo Ben und ich den USB-Stick gefunden hatten", sagte sie in das Schweigen hinein. „Wir haben es ihm garantiert nicht auf die Nase gebunden. Zu dem Zeitpunkt wusste außerdem nur eine Person darüber Bescheid."

Aller Augen richteten sich auf Karlsson.
„Du Schwein!", explodierte Fenner und machte Miene, sich auf seinen Vorgesetzten zu stürzen.
Johanna vertrat ihm den Weg. „Er kann es nicht gewesen sein, denn als ich es ihm gesagt habe, war er gerade dabei, Volkov zu verhören. Selbst wenn er die Information nach dem Verhör unverzüglich an Schulte weitergegeben hätte, wäre dem nicht genug Zeit geblieben, uns seine Schläger auf den Hals zu hetzen. Die Frage ist", sie wandte sich an Karlsson, „wem du davon erzählt hast, Bertold."
Karlsson war blass geworden. „Niemandem!", stieß er gepresst hervor. „Ich schwöre euch, dass ich wirklich niemandem davon auch nur eine Silbe mitgeteilt habe. Ich hoffe, du glaubst mir das, Johanna."[15]

Eine Frage ist beantwortet: Alex war der Spitzel, der dem Verbrecher Schulte polizeiinterne Informationen zugespielt hat. Doch diese Antwort wirft gleich zwei neue Fragen auf, da Alex eine an Schulte weitergeleitete Information gar nicht gekannt haben kann: 1. Ist Karlsson der zweite Verräter? 2. Falls nicht, wie ist Schulte an die Information gekommen? Und in den Lesern baut sich eine neue Spannung auf.

d) Geben Sie dem Leser Informationen, ...

... die Ihr Protagonist nicht besitzt.
Nehmen wir an, in der vorherigen Szene eines Romans hat der Leser aus der Perspektive des Mörders verfolgt, wie dieser sich zum Haus der Heldin Zutritt verschafft und sich in ihrem begehbaren Kleiderschrank versteckt hat. In der folgenden Szene kommt die ahnungslose Heldin von der Arbeit nach Hause, geht ins Schlafzimmer und beginnt sich auszuziehen, um ein Bad zu nehmen – während der Mörder im Schrank lauert und sie beobachtet und auf den günstigsten Moment zum Zuschlagen wartet.

---

[15] Mara Laue: „Denn trügerisch ist der Schein", Kriminalroman

Da *wir* das wissen, aber die Heldin nicht, fiebern wir ungeduldig dem Augenblick entgegen, in dem sie – hoffentlich rechtzeitig – bemerkt, dass sie nicht allein im Haus ist. Diese Spannung steigt, je länger der Autor diesen Moment hinauszögert. Hier ließe sich die Spannung noch intensivieren, wenn die Heldin zum besagten Kleiderschrank ginge, doch bevor sie ihn öffnen und damit dem Mörder direkt in die Arme laufen kann (die der vielleicht schon erwartungsvoll ausgestreckt hat), klingelt das Telefon, und sie macht kehrt.

Nehmen wir die Werwolfgeschichte von vorhin. Die Leser wissen von dem Werwolfrudel und wissen daher auch, dass Sheila und ihre Freunde sich in höchster Gefahr befinden. Die jungen Leute wissen das nicht, und als sie es erfahren, ist es zu spät.

Um dieses Mittel der Spannungserzeugung anzuwenden, eignet sich fast jede Szene, in der Protagonist (Held) und Antagonist (Gegenspieler) aufeinander treffen oder die Handlung des einen eine (mögliche) negative Auswirkung auf den anderen hat. Zum Beispiel hat die Antagonistin Gift in den Tee der Heldin getan, was diese (natürlich) nicht weiß, wohl aber die Leser. Die beginnen um das Leben der Heldin zu zittern, sobald die sich eine Tasse des vergifteten Tees einschenkt.

e) Enttäuschte Hoffnung

Mit diesem Stilmittel arbeiten wir bevorzugt in Situationen, in denen die Lösung zum Greifen nahe scheint. Hier machen wir die Erwartung der Leser auf die Auflösung zunichte und lassen sie noch eine Weile weiter zappeln, bauen erneut Hoffnung auf, nur um sie wieder zu zerstören, bis wir am Ende die Spannung auflösen. Oder auch nicht. Manchmal erhöht ein offenes Ende die Spannung, ohne dass die Leser enttäuscht sind.

Ein gutes Beispiel für Letzteres ist Dashiell Hammetts berühmter Roman „Der Malteser Falke". Am Ende wartet man gespannt darauf, welche Kostbarkeiten unter der Emailleschicht zutage kommen werden, mit der die Falkenfigur überzogen ist – doch zu unserem und dem Entsetzen der Protagonisten und Antagonisten ist darunter nur Blei, denn die Statuette, für die bereits unzählige

Menschen ermordet wurden, ist eine Fälschung. Dennoch verdirbt uns diese Enttäuschung nicht den Genuss am Krimi, weil die Bösewichte gefasst werden und der Mord an Sam Spades Partner aufgeklärt wird. Wo der echte Malteser Falke abgeblieben ist, wird dadurch zweitrangig.

Ein Beispiel für enttäuschte Hoffnung mitten im Roman wäre eine Situation, in der die Helden hinter einem Notizbuch mit (lebens-)wichtigen Informationen her sind. Endlich gelingt es ihnen unter enormen Schwierigkeiten oder sogar Lebensgefahr, das Ding zu ergattern. Erwartungsvoll schlagen sie es auf, wobei wir Leser ihnen gespannt über die Schultern schauen – und finden nur leere Seiten. Die gesuchten Informationen müssen also anderswo versteckt sein. Enttäuscht werfen sie das Notizbuch weg. Und erfahren Szenen später, dass es mitnichten leer, sondern mit unsichtbarer Tinte beschrieben war und genau die Infos enthält, die sie suchen.

Oder der Held trifft sich mit einem dubiosen Subjekt, das ihm verspricht, ihm den Mörder seiner Eltern zu nennen. Doch in dem Moment, da der Informant das Geheimnis preisgeben will – *„Der Mörder Ihrer Eltern ist der Mann, der ..."* – fällt ein Schuss, und er nimmt das Geheimnis mit ins Grab. Allerdings hat er noch den Hinweis geben können, dass der gesuchte Mörder ein Mann und seiner Wortwahl nach zu urteilen ein Einzeltäter ist. Und wir fragen uns jetzt fingernägelkauend, wer denn nun der Mann ist, der ... *was denn, verdammt?*

Vielleicht kennen Sie die Fernsehserie „24", in der der Held Jack Bauer nur 24 Stunden Zeit hat, um eine Katastrophe zu verhindern. Diese Serie lebt (unter anderem) von unzähligen Momenten enttäuschter Hoffnung, wenn der Bösewicht in letzter Sekunde wieder mal entwischt oder die Guten zu spät kommen, um Informationen zu erhalten oder einen Mord zu verhindern. Oder wenn ein Verräter in den eigenen Reihen ihnen einen Strich durch die so schön ausgeklügelten Pläne macht.

f) Andeuten und auslassen

Diese Methode – sie gehört zu den schwächeren Stilmitteln – vermittelt den Leser das Gefühl, etwas Wichtiges verpasst zu haben, das der Autor ihnen vorenthält und erst später oder sogar erst am Ende des Romans/der Geschichte auflöst.

Ein klassisches Beispiel ist eine Szene, in der der Antagonist dem Protagonisten (oder umgekehrt) die Waffe entwendet und einsteckt. Etwas später gelingt es dem, die Waffe wieder an sich zu bringen, doch als er schießen will, stellt er fest, dass sein Gegner in der Zeit, in der er die Waffe besaß, die Patronen entfernt hat.

Oder bei Liebesszenen, die nur angedeutet werden. Das Paar kommt endlich zur Sache, küsst sich leidenschaftlich und kann es kaum erwarten, im Bett zu landen. Die Schlafzimmertür schließt sich, das Bett knarrt – Schnitt. Nächste Szene. Die zeigt uns die beiden Turteltäubchen am folgenden Morgen bei der Arbeit, als wäre nichts gewesen. Grrr! Frustrierend! Dabei wollten wir doch zu gern die Details wissen!

Etwas subtiler und dennoch besonders spannend wird es, wenn zum Beispiel die Leser wissen, dass der Lover der Heldin ihr schlimmster Feind ist und man sie vor einem Mann mit einer besonderen Tätowierung gewarnt hat. Nun haben die beiden miteinander geschlafen, wobei sie eben diese Tätowierung hätte sehen müssen. (Eine solche Szene findet sich z. B. in dem Film „Blue Tiger".) Aber sie verhält sich ihm gegenüber am nächsten Morgen völlig normal und verliebt wie am Abend zuvor. Hat sie die Gefahr etwa nicht bemerkt? So fiebern wir dem entgegen, was als Nächstes kommt. Wird sie rechtzeitig erkennen, wen sie vor sich hat oder erst wenn es zu spät ist? Oder hat sie ihn bereits als ihren Feind erkannt und spielt jetzt ihr eigenes Spiel mit ihm, um ihn am Ende auszuschalten?

Spannung, Spannung!

g) Verzögerung und verpasste Gelegenheit(en)

Dies ist eine einfache, aber sehr wirkungsvolle Taktik und geht oft mit der enttäuschten Hoffnung einher. Immer wenn die Protagonisten vor der Lösung des Falls stehen oder vor einem anderen wichtigen Ereignis, das sie zur Lösung führen könnte, kommt etwas dazwischen.

Verzögerung: Der Detektiv will sich um Mitternacht mit dem Informanten an einem abgelegenen Ort treffen – doch auf dem Weg dorthin hat er eine Panne. Als er viel zu spät endlich am Treffpunkt ankommt, ist der Informant längst weg, traut jetzt dem Detektiv nicht mehr und weigert sich, einem neuen Treffen zuzustimmen. Es bedarf mehrerer Versuche (die mehrere Tage Zeit kosten, in denen andere spannende Dinge geschehen), bis der Detektiv den Informanten am Ende doch noch zu einem Treffen überreden kann.

Verpasste Gelegenheit(en): Die zerstrittenen Liebenden haben endlich begriffen, wie viel sie einander bedeuten. Sie ist gerade auf dem Weg zum Flugplatz. Er rast ihr hinterher, um sie zurückzuhalten. Sie kehrt um, um zu ihm zurückzugehen. Als er am Flughafen ankommt, ist sie nicht mehr dort. Als sie bei seiner Wohnung ankommt, ist er weg. Enttäuscht nimmt sie die nächste Maschine und ahnt nicht, dass er auf dem Rückweg zu seiner Wohnung einen Unfall hatte, andernfalls er sie noch vor seiner Tür angetroffen hätte.

Bei der Verzögerung wird dasselbe Ergebnis nur hinaus gezögert, bleibt aber in der Sache unverändert. Der Detektiv erhält am Ende keine anderen Informationen als die, die er von Anfang an haben wollte und sollte. Bei der verpassten Gelegenheit ändert sich durch diese die Handlung und gibt der Geschichte eine völlig neue Wendung. Hätten die Liebenden sich am Flughafen getroffen, wäre alles gut und die Geschichte dort in der Hauptsache zu Ende gewesen. Durch das einander Verfehlen und den späteren Unfall bekommt die Story eine andere Richtung, als sich bis dahin angedeutet hat.

Und wir sind gespannt, wie es weitergeht und ob sie sich am Ende doch noch kriegen.

h) Lassen Sie den Antagonisten gewinnen

Aber nur scheinbar! Kehren wir zurück zu Jenny, die von Bill an Hugh verraten wird. Sie befindet sich jetzt in der Gewalt der beiden Männer, und die Leser wissen, dass Hugh sie umbringen wird. Die Situation scheint ausweglos, und Hugh schreitet genüsslich zur Hinrichtung. Um es wie Selbstmord aussehen zu lassen, zwingt er Jenny, einen Abschiedsbrief zu schreiben und flößt ihr anschließend einen Giftcocktail ein. Danach sieht er ihr beim Sterben zu und verschwindet mit Bill erst, nachdem Jenny bewusstlos und er sich sicher ist, dass sie in wenigen Minuten tot sein wird. – Schnitt. Perspektivwechsel zur nächsten Szene, in der Jenny *nicht* vorkommt.

Wie bitte? Die Heldin ist tot? Verdammt, ist sie wirklich tot? Oder besteht doch noch Hoffnung?

Bevor Sie jetzt die Autorin erwürgen oder anderweitig meuchlings ermorden wollen, kann ich Sie beruhigen. Jenny wird in letzter Sekunde von ihrem Bruder gerettet. Damit ist die Geschichte aber natürlich noch nicht zu Ende. Außerdem erfährt der Leser das erst ganz zum Schluss. Die Geschwister nehmen gemeinsam Rache und drehen die Sache so, dass es aussieht, als hätten Hugh und Bill Jenny tatsächlich ermordet. Der Bruder – Staatsanwalt von Beruf – setzt in einem Indizienprozess (die Story spielt in den USA) die Todesstrafe für die beiden verhinderten Mörder durch. In der letzten Szene sehen wir Jenny, die in einer Verkleidung der Hinrichtung beiwohnt und den beiden Delinquenten lächelnd zuwinkt.

Natürlich gibt es auch Storys und Romane, die tatsächlich mit dem Sieg des Antagonisten, des Gegenspielers enden. Diesen Kniff nehmen uns die Leser nur dann nicht übel, wenn auch der Antagonist sich im Laufe der Geschichte bis zu einem gewissen Grad zu einem Sympathieträger entwickelt hat (oder es sich um eine mehrteilige Fortsetzungsgeschichte handelt; an deren Ende muss der Antagonist aber besiegt werden).

Nun wissen Sie, wie man Spannung aufbaut. Hier sind die gängigsten Tricks, mit denen Sie sie auch halten.

- Lassen Sie Ihre Protagonisten nicht zur Ruhe kommen (außer am Schluss). Werfen Sie ihnen Steine, Hindernisse und Schwierigkeiten in den Weg, und zwar immer dann, wenn sie (und die Leser) glauben, es jetzt endlich geschafft zu haben und sich ausruhen zu können. Ein meisterhaftes Beispiel dafür ist Dean Koontz' Roman „Velocity" (deutscher Titel: „Irrsinn"). Der Held Billy Wiles stolpert von einer Bedrohung zum nächsten Mord zum nächsten Horror zur nächsten Lebensgefahr (nicht nur für sich) usw., bis er endlich am Ende im großen Showdown den Killer stellen und ausschalten kann. Nichts für schwache Nerven!

- Streichen Sie alle Szenen/Handlungen aus Ihrem Text, die nicht zwingend erforderlich sind für die Fortführung der Handlung oder die Entwicklung der Charaktere. Beispiel: Eine Beschreibung eines One-Night-Stands, auf den der Held sich einlässt, ist überflüssig (und mag sie noch so amüsant, interessant, aufregend sein), wenn ihm daraus nicht irgendwelche für die Handlung wichtigen Konsequenzen erwachsen (Ausnahme: Erotische Romane/Storys).

- Erzählen Sie die Handlung nicht linear oder nur aus einer einzigen Perspektive (siehe Kapitel 5), sondern wechseln Sie Perspektive, Orte und evtl. auch Zeiten. Eine Rückblende wirkt besser, wenn sie in Form einer Tagebucheintragung, eines alten Briefes oder Zeitungsartikels geschieht (sofern das ins Konzept passt), als wenn sie nacherzählt wird. Lassen Sie die Leser ruhig auch mal in den Kopf des Antagonisten blicken. Sofern Sie sich dabei nicht wiederholen, kann es auch spannend sein, dieselbe Szene aus der Sicht zweier verschiedener Menschen zu erzählen oder sogar mehrerer. Letzteres ist dem japanischen Regisseur Akira Kurosawa in dem Film „Rashomon" hervorragend gelungen, in dem während einer Gerichtsverhandlung die Zeugen des Verbrechens eben dieses in völlig unterschiedlichen Versionen berichten.

- Gestalten Sie Ihren Text lebendig, sodass er die Sinne der Leser anspricht und sie in die Handlung hineinzieht. (Siehe Kapitel 8)

Das retardierende Moment

Obwohl es Ausnahmen gibt, bestehen doch selbst die spannendsten Romane nicht ausschließlich aus Szenen, die die Spannung schüren oder neue aufbauen. Zwischendurch ruhen sich die Helden auch mal aus. Das dürfen wir in unseren Texten gern schildern, aber nur, wenn diese Ruhephase entweder (wichtige) Informationen transportiert oder den Grundstock für einen neuen Konflikt/einen neuen Handlungsstrang legt oder der Entwicklung des Charakters unserer Figuren dient.

Das kann in Form eines inneren Monologs geschehen, in dem sich die Person Gedanken über ihr weiteres Vorgehen macht oder ihr durch das Nachdenken wichtige Erkenntnisse dämmern. Es kann sein, dass das Telefon klingelt, die Person sich aber aus Müdigkeit entscheidet, das Gespräch nicht anzunehmen oder es nicht annehmen kann, weil sie in der Badewanne sitzt. Aus diesem verpassten Gespräch entsteht später ein neues Problem, ein neuer Konflikt. Oder der Held verarztet seine Wunden und gibt den Lesern dadurch die – für eine spätere Szene wichtige – Information über das Ausmaß seiner Verletzungen, die ihn in einem entscheidenden Moment behindern werden.

Solche ruhigen, scheinbar ereignislosen Szenen nennt man „retardierende Szenen" oder „retardierende Momente". Der Begriff stammt vom französischen „retard" = Verzögerung, Verlangsamung, denn in diesen Szenen wird das Tempo der Handlung zurückgeschraubt. Ich betone: *scheinbar* ereignislose Szenen, denn – siehe oben – auch solche Szenen müssen einen Grund haben.

Eine Szene, in der – womöglich seitenlang – beschrieben wird, welche Anwendungen sich die Heldin in der Wellness-Oase geben lässt, um sich von den Strapazen zu erholen, *ohne* dass die in irgendeiner Form zur Entwicklung der Handlung beiträgt, ist schlichtweg überflüssig.

Solche überflüssigen Einschübe nennt man „Füllszenen" oder „Füllkapitel", die den Text unnötig aufblähen, das Fortschreiten der Handlung verhindern und deshalb gestrichen werden müssen.

Übung:
Schreiben Sie eine Szene (egal in welchem Genre), die vor Spannung knistert und nicht länger als eine Seite ist.

6. Der Konflikt

Der Konflikt ist das A und O jedes guten Romans, jeder guten Geschichte. Eine Handlung, die nur Tatsachen erzählt oder Dinge beschreibt, ist langweilig, sofern es sich nicht um Erlebnisberichte, Anekdoten oder Ähnliches handelt. In einer Geschichte und erst recht in einem Roman ist der interessanteste Protagonist ohne seinen Antagonisten nichts wert. Der Konflikt ist somit das Salz in der Suppe des Textes.

Konflikte sind die Steine, die wir unseren Protagonisten in den Weg legen, sind die Antagonisten, die ihnen schaden wollen, sind innere Zerrissenheit, Gewissenbisse oder auch das ganz banale Abwägen des Für und Wider einer Entscheidung. Gibt es gerade in einem Roman zu wenig Konflikte, wird er schnell langweilig und lässt die Leser verwundert mit der Frage zurück: „Und was sollte das Ganze?"

Konflikt ist ein Widerstreit, ein Aufeinandertreffen entgegengesetzter Interessen, Absichten, Motivationen sowie der innere Konflikt von Bewusstseinsinhalten (z. B. Gewissen gegen Mordlust). Am Konflikt kann nur eine Person (innerer Konflikt), können zwei (Protagonist und Antagonist) oder mehrere (z. B. Gruppen, Vereine, Sportteams, Völker etc.) beteiligt sein. Das Austragen eines Konflikts reicht vom klärenden (Streit-)Gespräch über Intrigen und körperliche Auseinandersetzungen (Prügeleien, sonstige Körperverletzung) bis hin zum Mord oder gar Krieg.

Man unterscheidet literarisch zwischen vier Konfliktkarten[16]:

1. der statische Konflikt,
2. der sprunghafte Konflikt,
3. der langsam ansteigende Konflikt und
4. der drohende Konflikt.

Statischer Konflikt: Der Konflikt bleibt unverändert bestehen und wird nicht gelöst. Der Protagonist kommt zu keiner Entscheidung, die betroffenen Charaktere verändern sich nicht. Wird ein Konflikt statisch, ist die Handlung ausgereizt, der Roman/die Geschichte tritt auf der Stelle. Gegenmaßnahme: Zurück zum Beginn des Konflikts, ab da alles streichen und neu schreiben.

Jedoch kann ein bis dahin statischer Konflikt als Ausgangssituation bzw. Einleitung für die weitere Handlung dienen.

Beispiel: Jahr(zehnt)elang hat sich die Ehefrau darüber geärgert, dass ihr Mann immer die Zahnpastatube offen liegen lässt. Ihre täglichen Bitten, sie zuzuschrauben, hat er ignoriert (= statischer Konflikt). Eines Tages hat sie die Nase voll, bricht deswegen einen Streit vom Zaun und tritt im Zuge dessen eine Lawine von (unvorhergesehenen) Ereignissen los, deren Konfliktpotenzial einen ganzen Roman füllt.

Sprunghafter Konflikt: Er tritt seinem Namen nach plötzlich und unerwartet auf und geht oft einher mit einer Überreaktion der handelnden Person(en).

Beispiel: Eben noch hat der Ritter seiner Angebeteten einen Heiratsantrag gemacht, Minuten später (er)schlägt er sie, weil der Barde ihr im Vorbeigehen zugelächelt hat. Solche Sprunghaftigkeit kann man z. B. für einen Vampir oder Werwolf verwenden, der versucht, seine dunkle Natur im Zaum zu halten, es aber nicht schafft, doch für gute Geschichten/Romane sollte man auf sie verzichten, da sie bei normalsterblichen Menschen unglaubwürdig

---

[16] nach Lajos Egri „Dramatisches Schreiben"

wirken. Ausnahmen: der Betroffene leidet an einer entsprechenden psychischen Störung bzw. einem cholerischem Temperament, steht unter Drogeneinfluss oder ist ein psychisch kranker Gewaltverbrecher.

Langsam ansteigender Konflikt: Dies ist die literarisch beste Form, denn sie gehört mit zur Erzeugung von Spannung. Der langsam ansteigende Konflikt offenbart häppchenweise einen Aspekt nach dem anderen des Charakters der an ihm beteiligten Figuren, macht sie facettenreicher, interessanter und glaubwürdiger. Durch die entsprechenden Veränderungen werden sie lebendiger. Außerdem treibt das langsame Ansteigen des Konflikts die Handlung voran.

Eine Variante ist der Konflikt, der bereits *vor* Beginn des Romans/der Story entstanden, also in der (jüngeren oder ferneren) Vergangenheit der Geschichte angesiedelt ist. Hierbei besteht das langsame Ansteigen darin, dass er erst Stück für Stück im Laufe der Handlung aufbricht.

Drohender Konflikt: Wie sein Name bereits besagt, ist der Konflikt noch nicht etabliert, droht aber auszubrechen, sobald gewisse dafür erforderliche Voraussetzungen gegeben werden.

Beispiel: Der Protagonist hat seine Frau betrogen. Sobald sie davon erfährt, gibt es einen Konflikt. Solange sie ahnungslos ist, bleibt alles wie es ist.

Variante: Der drohende Konflikt wird angedeutet oder sein Ausbruch vorbereitet. Beispiel: Zwei Karatekämpfer stehen sich auf der Matte gegenüber und starren sich an. Jeder weiß, sobald der Kampfrichter das Signal gibt, gehen sie auf einander los.

Gute Texte (und somit deren Autor) bringen es sogar fertig, mit dem schwebenden Damoklesschwert des drohenden Konflikts die Spannung über den halben Roman oder bis fast zum Ende aufrecht zu erhalten, ehe er sich endlich im Ausbruch und somit im Showdown der Kontrahenten löst. (Stephen King ist ein Meister dieser Methode.)

Grundsätzlich wird die Intensität des Konflikts durch die Charakter- und Willensstärke der betreffenden Personen festgelegt. Sind beide (alle) beteiligten Personen körperlich und/oder seelisch/charakterlich gleich stark, fliegen unter Umständen die Fetzen, geht es aber in jedem Fall intensiv zur Sache, bevor der Konflikt gelöst ist. Ist einer der Beteiligten schwächer, wird er relativ schnell nachgeben bzw. aufgeben und unterliegen. Aber ohne Konflikt fehlt der Story die Spannung.

7. Das Ende

Das Ende der Geschichte/des Romans muss wie der Rest der Story in sich schlüssig sein und bis auf ganz wenige Ausnahmen alle aufgeworfenen Fragen beantworten bzw. die Antwort andeuten. Sämtliche bis dahin „offenen Enden" müssen nun geschlossen werden. Die Leser wollen jetzt wissen, wer der Mörder ist oder, wenn sie das schon erfahren haben, warum er die Tat begangen hat. Sie wollen wissen, ob der Held und die Heldin „glücklich bis ans Ende ihrer Tage" leben oder irreparable Schäden davongetragen haben. Sie wollen wissen, was in der alten Schriftrolle geschrieben steht, für die mehrere Menschen sterben mussten oder ob die Geliebte des Vampirs nun auch zu einem Vampir wird oder ein Mensch bleibt. Und so weiter.

Natürlich muss nicht nur das Schicksal der Hauptpersonen aufgelöst werden, sondern auch alle anderen Handlungsstränge, die bis zum Ende noch offen sind. Die einzige Ausnahme von dieser Regel bilden Fortsetzungsromane bzw. Romanserien, in denen es um „The Quest" (= die Suche) geht (siehe Glossar). Hier muss die Auflösung erst am Ende des letzten Bandes der Serie erfolgen.

Besonders wichtig ist auch, dass das Schicksal von Personen, die im Verlauf des Romans eine wichtige Rolle spielten oder zu spielen schienen, ebenfalls aufgeklärt wird. Ein gekonnt aufgebauter falscher Verdächtiger in einem Krimi, der ab dem Punkt, an dem die Ermittler die Spur zum wahren Täter aufnehmen, im Roman nicht mal mehr am Ende erwähnt wird, lässt die Frage danach offen, was es mit ihm auf sich hat. Solche vom Autor „im Stich gelassenen" Figuren nennt man „Witwen". Auch ihre Geschichte *muss* zu Ende erzählt werden, und sei es nur in einem oder zwei Sätzen, z. B. indem der Kommissar bei ihm anruft und ihm mitteilt, dass alle Verdachtsmomente gegen ihn sich erledigt haben und gegen ihn nicht mehr ermittelt wird. Eine Figur einfach fallenzulassen, ist schlechter Stil.

Der passiert manchmal aber auch Bestsellerautoren. In einem seiner wirklich spannenden Thriller führt ein renommierter Bestsellerautor einen inkompetenten Unterhändler ein, dessen mangelnde Fähigkeiten der Grund dafür sind, dass die Heldin des Romans als Unterhändlerin angefordert wird. So weit, so gut aufgebaut. Aber von dem Moment an, da die Heldin diesen Mann ablöst, verschwindet er in der Versenkung und taucht nicht mehr auf. Die Leser erfahren nicht, was mit ihm wird. Bleibt er als Berater vor Ort? Spielt er die beleidigte Leberwurst und reist gekränkt ab? Wird er von seinen Vorgesetzten zurückbeordert? Er hört einfach auf zu existieren, ohne dass seine „Geschichte" zu Ende erzählt wird.

Hinterlassen Sie bitte niemals „Witwen" in Ihren Geschichten.

Ebenso wichtig ist, dass der Schluss absolut folgerichtig ist und sich eindeutig aus den bisherigen Geschehnissen ergibt. (Fast) nichts verstimmt die Leser so sehr wie eine unlogische oder an den Haaren herbeigezogene Auflösung. Im Gegenteil muss die gesamte Handlung so aufgebaut sein, dass gar kein anderes Ende als eben dieses möglich ist (auch wenn es in sich noch ein paar mögliche Varianten trägt).

Dabei darf das Ende durchaus überraschend sein. Zum Beispiel kann ein über die gesamte Handlung aufgebauter Verdächtiger sich nun als unschuldig entpuppen oder umgekehrt, aber die Begründung, warum der wahre Schuldige und kein anderer der Täter ist, *muss* passen.

Hüten Sie sich unbedingt davor, das Ende durch einen Zufall passend zu machen. Natürlich gibt es im wahren Leben die unglaublichsten Zufälle; in einem Roman/einer Geschichte wird man sie uns als Lösung jedoch nicht abkaufen und auch nicht als Mittel, um der Handlung die richtige = die vom Autor gewünschte Richtung zu geben. Eine Handlung, die nur durch einen Zufall – oder noch schlimmer mehrere Zufälle – ihr vom Autor gewünschtes Ende erreicht, ist ebenso untragbar wie den *„Deus ex machina"* (= Gott aus der Maschine) zu bemühen. Dieser Begriff, der ursprünglich aus dem altgriechischen Theater stammt, steht für einen unerwartet auftauchenden Helfer in der Not, der die verfahrene Situation rettet, aus der der Held allein niemals herauskommen könnte.

Beispiel: Die Hauptperson kämpft mit einem Gegner und droht zu unterliegen – doch in der letzten Sekunde taucht die Polizei auf, die rein zufällig in der Gegend war.

Grundsätzlich darf sie natürlich in der Gegend sein und gern auch als Retterin fungieren, aber das muss in dem Fall einen einleuchtenden, folgerichtigen Anlass haben. Zum Beispiel den, dass ein Nachbar oder Passant die Kampfgeräusche, vielleicht Schüsse der Auseinandersetzung gehört hat, bei der der Held um sein Leben kämpft. Oder sie nimmt drei Häuser weiter eine Drogenrazzia vor, hört Schüsse und eilt zum Ort des Geschehens, um dadurch die Hauptperson zu retten. Inakzeptabel wäre aber der Streifenwagen, der zufällig ausgerechnet dann die Straße entlang und am fraglichen Haus oder Ort vorbeifährt, wo unser Held in der Klemme steckt.

Zwar gibt es solche Zufälle, wie schon erwähnt, in der Realität tatsächlich, aber in einem Roman/einer Geschichte wirken sie unglaubwürdig. Der Gebrauch eines Zufalls als Lösung wird deshalb – durchaus zu recht – als Unfähigkeit des Autors gewertet, einen Plot mit wasserdichten logischen Zusammenhängen zu entwerfen.

Ein Zufall darf durchaus der Ausgangspunkt oder Auslöser einer Geschichte sein. Ist die Geschichte aber einmal in Gang gesetzt, *muss* sie sich von da an logisch, in sich schlüssig und konsequent bis zum Schluss fortsetzen, muss sich aus der Handlung heraus folgerichtig entwickeln.

Deshalb vergessen Sie Zufälle und konstruieren Sie Ihre Plots sachlich wie psychologisch ausschließlich mit Logik!

Spezieller Tipp für Krimiautoren:

Hüten Sie sich davor, am Ende einen Täter zu präsentieren, der bis dahin im Roman noch nie erwähnt wurde und nirgends eine Rolle spielte (solche aus dem Nichts auftauchenden Figuren nennt man „Waisen"). Das wirkt an den Haaren herbeigezogen, in jedem Fall aber unglaubwürdig. Der Täter darf vorab gern in nur einer einzigen kurzen Szene erwähnt worden sein, aber er muss bereits *vor* dem Ende eine, wenn vielleicht auch kleine, Rolle gespielt haben.

In seinem Thriller „Velocity" lässt Dean Koontz den Täter am Anfang des Romans, als er seinen Protagonisten Billy Wiles einführt, mit diesem ein kurzes, *scheinbar* nichtssagendes und *scheinbar* für die Handlung irrelevantes Gespräch führen. Danach taucht die Person nicht mehr auf, bis sich am Ende herausstellt, dass sie der Täter ist und Meister Koontz uns in dieser Anfangsszene nicht nur den Protagonisten, sondern auch seinen Antagonisten vorgestellt hat, womit diese Szene alles andere als nichtssagend oder irrelevant ist. Vielmehr erklärt sich aus dieser Szene am Ende das Motiv für die Tat.

Das Ende muss nicht zwangsläufig abrupt sein, z. B. unmittelbar nach dem Showdown, wenn der Held gerade von den Sanitätern verarztet wird und er froh ist, noch am Leben zu sein. Es darf natürlich, wenn zu dem Zeitpunkt alle anderen Handlungsstränge bereits aufgelöst wurden und keine Fragen mehr offen sind. Ansonsten kann das Ende durchaus ruhig ausklingen. Vielleicht kommt am nächsten Tag der Kommissar vorbei und erklärt dem Protagonisten, welche Beweise man jetzt dank seiner für die Verurteilung des Antagonisten hat. Oder der Held kommt nach Hause, freut sich auf eine Zeit der Ruhe und stellt fest, dass seine Frau ihn inzwischen verlassen hat.

Solche längeren Aufdröselungen werden oft in einem eigenen kurzen Kapitel behandelt, das meistens mit „Epilog" (= Nachwort) überschrieben ist. Auch ein solches Ende sollten Sie nach Möglichkeit noch spannend schildern. Dagegen sollten Sie auf Klischees unbedingt verzichten. Der einsame Cowboy, der in den Sonnenuntergang reitet, ist derart oft gebraucht (um nicht zu sagen *miss*braucht) worden, dass kaum ein Lektor einen solchen Schluss noch dulden würde. Einen Liebesroman sollte man nicht mit den läutenden Hochzeitsglocken enden lassen, ebenso Floskeln wie „Morgen war/ist ein neuer Tag" oder ähnliche unbedingt vermeiden (Ausnahme: Heftromane).

Offene Enden bleiben normalerweise den Fortsetzungsromanen vorbehalten und in seltenen Fällen auch dem Horrorgenre, wenn eben dadurch (dass z. B. das Böse doch nicht vernichtet wurde und entkommen konnte) der Horror für die Leser nochmals gesteigert wird.

Eines sollten renommierte Autoren und solche, die es werden wollen, jedoch niemals tun, nämlich das Wort „Ende" unter das Werk setzen (Ausnahme: Heftromane). Die Leser sind schließlich nicht blöd und erkennen nicht nur am Inhalt, sondern auch wenn die letzte Seite erreicht ist, dass hier der Roman/die Story zu Ende ist, ohne dass wir sie mit besagtem Wort darauf aufmerksam machen müssen. Allerdings gibt es tatsächlich immer noch viele Romane aus teilweise renommierten Verlagen, die jedes Werk mit diesem Wort enden lassen. Sie jedoch sollten es Ihrem Verlag überlassen, ob er es einfügen will oder nicht und lassen es weg.

Nebenbei bemerkt: Das Ende Ihrer Story/Ihres Romans ist natürlich noch lange nicht das Ende Ihrer Arbeit an Ihrem Werk. Jetzt haben Sie erst die sogenannte Rohfassung vorliegen. Sie werden es noch mindestens zweimal überarbeiten müssen, wahrscheinlich aber mehrmals (siehe Kapitel 13), bis Sie aus dem Rohdiamanten das Juwel geschliffen haben, das Sie schließlich einem Verlag anbieten.

8. Die Heldenreise

Bei der Heldenreise oder Heldenfahrt handelt es sich um eine besondere Form des Plots, die entgegen ihrem Namen *nicht* zwangsläufig bedeutet, dass der Held/die Heldin tatsächlich eine reale Reise unternimmt. „Heldenreise" bezeichnet eine charakterliche Entwicklung des Protagonisten, die man mit den klassischen Initiationsriten der Frühkulturen und Naturvölker vergleichen kann. Eine Heldenreise gliedert sich in zwölf Schritte/Stationen, die je nach Genre und Inhalt des Romans unterschiedlich interpretiert und ausgearbeitet werden können (und manchmal ineinander

übergehen, sodass am Ende nur neun oder zehn erkennbare Stationen dabei herauskommen).

1. Ausgangspunkt ist das gewohnte Umfeld des Helden. Darin tritt unerwartet etwas ein, das ihn zum Handeln zwingt bzw. ihm eine Aufgabe stellt, die er erfüllen muss.

2. Der Held weigert sich, die Aufgabe anzunehmen oder zögert zumindest. Gründe: Angst vor dem Unbekannten, Angst zu versagen, er will die gewohnte Sicherheit nicht aufgeben, fühlt sich der Aufgabe generell nicht gewachsen oder meint, dass ihn das Problem nichts anginge. Diese Weigerung kann durchaus in einem einzigen Absatz mit einem inneren Monolog des Helden abgehandelt oder über mehrere Seiten ausgedehnt werden.

3. Aufbruch. Der Held sieht ein, dass er die Aufgabe annehmen, die Reise antreten muss oder wird durch die Umstände dazu gezwungen und macht sich daran, das Problem zu lösen. Oft wird er dazu von einem Mentor oder Freund ermutigt. (Beispiel: Gandalf im „Herr der Ringe")

4. Erste Hindernisse. Der Held stößt auf Widerstände, weitere Probleme, Prüfungen, die er zuerst bewältigen und sich bewähren muss, um seine eigentliche Aufgabe erfüllen zu können. Hierbei begegnen ihm teilweise (neue) Feinde, die durchaus die eigenen inneren Widerstände oder mangelnden Fähigkeiten sein können.

5. Unterstützung: Der Held trifft (unerwartet) auf einen oder mehrere Mentoren/Freunde, auch wenn manchmal zunächst nicht klar ist, ob sie tatsächlich Freunde oder Feinde sind.

6. Bewährungsprobe. Die erste/n schwere/n Prüfung/en (z. B. Kampf mit einem Drachen), die sich auch als

Kampf gegen die eigenen inneren Widerstände und Illusionen erweisen kann/können.

7. Hauptauseinandersetzung. Nach weiteren Hindernissen, Problemen und Prüfungen trifft der Held auf den ultimativen Gegner bzw. steht vor der Aufgabe, das Ausgangsproblem nun endlich lösen zu müssen. Der sogenannte „Showdown", bei dem am Ende der Feind besiegt wird.

8. Belohnung und (innere) Verwandlung des Helden. Das Besiegen des Gegners oder das Erringen eines „Schatzes" hat den Helden verändert. Diese Verwandlung muss er annehmen und danach gereift heimkehren. (Manchmal um mit dem errungenen Schatz sein Heim zu retten. Hier sind die thematischen Möglichkeiten vielfältig.)

9. Antreten des Rückwegs, bei dem es durchaus noch einmal zu weiteren Problemen kommen kann (z. B. wenn weitere Feinde versuchen, ihm seinen Schatz wieder abzujagen).

10. Festigung. Die neue Persönlichkeit, zu der der Held gereift ist, festigt sich auf dem Rückweg. Dabei kann es durchaus (noch einmal) zu Verlusten der inzwischen gewonnenen Mentoren/Freunde kommen.

11. Rückkehr. Der Held kehrt in den Alltag zurück, aus dem er ursprünglich aufgebrochen war. Mit Hilfe seiner neu gewonnenen Erkenntnisse oder dem Schatz bringt er das ursprüngliche Problem, für das er die Reise angetreten hatte, endgültig in Ordnung.

12. Integration. Der Held vereint seine auf der Reise gewonnenen Erkenntnisse/Errungenschaften und seine veränderte Persönlichkeit mit dem Alltag und baut sich sein Leben neu auf bzw. nach den neuen Gegebenheiten um, was ihm durchaus noch einmal letzte Schwierigkeiten bescheren kann. (Zum Beispiel dass er seine bisherige Verlobte nun doch nicht heiraten

will, weil er sich so sehr verändert hat, dass sie nicht mehr zusammenpassen. Oder er zieht aus seinem früheren Umfeld fort, weil er dort nicht mehr hinpasst usw.) Auch ein Gang ins Exil und dortiger Neubeginn kann das Ende einer Heldenreise sein.

Nicht jeder Plot eignet sich für eine Heldenreise, und sie umzusetzen, erfordert Erfahrung und die Beherrschung des Schreibhandwerks. Allerdings handeln viele Bestseller, zumindest bei den Thrillern, von Heldenreisen verschiedenster Art. Darüber hinaus wird sie bei den meisten Fantasyromanen thematisiert, aber nicht immer gut umgesetzt.

4. Personenentwicklung
Erschaffen Sie authentische Charaktere

1. Der Name

„Nomen est Omen" (= der Name ist eine [Vor-]Zeichen) wussten schon die alten Lateiner. Das gilt ganz besonders für unsere Hauptfiguren, weil jeder Name gewisse Vorstellungen in uns weckt und es unser Ziel ist, dass die Leser sich mit den Personen identifizieren können (oder die Antagonisten leidenschaftlich ablehnen). Mit einem Protagonisten, der Franz Meyer heißt, wird sich kaum jemand anfreunden können, ebenso wenig mit einer Heldin, die auf den Namen Marlene Schulz hört. Hinter beiden Namen vermuten wir auf Anhieb eher hausbackene, nichtssagende Typen, die mindestens im Rentenalter sind.

Namen für unsere Haupt- und Nebenfiguren zu wählen, ist zuweilen ein ganz schönes Stück Arbeit, weil man einige wichtige Dinge beachten muss.

Zunächst einmal muss der Name zu der Person passen. Das klingt auf den ersten Blick banal, ist es aber nicht, denn jeder Mensch assoziiert mit bestimmten Namen bestimmte Bilder. Bei einer „Carmen" denkt man unwillkürlich an eine Frau/ein Mädchen mit südländischem Aussehen, wenn auch nicht unbedingt entsprechender Abstammung. Eine blonde Carmen würde irritieren. Umgekehrt erschiene uns ein Spanier namens „Siegfried" als unglaubwürdig oder sogar lächerlich (es sei denn, es handelte sich um einen Spitznamen), da wir mit diesem Namen einen eher hellhaarigen nordischen Typ verbinden.

Ebenso unglaubwürdig würde uns (in Deutschland) ein achtzigjähriger „Kevin" oder ein Teenager namens „Karl" anmuten, da diese Namen nicht zu der jeweiligen Generation passen (obwohl der Trend, Kindern altdeutsche Namen zu geben, gegenwärtig wieder steigt). Einen „Alois" oder eine „Vroni" würde man kaum als Bewohner eines Orts an der Nordsee vermuten (es sei denn, sie wären zugewandert) und eine „Svenja" sicherlich nicht für eine Italienerin halten.

Ähnliches gilt für die Nachnamen. Sie müssen noch mehr als die Vornamen zu der Herkunft der Person passen. Ein Cowboy in einem Westernroman mit dem nordischen Namen „Sigurdsson" klänge nicht nur unglaubwürdig, sondern sogar lächerlich, selbst wenn es tatsächlich einen solchen gegeben haben sollte. Eine Frau Hauptli assoziieren wir sofort mit der Schweiz, eine Madame LeBlanche ist für uns ganz klar eine Französin (auch wenn sie Belgierin oder eine Deutsche mit einem französischen Vater ist oder mit einem Franzosen/Belgier verheiratet sein könnte), und ein Herr Rösenbichler stammt definitiv aus dem Alpenraum.

Natürlich müssen auch Vor- und Nachnamen klangmäßig nicht nur zur Person, sondern auch zueinander passen. Eine „Kara Karedis" klingt eher nach einem sprechenden Stotterer als nach einem Namen für unsere Hauptperson, und ein „Lutz Bark" hört sich mehr nach Revolverschüssen an als nach dem Namen des feurigen Lovers in unserem Roman. Außerdem sollte der Vorname klangmäßig nicht mit demselben Buchstaben enden, mit dem der Nachname beginnt, weil das in manchen Fällen nicht gut klingt oder sich sogar schwieriger aussprechen lässt. Vor- und Nachname sollten zumindest für unsere Protagonisten melodisch und „ohne Kanten" klingen.

Sol Stein rät in seinem sehr empfehlenswerten Buch „Über das Schreiben", dass die besten Namen jene sind, die gewöhnliche Vornamen mit ungewöhnlichen Nachnamen kombinieren wie z. B. „Tanja Löwenstein" oder als bekanntes Beispiel „Oliver Twist". Oder umgekehrt sollte man ungewöhnlichen Vornamen gewöhnliche Nachnamen geben wie „Sherlock Holmes" oder „Hercule Poirot".

Sogar zum Beruf muss der Name unserer fiktiven Person passen. Warum? Weil wir mit gewissen Vornamen die Zugehörigkeit zu bestimmten Bevölkerungsschichten verbinden. Leute aus der sogenannten Unterschicht würden zumindest in unserem Land ihre Tochter kaum „Kassandra" oder einen Sohn „Viktor" nennen. Deshalb würde es uns irritieren – im realen Leben wie im Roman/in der Story –, wenn uns eine Kassandra als Putzfrau und ein Viktor als Müllmann begegnete, da solche Namen eine Herkunft aus gehobenen Kreisen andeuten, in denen die Menschen in der Regel anderen Berufen nachgehen. Eine Ausnahme und somit glaubhaft wäre, wenn es sich um eine Geschichte handelt, die den Absturz des Bankiers Viktor X oder der Ärztin Kassandra Y in den Bezug von ALG II („Hartz IV") thematisiert.

Besonders wichtig ist es, bei der Verwendung von ausländischen Namen auf die Herkunft zu achten. Zum Beispiel ist in Afrika die Stammesvielfalt derart groß und hat jeder Stamm eigene, stammestypische Namen, dass wir genau recherchieren müssen, ob der von uns ausgesuchte Name tatsächlich zu der Herkunft unserer fiktiven Person passt. Wenn wir versehentlich einem Hutu den typischen Namen eines Ashanti geben, so weiß jeder Afrikaner und Afrikakenner, dass der Autor von Afrika wenig Ahnung hat. Gerade solche Fehler machen unsere Geschichten unglaubwürdig und schmälern damit den Lesegenuss unseres (wissenden) Publikums.

Zu beachten ist ebenfalls, dass die Namen keine erkennbare Anlehnung an Figuren anderer, bekannter Romane haben dürfen. „Hercule" ist durch Agatha Christies Detektiv „Hercule Poirot" derart geprägt, dass wir ihn nicht mehr verwenden können, weil man uns dann sofort unterstellt, ihn abgekupfert zu haben. Außerdem dürfte jeder Leser, der Poirot kennt, bei jeder Nennung von „Hercule" eben *den* Hercule Poirot vor Augen haben. Ausnahme: Es handelt sich um einen Spitznamen, der aber in der Geschichte als solcher erklärt werden muss. Dasselbe gilt für eine „Miss Marple" (selbst wenn unsere nicht „Jane" mit Vornamen hieße) oder einen „Sherlock". Letzterer wäre aber als Name für einen Spürhund durchaus passend und zulässig, eben wegen seines Hinweises auf Sherlock Holmes und dessen überragenden detektivischen Spürsinn.

Grundsätzlich sollten wir *immer* darauf achten, dass wir etwas Eigenes, Unverwechselbares erschaffen und keine literarischen Personen zu imitieren versuchen, ganz gleich wie sehr sie unsere Vorbilder sein und ihre Namen uns gefallen mögen.

Dies gilt besonders für Fantasystorys/-romane. Natürlich ist es einfach und auch verlockend, sich an berühmte literarische Vorbilder anzulehnen; aber wenn es uns nicht gelingt, gerade hier etwas Individuelles zu schaffen, geraten wir schnell – zu recht – in den Verdacht, nicht genug Fantasie zu besitzen.

Für die Erfindung von Fantasycharakteren reihe ich willkürlich klangvolle Silben aneinander, bis der Klang der Silbenkombination dem Charakter der Person entspricht, die den Namen bekommen soll. So heißt einer meiner Fieslinge „Thystor", was ganz bewusst nach „düster" klingt, seine Gegnerin – eine charakterstarke Frau – „Monasta", und die Hitzköpfin vom Dienst trägt den Namen „Innishké".

Die wichtigste Prämisse bei allen Namen lautet jedoch, dass der Leser in der Lage sein muss, sie auszusprechen. Das ist besonders bei ausländischen Namen zu beachten. Zwar kann man nicht jede Sprache und ihre Ausspracheregeln beherrschen; doch wenn man einen ausländischen Namen für eine Figur wählt, so sollte man erstens die korrekte Aussprache recherchieren und zweitens eben diese in irgendeiner Form in den Text einflechten.

Nehmen wir den irischen Namen „Siobhan". Um den Lesern die korrekte Aussprache zu erklären, könnte man eine Szene schreiben, in der z. B. eine Amtsperson diesen Namen vom Ausweis abschreibt und dabei anmerkt: *„Sie-oh-bann? Komischer Name."* Worauf unsere fiktive Siobhan korrigiert: *„Das spricht man ‚Schiwonn' aus."*[17] Und schon weiß der Leser Bescheid. In so einem Fall muss die Ausspracheerklärung natürlich möglichst früh zu Anfang der Geschichte/des Romans erfolgen. Sollte eine solche Szene aus dramaturgischen Gründen nicht möglich sein, so ist es vorteilhaft, die Aussprache bereits bei der ersten Nennung des Namens als Fußnote im Text zu vermerken. Falls es sich um mehrere ausländische Namen handelt, kann man deren Aussprache auch auf eine Extraseite vor das erste Kapitel setzen als „Anmerkung(en) zur Aussprache".

Relevant werden solche scheinbaren Kleinigkeiten spätestens dann, wenn jemand anderes als der Autor den Text auf einer Lesung liest. Ich erinnere mich an einen Fall, wo in einem Lesekreis ein alter Sam-Spade-Roman vorgelesen wurde und die Vorleserin – des Englischen nicht mächtig – aus „Ssäm Sspäjd" einen „Sahm Schpahde" machte. Aus diesem Grund sollte man nach Möglichkeit zumindest für die Hauptperson(en) Namen wählen, deren Aussprache den meisten Lesern unseres Landes geläufig ist bzw.

---

[17] gälische Form von Johanna

die so gesprochen werden, wie man sie schreibt. Glauben Sie mir, es fällt den Lesern unglaublich schwer, sich mit Personen zu identifizieren, deren Namen sie nicht oder nur schwer aussprechen können, weil man in Gedanken den Text immer „mitspricht".

Natürlich müssen wir auch die rechtliche Seite nicht nur der Namensgebung beachten. Gerade beim (Be-)Schreiben selbsterlebter Geschichten bzw. autobiografischer Romane darf man ohne Genehmigung der betreffenden Personen ihre Namen nicht nennen, will man sich nicht eine Klage wegen Verletzung des Persönlichkeitsrechts einhandeln. Schon mancher Roman musste eingestampft = vernichtet oder Textstellen geschwärzt werden, weil der Autor eben das versäumt hat und eine namentlich genannte Person, die damit nicht einverstanden war, vor Gericht erstritt, dass das Buch nicht mit der Nennung ihres Namens verkauft werden durfte.

Dasselbe gilt auch für das Aussehen sowie die gesamten Lebensumstände realer Personen. In dem Moment, wo ein Detail einen fundierten Rückschluss auf eine reale Person zulässt, kann es für den Autor kritisch werden.

Allerdings urteilen die Gerichte in solchen Fällen sehr unterschiedlich. Es gibt Urteile, die einen Autor von jeder Persönlichkeitsrechtsverletzung freisprechen, obwohl er nach dem Empfinden jedes gesunden Menschenverstandes eindeutig den Kläger literarisch porträtiert hatte. Umgekehrt gibt es aber auch Fälle, in denen ein Autor schuldig gesprochen wurde, obwohl die angebliche Ähnlichkeit mit einer realen Person sich auf das gleiche Geschlecht und denselben Handlungsort der tatsächlichen Begebenheit beschränkte. Man kann vorher leider nie wissen, wie so ein Prozess ausgeht.

Aus diesem Grund rate ich dringend davon ab, ähnliche Namen und/oder Personenbeschreibungen zu wählen, die Rückschlüsse auf die realen Personen zulassen. Wer eine „Susanne Schreiber" in eine fiktive „Susi Schneider" verwandelt und ihr womöglich noch das Aussehen von Susanne Schreiber verpasst, gibt einen eindeutigen Hinweis auf die reale Person.

Solche Dinge lassen sich aber mit ein paar ganz einfachen Tricks vermeiden.

- Trick 1: Die „Geschlechtsumwandlung". Ist die reale Person eine Frau, wird sie in der Geschichte zu einem Mann und umgekehrt. Selbstverständlich bekommt die fiktive Person einen Namen, der dem der realen Person nicht einmal entfernt ähnelt und auch nicht dieselben Initialen besitzt. Wenn aus einer realen Carla Schneider ein Karl Schneider wird, ahnt immer noch jeder, dass sich dahinter eben die echte Carla verbirgt.

- Trick 2: Das „Splitten". Man verteilt die Charaktereigenschaften, Beruf, Familienverhältnisse etc. der realen Person auf mehrere Personen in der Geschichte. Ist die reale Person ein tyrannischer Bauunternehmer, geschieden, drei Kinder, so kann in unserer Geschichte/unserem Roman die Schwiegermutter der Hauptperson die Tyrannin sein, der Bauunternehmer wird zu einer ledigen Architektin, und die drei Kinder gehören deren Schwester. Schon ist kein Rückschluss mehr auf die reale Person möglich, aber die realen Geschehnisse können trotzdem geschildert werden.

- Trick 3: Ortswechsel. Die Geschichte spielt auf keinen Fall in dem Ort, in dem sie sich real zugetragen hat oder auch nur in dessen Nähe. Idealerweise verlegt man sie noch in ein anderes (Bundes-)Land, und schon ist jede Ähnlichkeit getilgt.

Im Fall einer Veröffentlichung der Geschichte/des Romans sollten Sie sicherheitshalber den Passus voranstellen: *„Alle Personen und Handlungen sind frei erfunden. Jede Ähnlichkeit mit real existierenden Personen oder tatsächlichen Begebenheiten wären reiner Zufall."* – Selbst wenn das gelogen wäre. Solange Sie Ihre Figuren gut genug verfremdet haben, sind Sie auf der sicheren Seite.

Davon abgesehen: Sollten Sie mit Ihrer Beschreibung/Ihrer Geschichte einer realen Person literarisch eins auswischen wollen, nehmen Sie bitte davon Abstand. Literatur sollte nicht als billige Rache missbraucht werden. Und wenn es deswegen hart auf hart = zum Prozess kommt, haben Sie am Ende das Nachsehen, nicht der Geschmähte.

Zusammenfassung:
1. Die Namen für die Hauptpersonen sollten originell und unverwechselbar sein und auf keinen Fall bekannten Romanfiguren ähneln.
2. Sie sollten leicht zu merken und nicht zu schwer auszusprechen sein.
3. Sie müssen passen zu: Alter, Geschlecht, Herkunft, Beruf und Charakter.
4. Verwenden Sie keine ähnlich klingenden Namen für zwei verschiedene Personen (Sarah/Sandra, Jonas/Joris, Peter/Petra usw.). Das führt schnell zu Verwechslungen. Die einzige Ausnahme bilden eineiige Zwillinge, wenn das Verwechslungspotenzial beabsichtigt ist.
5. Vor- und Nachnamen müssen klangmäßig zueinander passen und einen guten Rhythmus haben.
6. Namen von real existierenden Personen oder solchen, die eindeutige Rückschlüsse auf diese erlauben, sollten Sie aus juristischen Gründen unbedingt vermeiden.

2. Das Aussehen

Das Aussehen ist so wichtig wie der Name und der Charakter unserer Protagonisten und sollte im Text immer irgendwo beschrieben werden, damit wir uns ein Bild von der Figur machen können (zumindest bei Romanen; bei Storys ist eine Beschreibung nicht erforderlich, solange sie nicht für die Handlung wichtig ist). Wie eine solche Beschreibung möglichst vorteilhaft erstellt wird, erfahren Sie in Kapitel 8: „Zeigen, nicht erzählen".

Zum Aussehen gehört nicht nur die allgemeine Information über Haarfarbe, Augenfarbe, Größe und Figur (Gewicht). Auch die bevorzugte Kleidung ist wichtig, getreu dem alten Sprichwort: *„Zeige mir, wie du dich kleidest, und ich sage dir, wer du bist."* Heißt: Die Kleidung erlaubt uns bis zu einem gewissen Grad Rückschlüsse auf den Charakter der Person. Ebenso wichtig sind auch die Frisur, typische Gesten und die Gangart. Auch besondere Merkmale sind von Bedeutung. Hat er/sie Narben? Ein Tattoo? Eine Behinderung? Schlechte Zähne? Und so weiter.

Vermeiden Sie bei der Wahl des Aussehens unbedingt die gängigen Klischees, dass die Protagonisten hellhaarig und schön und die Antagonisten dunkelhaarig und hässlich sind. Oder dass man die Bösewichte schon an der dunklen bzw. schäbigen Kleidung erkennt. Oder das Dummchen vom Dienst blond ist, der Held einen fitnessstudiogestylten muskulösen Körper hat usw. Durch solche Klischees werden unsere Figuren unglaubwürdig. Auch im Aussehen müssen sie eine unverwechselbare *Persönlichkeit* besitzen.

Wichtig ist, dass Sie die Beschreibung des Aussehens in die Handlung oder in einen Dialog einbetten (siehe Kapitel 8). Zählen Sie auf keinen Fall außerhalb einer Handlung auf, wie Ihr Held aussieht und welche Kleidung er trägt. Das liest sich nicht nur langweilig, sondern Ihre Leser haben solche Aufzählungen nach zwei Seiten schon wieder vergessen. Gerade auch beim Aussehen müssen wir für die Leser ein Bild malen, das sie vor ihrem geistigen Auge sehen können. *„Sie trug einen roten Mantel"*, malt kein Bild. *„Als sie ihm entgegen kam, hatte er für einen Moment den Eindruck, ihr Mantel hätte sie in ein Stück Morgenröte eingehüllt"*, tut das.

3. Der Charakter

Der Charakter unserer Protagonisten und Antagonisten ist ein wichtiges Element unserer Geschichten, denn dadurch wird ihr Handeln, ihr Fühlen und Denken bestimmt. Deshalb müssen wir bei dessen Entwicklung besonders sorgfältig sein.

Ein beliebter Fehler (nicht nur) von Anfängern ist es, die Figuren eindimensional im Schwarz-Weiß-Raster zu schildern. Die Helden sind durch und durch gut, ohne Fehl und Tadel, ohne Schwächen, und auch ihr Äußeres ist perfekt. Sie können nahezu alles, versagen nie und sind vom Glück verwöhnt. Sie sind nicht übergewichtig, nicht unsportlich, haben keine Laster und nur Freunde – bis auf den Antagonisten. Der ist dagegen der Teufel in Menschengestalt, hässlich, böse, gemein, und trägt keinen Funken Gutes in sich.

Solche Figuren gibt es nur im Märchen, wo das Gute und das Böse bewusst überzeichnet werden. Jeder Mensch hat positive *und* negative Eigenschaften, die unterschiedlich ausgeprägt sind. Eine eindimensionale Figur – egal ob gut oder schlecht – ist immer unglaubwürdig. Aus diesem Grund sollten Sie sich über die Schwächen Ihrer Figuren ebenso intensive Gedanken machen wie über deren Stärken.

Deshalb ist es gerade bei Romanen unerlässlich, den Haupt- und wichtigen Nebenpersonen *vor* dem Schreiben besondere Aufmerksamkeit zu widmen und sie so gut kennenzulernen wie den besten Freund oder die beste Freundin. Dazu gibt es mehrere Methoden. Ich persönlich benutze einen „Charakterbogen", den ich zu einer ausführlichen Personalakte ausarbeite (siehe Punkt 5). Andere Autoren führen ein schriftliches Interview mit ihren fiktiven Personen, wieder andere lassen sie einen „Bewerbungsbogen" ausfüllen wie bei einem Bewerbungsgespräch. Welche Methode Sie am Ende wählen, ist Ihnen überlassen. Ohne diese Vorarbeit laufen Sie jedoch Gefahr, sich beim Schreiben nicht in Ihre Charaktere hineinversetzen zu können und sie entsprechend handeln zu lassen.

Ein wichtiges Merkmal einer Person in jeder Geschichte und jedem Roman ist, dass sie authentisch ist und handelt. Haben wir den Charakter einmal festgelegt, müssen wir unsere Figuren dementsprechend agieren lassen. Wenn sich Profis unprofessionell benehmen (es sei denn, sie täten das im Rausch), werden sie unglaubwürdig. Wer nimmt schon einem Arzt ab, dass er Kopfschmerztabletten verschreibt, wenn die Patientin über Bauchschmerzen klagt oder dass ein KFZ-Mechaniker eine Lichtmaschine falsch anschließt. Oder dass – wie leider in vielen Kriminalfilmen zu sehen ist – ein Polizist trotz akuter Gefahrensituation allein den gefährlichen Bereich betritt (und prompt in die Falle des Verbrechers läuft), obwohl das gegen die Dienstvorschrift verstößt. Solche Dinge passen nicht zu den beschriebenen Charakteren, weshalb die Leser sie dem Autor auch nicht abkaufen (und das Buch/die Story enttäuscht zur Seite legen).

Dasselbe gilt ganz besonders für Charaktereigenschaften. Ein z. B. ruhiger Mensch flippt nicht wegen einer Kleinigkeit aus. Ein Pazifist wird kaum freiwillig eine Boxkampfveranstaltung besuchen, und eine graue Maus brezelt sich nicht mit hautengem roten Kleid und High Heels fürs Büro auf. Tun unsere Figuren das trotzdem, müssen wir das verdammt gut begründen, sonst nehmen uns die Leser das nicht ab.

Natürlich müssen unsere Hauptpersonen auch interessante Leute sein. Allerweltstypen, die verdächtig unseren (langweiligen) Nachbarn oder Verwandten ähneln, eignen sich nicht als Hauptpersonen für spannende Geschichten (Erlebnisberichte ausgenommen).

Interessante Charaktere lassen sich aber relativ einfach erschaffen. Für manche Plots genügt es bereits, wenn sie einen interessanten Beruf oder ein ungewöhnliches Hobby haben. Doch beides sollte unbedingt zu ihrem Charakter passen, sonst droht wieder die Unglaubwürdigkeit.

Unsere Figuren sollten auch mindestens einen Punkt in ihrer Vergangenheit haben, der ihnen zu schaffen macht, (z. B. der Verlust eines geliebten Menschen, ein Unfall, eine Straftat, ein erlittenes oder begangenes Unrecht, ein Kindheitstrauma, eine Phobie, eine tiefe Kränkung usw.) Schließlich gibt es kein einziges reales Menschenleben, in dem nicht mindestens ein gravierendes negatives Ereignis stattfindet. Fiktive Personen ohne solche „Lebensbrüche" sind nicht nur unglaubwürdig, ihnen fehlt auch das „Profil", das sie interessant macht. Lassen Sie sich also etwas einfallen!

Dieses Besondere muss jedoch zumindest zum Teil für die Handlung relevant sein. Zum Beispiel muss die Kommissarin ihre Angst vor Höhlen überwinden, um den Verbrecher im unterirdischen Gewölbe stellen zu können, oder der Journalist stößt bei Recherchen für einen Artikel, die er nie unternommen hätte, wenn er eben nicht Journalist wäre, auf eine Verschwörung.

Sie sehen also, wie essenziell es ist, sich intensiv mit dem Charakter der Hauptpersonen zu beschäftigen und ihn detailliert auszuarbeiten.

4. Motive

Ebenso wichtig wie der Charakter ist das Handlungsmotiv der einzelnen Personen. Das gilt nicht nur für das Motiv, das den Verbrecher bewogen hat, eine Straftat zu begehen, sondern bezieht sich auch auf scheinbar banale Dinge. Zum Beispiel warum die Kommissarin Angst vor Höhlen hat oder wieso sich der Held zutiefst gekränkt fühlt durch die harmlose Bemerkung, er habe wohl gestern zu viel gefeiert, weil er heute eine Stunde zu spät zur Arbeit kommt.

Dies ist natürlich besonders wichtig für Motive, die zu einem Verbrechen führen. Um die schlüssig zu erklären (speziell beim Genre Psychothriller) müssen wir unter Umständen erst einmal einen Haufen intensiver Recherchen über die Psyche des Menschen betreiben, um glaubwürdig schreiben zu können.

Ein häufiger Fehler in Liebesromanen ist, dass sich die Heldin in einen Mann verliebt, der sich derart unmöglich benimmt, dass – etwas überspitzt ausgedrückt – eine Frau wirklich schon zum Masochismus neigen müsste, um sich ausgerechnet in so einen Kerl zu verlieben. Natürlich entpuppt er sich im Laufe des Romans dann doch als weitaus liebenswerter, als es vorher den Anschein hatte. Da das die Heldin am Anfang aber nicht wissen kann, fehlt das schlüssige Motiv, was sie ausgerechnet an ihm findet, um sich in ihn zu verlieben, bleibt ihr Handeln nicht nachvollziehbar. Zwar gilt diese Unlogik teilweise als genretypisch (siehe Kapitel 16), aber sie lässt sich mit einem intelligent gestrickten Plot vermeiden. (Zum Beispiel indem man – Spannung garantiert – die beiden späteren Liebenden erst voller Abneigung aneinander geraten lässt und sie, erst wenn sie sich im Laufe der Handlung –

unfreiwillig! – näher kennenlernen, auch die nette(n) Seite(n) des jeweils anderen entdecken lässt.)

Die Frage „Warum tut er das, hat er das getan?" muss für die Leser spätestens am Ende der Geschichte/des Romans schlüssig und vor allem überzeugend beantwortet werden und das Motiv logisch nachvollziehbar sein. Widmen Sie deshalb dem Motiv Ihrer Hauptpersonen und dem, was sie im Alltag antreibt, besondere Aufmerksamkeit.

5. Die „Personalakte"

Je umfangreicher der Text ist und je mehr Personen darin vorkommen, desto wichtiger ist es, sie alle auseinander halten zu können und so individuell zu gestalten, dass keine Verwechslungen möglich sind. Selbst erfahrene Schriftsteller können gerade bei umfangreichen Romanen nicht jedes Detail ihrer erfundenen Figuren im Kopf behalten, besonders wenn die Personen nicht ständig als Hauptpersonen auftreten.

Um nicht den Überblick zu verlieren, hat es sich bewährt, zumindest in kurzer Form die wichtigsten Eigenschaften jeder Person (mit Ausnahme solcher, die nur einen einmaligen Kurzauftritt haben) zu notieren, um immer wieder im Bedarfsfall nachschlagen zu können. Für meine Romanfiguren fertige ich „Personalakten" an, die alle wichtigen Informationen enthalten, um sie so plastisch und „real" wie nur möglich zu machen.

So sieht der Blanko-Charakterbogen aus, den ich für meine Projekte benutzte und den ich im Bedarfsfall um weitere Punkte ergänze (oder kürze):

Name
Nationalität
Geburtsdatum, Alter

Aussehen
- *Größe*

- *Gewicht*
- *Haarfarbe/Frisur*
- *Augenfarbe*
- *Statur*
- *Physische Besonderheiten (z. B. Narben)*
- *Bevorzugte Kleidung*

Gesten
Gangart
Besondere Eigenschaften
Beruf
Hobbys
Geburtsort
Wohnort

Familienstand
- *Name des Ehepartners*
- *Name/n und Alter des Kindes/der Kinder*
- *Verhältnis zu Ehepartner und Kind(ern)*

Herkunft
- *Eltern*
- *Geschwister*
- *Verhältnis zu Eltern und Geschwistern*

Charakter
- *Stärkster Zug*
- *Schwächster Zug*
- *Schwäche(n)*

Sexualleben
Freunde/Freundinnen
Feinde
Kernbedürfnis
Absichten/Ziele im Leben
Religion
Politische Richtung
Ausbildung
Bedeutendes Ereignis, das ihn/sie geprägt hat
Beziehung zum Geschehen/Personen der Geschichte

> (Handlungs-)Motiv(e)
> Was anderen an ihr/ihm sofort auffällt
> Was er/sie tut, wenn er/sie allein ist
> Lebenslauf
> Sonstiges

Wenn ein solcher Charakterbogen am Ende ausgefüllt ist, umfasst er in der Regel für meine Hauptpersonen 4 – 6 Seiten. Hier ist ein Beispiel für eine Hauptperson in einem Psychothriller[18].

Die Story:
Das FBI jagt einen Serienmörder, der wegen seiner unfehlbaren Treffsicherheit „der Präzisionskiller" genannt wird. Nach einem Hinweis auf seine möglichen nächsten Opfer, das Ehepaar Garrett, stellt Agent Brendan Calder ihm beim Haus der Garretts eine Falle und fängt darin eine junge Frau. Die Garretts erkennen in ihr ihre vor sechzehn Jahren entführte Tochter Shannon. Im Laufe der Ermittlungen stellt sich heraus, dass Shannons Entführer sie mit Lügen und Psychoterror gezielt dazu abgerichtet hat, als Werkzeug seiner Rache alle Menschen zu töten, die er für den Tod seiner Frau verantwortlich macht (er selbst ist körperlich dazu nicht in der Lage), darunter Shannons Eltern. Shannon muss sich, um das Trauma zu bewältigen, unschuldige Menschen und beinahe auch die eigenen Eltern umgebracht zu haben, einer langwierigen und seelisch schmerzhaften Therapie unterziehen. Deren Erfolg entscheidet am Ende darüber, ob sie jemals ein halbwegs normales Leben in Freiheit führen kann. Doch es gibt etliche Leute, die das aus verschiedenen Gründen unter allen Umständen verhindern wollen.

---

[18] Mara Laue: „Das Werkzeug seiner Rache"

Name: BRENDAN CALDER[19]

Geburtsdatum, Alter: 17.03.1968 – 36 zu Beginn des Romans

Aussehen:
- Größe: 1,81
- Gewicht: 76 kg
- Haarfarbe, Frisur: dunkelbraun, kurz, leicht naturgewellt, von vorn nach hinten zurückgekämmt
- Augenfarbe: braun
- Statur: schlank, muskulös, drahtig
- Physische Besonderheiten: in Topform, diverse Narben von Kriegsverletzungen, die ihn aber nicht behindern
- Bevorzugte Kleidung: Jeans, Hemd (im Sommer T-Shirt), Lederjacke, trägt aber im Dienst vorschriftsmäßig Anzug mit Hemd und Krawatte

Gesten:
Hakt beide Daumen in die Vordertaschen seiner Hose ein, wenn er irgendwo steht (und die Hände frei hat), lehnt sich – wenn möglich – gern überall an (Wand, Tisch, Laternenpfahl ...), behält dabei aber immer das Gleichgewicht; streicht sich mit dem Daumen über das Kinn, wenn er nachdenkt; verengt die Augen zu schmalen Schlitzen, wenn er wütend ist.

Gangart:
Dynamisch und raumgreifend, als würde er jeden Moment anfangen zu laufen

Besondere Eigenschaften:
Durch seine Ninjitsu-Ausbildung (s. u.) sind seine Sinne hypersensibel entwickelt. Er kann die Gefühle und Stimmungen der Menschen um ihn herum so deutlich wahrnehmen, dass er oft in den Verdacht gerät, Gedanken lesen zu können.

---

[19] Beachten Sie bitte: ungewöhnlicher Vorname, gewöhnlicher Nachname. Ursprünglich sollte Agent Calder Mark heißen; was aber klangmäßig nicht passte, denn der Vorname sollte zumindest für Hauptpersonen nicht mit demselben Buchstaben/Laut enden wie der Nachname beginnt.

Beruf:
FBI-Field-Agent, d. h. im aktiven Außendienst

Hobbys:
Ninjitsu; Sammeln von Steinen mit ungewöhnlichen Formen und Farben, die er in der „Zen-Ecke" seines Wohnzimmers in einer Kiste mit Sand verteilt hat und sie meditativ immer wieder anders arrangiert

Geburtsort: Washington DC

Wohnort: Albany, N.Y., 1022 Livingston Avenue

Familienstand: ledig

Herkunft:

Eltern:
Sarah und John Calder, beide Diplomaten, arbeiten als Botschafter. Waren 13 Jahre Botschafter in Japan, sind zu Beginn des Romans Botschafter in Frankreich

Geschwister:
Joyce Calder (geb. 1972 in Washington), Anwältin; wurde im Jahr 1999 von einem Klienten ermordet

Verhältnis zu den Eltern:
Distanziert. Sie sehen sich kaum, da die Eltern im Ausland arbeiten. Auch der telefonische Kontakt beschränkt sich auf Glückwünsche zu Feiertagen/Geburtstagen

Charakter:
- *Stärkster Zug: scharfer Beobachter, dem so schnell nichts entgeht*
- *Schwächster Zug: Ungeduld (er ist meistens die Ruhe und Geduld in Person)*
- *Schwäche: Er hat eine Abneigung gegen Psychiater und tut sich schwer, die Kontrolle aufzugeben.*

Pflichtbewusst, zielstrebig, misstrauisch, nimmt seine Arbeit sehr ernst, besonders das Credo des FBI „to protect and defend". Gibt sich unnahbar, besitzt Humor, den er aber selten zeigt. Ist trotzdem einfühlsam und kann sehr diplomatisch sein (wenn er will). Ist sich seiner Fähigkeiten und Grenzen sehr bewusst, woraus er auch keinen Hehl macht, wird dadurch aber von vielen Menschen als arrogant wahrgenommen.

Sexualleben:
Hetero, ohne Ambitionen für eine feste Beziehung, die er aber nicht per se ausschließt. Lebt seine Sexualität aus, wenn sich die Gelegenheit mit einer sympathischen Frau ergibt. Hatte seinen ersten Sex mit 15 mit einer Geisha, die er danach öfter aufsuchte und die ihm die Finessen der Liebe beibrachte. Deshalb ist er absolut nicht prüde und weiß genau, wie man mit Frauen (nicht nur im Bett) umgeht.

Freunde:
1. Jeff Earl, Afroamerikaner, Leiter des Forensik-Teams der FBI Division in Albany, beide kennen sich seit ihrer gemeinsamen Militärzeit, und Brendan hatte mal eine Kurzaffäre mit Earls Schwester Jamila
2. Tom Kendall, sein Vorgesetzter, obwohl das Verhältnis zwischen den beiden nicht ganz so eng ist wie zwischen Brendan und Earl

Feinde:
Alle Schurken, die er irgendwann dingfest gemacht hat. Die noch leben, sitzen aber alle im Knast

Kernbedürfnis:
„To protect and defend" (= Credo des FBI) und seinem Land zu dienen mit seinen Fähigkeiten

Absichten/Ziele im Leben:
Möglichst viele Menschen zu beschützen. Er will eines Tages Ausbilder der Nachwuchsagenten werden. Für sich persönlich: Irgendwann mal, falls es sich ergibt, vielleicht doch eine feste Partnerin zu finden. Da er aber sehr anspruchsvoll ist, rechnet er damit, allein zu bleiben, was ihm aber (bewusst) nichts ausmachen würde.

Weltanschauung/Religion:
Keine explizite, aber er meditiert regelmäßig. Von Haus aus ist er episkopalisch getauft, aber mit Kirche gleich welcher Couleur hat er nichts am Hut. Glaubt

aber an die Existenz einer höheren Macht (Gott) und sympathisiert mit dem Buddhismus.

Politische Richtung:
Überzeugter Demokrat

Ausbildung:
Internationale Schule in Tokio, wo er auch Japanisch lernt, das er perfekt spricht. Neben der Schule geht er zu einem Ninjitsu-Meister in die Lehre und lernt 13 Jahre lang Ninjitsu, was ihm so gut gefällt, dass er es irgendwann in jeder freien Minute praktiziert (wenn er nicht gerade meditiert, was zur Ausbildung gehört).

Ein Jahr nach seiner Rückkehr in die USA mit 19 Militärausbildung bei den Marines (hat sich für 5 Jahre verpflichtet). Kampfeinsatz im Irak mit 23 (2. Golfkrieg). Nach seiner Rückkehr und Ausscheiden aus der Armee Ausbildung beim FBI in Quantico, die er als Jahrgangsfünfter abschließt.

Bedeutendes Ereignis, das ihn geprägt hat:
Der Tod seiner Schwester (s. o.) und seine Kindheit/Jugend in Japan

Beziehung zum Geschehen/Personen:
Ist damit betraut, den „Präzisionskiller" zu schnappen und somit am Anfang Shannon Garretts Gegner. Entwickelt aber im Laufe der Zeit Respekt für sie und schließlich Zuneigung zu ihr, weshalb er am Ende mit ihr untertaucht und in Zukunft mit ihr zusammenlebt. Was auch den Grund hat, dass er seinen sich selbst gegebenen Schwur halten will, dafür zu sorgen, dass der Präzisionskiller nie wieder einen Menschen tötet. Er will also Shannon diesbezüglich unter Kontrolle halten.

Kann ihren Therapeuten Dr. Blackwell am Anfang nicht leiden wegen seiner Abneigung gegen „Psychoheinis", lernt ihn aber im Laufe der Zeit ebenfalls zu respektieren.

Beginnt eine Affäre mit Agent Selina Sansonetti, die von seiner Seite aus aber nach kurzer Zeit wieder vorbei ist.

Motiv(e):
s. o.

Was anderen an ihm sofort auffällt:
Sein raumgreifender Gang und dass er alles genau beobachtet, obwohl er das natürlich auch sehr subtil und unbemerkt tun kann. Außerdem die Ruhe und Gelassenheit, die er ausstrahlt.

Was er tut, wenn er allein ist:
Meditieren, Trainieren, Steine arrangieren, lesen, Musik hören. Liebt traditionelle japanische Musik

Lebenslauf:
Brendans Eltern siedelten ein knappes Jahr nach der Geburt seiner Schwester nach Tokio über, wo sie als Botschafter und Attaché arbeiteten. Brendan ist zu dem Zeitpunkt 5, und seine Eltern bleiben 13 Jahre in Japan, wodurch seine Erziehung teilweise japanisch geprägt ist durch Kontakt zu japanischen Bekannten, Mitschülern und vor allem seinem Ninjitsu-Lehrer. Mit 18 (seine Schwester ist 14) kehrt er mit der Familie in die USA zurück.

Brendan hat Schwierigkeiten, sich dem amerikanischen Leben anzupassen, weshalb seine Eltern ihn zu einem Psychologen schicken. Von dem fühlt er sich aber völlig unverstanden, da der Mann keine Ahnung von japanischer Kultur hat und Brendan auf Teufel komm raus zu einem „normalen" amerikanischen jungen Mann machen will. (Ein Grund, warum er „Psychoheinis" nicht ausstehen kann.) Nach einem halben Jahr wirft er das Handtuch und geht gegen den Willen seiner Eltern zum Militär, wo er eine Ausbildung bei den Marines macht und die Armee im Jahr 1993 im Rang eines First Lieutenants verlässt.

War 1991 im 2. Golfkrieg im Irak (mit 23) zusammen mit Jeff Earl. Beide haben einander jeweils einmal dabei das Leben gerettet. Da sie dabei gemeinsam „geblutet" haben, nennen sie sich manchmal scherzhaft „Blutsbrüder". Während der Militärzeit (vor dem Irakeinsatz) hat er eine kurze Affäre mit Jamila Earl, Jeffs Schwester, die aber nach einem halben Jahr wieder vorbei ist. Seitdem beschränken

sich seine Kontakte zu Frauen auf One-Night-Stands oder nur wenige Wochen dauernde Kurzbeziehungen.
Nach der Militärzeit Ausbildung beim FBI zum Field Agent. Nach der Ermordung seiner Schwester 1999 durch einen psychisch gestörten Klienten, der durch die Fehleinschätzung von dessen Psychiater als ungefährlich aus der Haft entlassen wurde, hasst er nicht nur „Psychoheinis", sondern wird in seinem Beruf noch härter und unnachsichtiger gegenüber Verbrechern. (Deshalb ist er anfangs nicht in der Lage, Shannon Garrett als Opfer zu sehen, sondern nur als Täterin.)

Sonstiges: –

Zwar erscheinen keineswegs alle hier aufgelisteten Eigenschaften und Ereignisse später im Roman, aber sie helfen mir gravierend, die Person glaubwürdig darzustellen und Widersprüche zu vermeiden; z. B. Brendan braune Augen zu geben, die hundert Seiten später plötzlich blau sind. (Genau das war mir in der ersten Rohfassung des Textes passiert.) Solche Dinge vergisst man tatsächlich schon mal, besonders, wenn man es mit relativ vielen Personen in einem Text zu tun hat und auch nicht kontinuierlich an dem Manuskript arbeiten kann.
Und natürlich wird jedes wichtige Detail nachgetragen, das sich später noch beim Schreiben ergibt. So habe ich z. B. die konkrete Adresse, unter der Agent Calder wohnt, erst später eingetragen, als ich eine Szene in seinem Haus spielen ließ.

Nebenbei: Ich wette, Sie haben jetzt ein sehr klares Bild von „Brendan Calder" vor Ihrem geistigen Auge!

Übung:
Entwerfen Sie eine Personalakte für eine Ihrer Hauptpersonen und schreiben Sie dabei alles auf, was für diese Person wichtig ist.

6. Der Protagonist und sein Gegenspieler

Kein Roman kommt ohne den Konflikt zwischen dem Helden – Protagonist – und seinem Gegner – Antagonist – aus. Das gilt auch für Kurzgeschichten, sofern sie nicht rein beschreibende Texte über ein Ereignis im Leben nur einer Person sind, für das keine andere Person erforderlich ist. Aus diesem Grund ist die Ausarbeitung der Antagonisten ebenso wichtig wie die der Protagonisten. Dabei kommt es nicht in erster Linie auf die sorgfältige Beschreibung des Äußeren an, sondern auf das Verhältnis zwischen Held und Gegner.

Was verbindet die beiden, was trennt sie? Warum sind sie überhaupt Gegner? Waren sie einmal befreundet? Welcher Natur ist der Konflikt zwischen ihnen: Eifersucht, Rivalität, ein Verbrechen, (tödlicher) Hass? Und so weiter. Und natürlich sollten Sie auch vor dem, spätestens beim Schreiben ihres Romans/Ihrer Geschichte mehrere mögliche Lösungen des Konflikts durchspielen und sich am Ende für die entscheiden, die *aus den entwickelten Charakteren heraus* die konsequenteste ist.

Eine solche Lösung kann durchaus darin bestehen, dass die anfänglichen Feinde vielleicht nicht unbedingt zu Freunden werden, aber einen gegenseitigen Respekt entwickeln und ihren Konflikt auf friedliche Weise bereinigen (wie Agent Calder und Shannon Garrett). Oder sich einfach nur einigen, einander ab jetzt in Ruhe zu lassen. *Falls* das zu ihren Charakteren passt. Ein von Hass getriebener Antagonist, der Jahre mit der Verfolgung des Protagonisten zugebracht hat, um ihn zu töten, weil er ihn für den Mörder seiner Frau hält, wird garantiert nicht plötzlich auf seine Rache verzichten – es sei denn, wir können das glaubhaft belegen. Zum Beispiel indem der Antagonist Beweise für die Unschuld des Protagonisten bekommt. Die müssten aber wirklich hieb- und stichfest sein, andernfalls er sie nicht glauben würde.

Auch ein Sieg bzw. Entkommen des Antagonisten ist denkbar, wenn wir den im Laufe des Romans bis zu einem gewissen Grad zu einem Sympathieträger aufgebaut haben oder es sich um eine mehrbändige Romanserie handelt.

Gerade bei der Figur des Antagonisten sollten Sie sich jedoch vor Klischees hüten, nicht nur was das Äußere betrifft. Sofern ein

Gegenspieler nicht unter einer psychischen oder neuronalen Krankheit leidet, die ihn unfähig macht, Gefühle zu empfinden, wird auch er in gewissen Situationen Mitgefühl haben, ist er ein liebevoller Ehemann, Vater, Familienmitglied, besitzt Ehre und ein Gewissen, ist zu Zärtlichkeit fähig usw.

Man muss sich nur einmal die Berichte über überführte Mörder oder Amokläufer in den Medien ansehen, um das bestätigt zu bekommen. Viele von ihnen waren im Alltag völlig unauffällig und wurden oft von ihren Angehörigen und Nachbarn als freundlich, hilfsbereit und liebevoll geschildert. Niemand hatte ihnen die entsetzliche Tat zugetraut.

Eine interessante Variante ist das Vertauschen der Rollen der beiden Gegner. Der Held mausert sich im Laufe des Romans zum Schurken, der Antagonist wird geläutert. Oder nur einer macht diese Wandlung durch und tut sich mit dem anderen zusammen. Diese Spielart erfordert allerdings ein großes schreibhandwerkliches Geschick, denn wir müssen diesen Wandel absolut überzeugend darstellen. Hierzu sind Kenntnisse der menschlichen Psyche erforderlich, die man vorher sorgfältig recherchieren sollte, andernfalls einem der Plot „um die Ohren fliegt".

Den Fall des „umgedrehten" Helden finden wir manchmal in Krimis, wenn ein bis dahin unbescholtener Polizeibeamter einer Versuchung erliegt (meist Geld) oder aus Frust darüber, dass seine Arbeit von Vorgesetzten und Kollegen nicht gewürdigt wird, die Seiten wechselt. Geläuterte Antagonisten kommen dagegen nicht so oft vor.

5. Die Perspektive

Perspektive ist die Sichtweise, aus der eine Szene, eine Geschichte oder ein ganzer Roman geschrieben ist. Anders ausgedrückt, durch wessen Augen wir das Geschehen betrachten. Wir unterscheiden:

1. auktoriale Perspektive
2. personale Perspektive (und wechselnde personale Perspektive)
3. Ich-Perspektive
4. eingeschränkt auktoriale/semi-auktoriale Perspektive
5. „Mauerschau" und „Botenbericht"

1. Auktoriale Perspektive

Diese Perspektive beschreibt ein Geschehen aus der Sicht des „allwissenden Erzählers" (des Autors), der über den Dingen steht und entsprechend alles weiß. Hinweise, dass der Allwissende am Werk ist, finden wir in Sätzen wie: *„Sie ahnte nicht, dass dies erst der Beginn ihrer Schwierigkeiten war."* Die Hauptperson kann nicht in die Zukunft sehen und nicht wissen, was dort noch auf sie wartet, der allwissende Erzähler schon. Wir begegnen ihm auch in anderen, subtileren Fällen.

„Er folgte der Frau und stellte fest, dass sie scheinbar zum Bahnhof ging." Hier verrät sich der allwissende Erzähler durch das Wort „scheinbar". Nur er weiß, dass das Ziel der Frau *nicht* der Bahnhof ist. Der Mann, der ihr folgt, und durch dessen Augen wir die Szene sehen, kann das nicht wissen, es sei denn, er könnte Gedanken lesen. Die auktoriale Perspektive ist bei einer ansonsten personalen oder Ich-Perspektive unangebracht. Verwenden Sie *niemals* das Wort „scheinbar/anscheinend", während Sie in einer anderen als der auktorialen Perspektive schreiben. Lediglich in wörtlicher oder erlebter Rede oder im inneren Monolog darf es mal vorkommen.

Auktorial erzählen wir, wenn wir Landschaften beschreiben (sofern wir die nicht mit den Augen einer Figur betrachten) oder eine Szene, die sich an einem Ort abspielt, an dem sich unsere Hauptperson gerade nicht befindet. Die auktoriale Perspektive erlaubt uns, wirklich alles erzählen und alles preisgeben zu können. Aus ihr heraus beobachten wir die Protagonisten wie als Zuschauer einen Fernsehfilm, kennen auch ihre Gedanken und Pläne und erzählen das aus *unserer* Sicht als Autor dem Leser.

Allerdings macht diese Perspektive, wenn wir sie ausschließlich verwenden, ohne sie wirklich meisterhaft zu beherrschen, einen Text unter Umständen langweilig, weil wir ihm damit nur allzu leicht einen Teil seiner Spannung nehmen.

2. Personale Perspektive/wechselnde personale Perspektive

Die meisten Romane und Geschichten sind in der personalen Perspektive geschrieben. Das heißt, das jeweilige Geschehen wird aus der Sicht einer bestimmten Person geschildert. Die Leser wissen/erfahren daher auch nur das, was diese eine Person denkt, fühlt, sieht und weiß. Manche Romane zeigen uns nur die Perspektive einer einzigen Person, die Mehrheit aber arbeitet mit wechselnden Perspektiven, die erheblich mehr Möglichkeiten bietet.

Beim Perspektivwechsel sind ein paar Dinge zu beachten.

Den Lesern muss in jedem Moment unmissverständlich klar sein, durch *wessen* Augen sie das Geschehen betrachten. Aus diesem Grund ist es unerlässlich, zu jedem Perspektivwechsel zumindest eine neue Zeile zu beginnen und, sofern es sich nicht aus dem Zusammenhang des vorherigen Absatzes ergibt, den Name der Person zu nennen, in dessen Kopf wir jetzt schlüpfen. Bei längeren Passagen empfiehlt es sich, einen Szenenwechsel vorzunehmen oder ein neues Kapitel zu beginnen.

Die beiden letzteren Mittel benutzen wir, wenn nicht nur die Perspektive, sondern auch der Ort gewechselt wird, wir also zu einer Person umblenden, die sich anderswo aufhält als die Person, in deren Kopf wir gerade gesteckt haben. Das gilt auch, wenn dieser Ort nur zwei Straßen entfernt liegt.

Sandra starrte ihn wütend an. Dass Jonas sie immer falsch verstand, egal was sie sagte. Dass er sie immer missverstehen wollte. Der Kerl war einfach unmöglich. Sie reckte das Kinn vor, drehte sich um und stiefelte wortlos davon. Sollte er doch zur Hölle fahren!

Jonas blickte ihr perplex nach und fragte sich, was er nun schon wieder verbrochen hatte, um eine solche Reaktion zu provozieren. Er hatte ihr doch nur einen Vorschlag unterbreitet, wie sie das leidige Problem mit ihrem Chef lösen konnte – und zum Dank dafür ließ sie ihn einfach stehen. Er schüttelte den Kopf. Versteh einer die Weiber.

*

Lilly zog die Gardine vors Fenster und trat zufrieden lächelnd zurück. Zwar hatte sie kein Wort von dem gehört, worüber Jonas und Sandra sich gestritten hatten, aber dass sie sich gestritten hatten, war deutlich zu sehen gewesen. Die Gelegenheit war günstig wie nie. Lilly rannte die Treppe hinunter, um Jonas noch zu erwischen, bevor er in seinen Wagen stieg und davonfuhr. Sie würde ihn zum Kaffee einladen, die mitfühlende Freundin spielen, und mit etwas Glück würde er in ihrem Bett landen, bevor die Kanne Kaffee leer wäre.

Im ersten Absatz sitzen wir im Kopf von Sandra und „hören" ihre Gedanken. Im zweiten – mit eingeschobener Leerzeile, die man theoretisch auch hätte weglassen können, da es sich immer noch um dieselbe Szene handelt – wechselt die Perspektive, und wir erfahren Jonas' Überlegungen. Der dritte Absatz wechselt nicht nur die Perspektive von Jonas zu Lilly, sondern auch den Ort, bezieht sich aber immer noch auf dieselbe Szene. Deshalb wird der Ortswechsel gekennzeichnet mit einem „großen Absatz" (= Leerzeile – Sternchen – Leerzeile). Hätten wir gleichzeitig auch die Zeit und dementsprechend die Szene gewechselt, wäre evtl. der Beginn eines neuen Kapitels angezeigt gewesen.

> Es gilt die eiserne Regel: In jedem (optischen) Absatz nur EINE Perspektive, niemals zwei! Wollen Sie wechseln, schieben Sie einen Absatz ein, bevor Sie mit der neuen Perspektive fortfahren.

Auch bei der wechselnden personalen Perspektive müssen wir darauf achten, dass wir nur die Dinge schildern, die die Person, durch deren Augen wir die (Teil-) Szene sehen, kennt, weiß, erlebt, denkt und sieht.

Es gibt jedoch Verlage, die verlangen, dass jede Szene aus der Perspektive nur einer einzigen Person geschrieben wird und jeder Perspektivwechsel auch gleichzeitig ein Szenenwechsel ist, der mit einem großen Absatz (Leerzeile – Sternchen – Leerzeile) gekennzeichnet werden muss. Damit in dem Fall aber bei unserem Beispiel der Part von Jonas nicht als eigene Szene mit nur sechs Zeilen dasteht (zu viele und zu kurze Szenen reißen den Text nicht nur optisch auseinander), hätten wir in dem Fall entweder auf Jonas' oder auf Lillys Reflektion *an dieser Stelle* verzichten und den Part mit Lilly aus einer einzigen Sicht schildern müssen. Zum Beispiel so:

(...) Er schüttelte den Kopf. Versteh einer die Weiber. Aber wenn sie es so wollte: bitte schön, sie konnte ihm gestohlen bleiben. Er ging zu seinem Auto.
　„Hallo Jonas!" Lilly stand vor dem Eingang ihres Hauses und winkte ihm zu. „Kannst du mir mal bitte helfen? Ich muss diese schrecklich schwere Bücherkiste auf den Dachboden bringen. Dauert nur ganz kurz, ehrlich."
　Jonas wollte nach Hause fahren, allein sein und seinen Frust über Sandra in einem Glas Bier ertränken. Lillys Bitte kam ihm mehr als ungelegen. Aber er wollte nicht unhöflich sein. „Okay, ich komme." (...)

Falls Lillys Überlegungen ihres Plans, Jonas in ihr Bett zu locken, für die Handlung wichtig sind, müssten wir sie in einer neuen Szene als Rückblende nachreichen:

(...) Mit einem fürchterlich schlechten Gewissen, weil er Sandra betrogen hatte, verließ Jonas Lillys Wohnung.

*

Lilly kuschelte sich zufrieden ins Kissen. Das war ja besser gelaufen als gedacht. Als sie vom Fenster aus gesehen hatte, wie Jonas und Sandra sich stritten, hatte sie die Gelegenheit beim Schopf gepackt und ihn unter dem Vorwand, Hilfe mit der Bücherkiste zu brauchen, in ihre Wohnung gelockt. Ihn in ihr Bett zu bekommen, indem sie die mitfühlende Freundin spielte, war danach nur noch ein Kinderspiel gewesen. (...)

Zur Übersicht:

- Einfacher Perspektivwechsel innerhalb derselben Szene: „kleiner Absatz" = neue Zeile, evt. mit einer zusätzlichen Leerzeile

- Einfacher Perspektivwechsel innerhalb derselben Szene mit Ortswechsel (wie im Beispiel von der Straße zu Lillys Wohnung): „großer Absatz" (= Leerzeile – Sternchen – Leerzeile)

- Szenenwechsel (mit oder ohne Perspektiv- und/oder Ortswechsel): großer Absatz oder – abhängig vom Inhalt der neuen Szene – Beginn eines neuen Kapitels

- Ortswechsel (mit oder ohne Perspektivwechsel): großer Absatz oder – abhängig vom Inhalt der neuen Szene – Beginn eines neuen Kapitels

- Wechsel der Zeit (mit oder ohne Perspektiv- oder Ortswechsel): Beginn eines neuen Kapitels. Hierbei kommt es letztendlich aber auf den Inhalt der betreffenden Szenen an sowie auf den Zeitabstand zur vorherigen Szene, ob Sie tatsächlich ein neues Kapitel beginnen sollten. Bei wenigen Stunden oder nur einem Tag Unterschied, kann ein großer Absatz ausreichen.

3. Ich-Perspektive

Die Ich-Perspektive ist eine Unterart der personalen Perspektive, die eine Geschichte ausschließlich aus der Sicht eines Ich-Erzählers schildert. Das berühmteste Beispiel für einen Roman mit dieser Perspektive ist Herman Melvilles „Moby Dick". Die Handlung beginnt mit den berühmten Worten: *„Nennt mich Ismael."*

Die Ich-Perspektive schränkt unsere Möglichkeiten insofern ein, dass wir sie nicht wechseln können bzw. nicht sollten. Das heißt, dass alle Schilderungen ausnahmslos subjektiv sind und nur das wiedergeben können, was der Ich-Erzähler sieht, erlebt und weiß. Allenfalls kann man Andeutungen machen in der Art *„Ich ahnte zu diesem Zeitpunkt nicht, was noch auf mich zukommen würde"*, wenn der Ich-Erzähler über ein Ereignis aus seiner eigenen Vergangenheit berichtet. Laurell K. Hamilton beherrscht in ihrer Anita-Black-Buchserie die Ich-Perspektive meisterhaft. Jedoch setzt diese Perspektive ein hohes literarisches Können voraus und ist deshalb für Anfänger bei Romanprojekten ungeeignet. Nur allzu leicht bleibt durch die Einschränkungen, die sie mit sich bringt, auch die Spannung auf der Strecke. Bei Kurzgeschichten fällt das dagegen nur wenig ins Gewicht.

Allerdings hat es schon (mehr oder weniger gelungene) Versuche gegeben, Ich-Perspektive und personale Perspektive kapitelweise zu mischen oder sogar in einem einzigen Roman mehrere Personen in der Ich-Perspektive erzählen zu lassen. Das ist allerdings ein sehr zweischneidiges Schwert, da die Leser dadurch nur allzu leicht verwirrt werden können und man jedem Kapitel namentlich voranstellen muss, wer jetzt berichtet. In so einem Fall ist es besser, von Anfang an die wechselnde personale Perspektive in der dritten Person Singular (sie/er) zu wählen.

4. Eingeschränkt auktoriale/semi-auktoriale[20] Perspektive

Bei dieser Variante werden personale und auktoriale Perspektive subtil (!) gemischt. Eben noch haben wir eine Szene durch die Augen des Protagonisten gesehen, im nächsten Moment erhalten

---

[20] semi-... = „halb"

wir Informationen, die der Held gar nicht weiß bzw. über die er sich in der Situation, in der er sich befindet, nicht die geringsten Gedanken macht.

Beispiel: *Der Regen fühlte sich durch den kalten Wind, der ihm ins Gesicht blies, eisig auf der Haut an. Er zog seinen schwarzen Filzhut tiefer ins Gesicht und schlug den Kragen seines Ledermantels hoch.*

Sie fragen sich, was daran auktorial sein soll, wo Sie doch in der Haut des armen Mannes stecken und die nasse Kälte auf seiner Haut fühlen? Versetzen Sie sich einmal in seine Lage. Stellen Sie sich vor, *Sie* wären derjenige, der in dieser unangenehmen Lage steckt. *Sie* befinden sich unter freiem Himmel, es gießt in Strömen, und der Wind fühlt sich eisig auf *Ihrer* nassen Gesichtshaut an. So weit, so personal die Perspektive.

Aber: Würden *Sie* ernsthaft in dieser Situation daran denken, dass der Hut, den Sie sich ins Gesicht ziehen, schwarz und aus Filz und der Mantel, dessen Kragen Sie hochschlagen, aus Leder ist?

Höchstwahrscheinlich nicht. Hier benutzt der Autor, während sein Protagonist noch fröstelt und immer mehr durchnässt wird, die Situation, um uns Lesern subtil mitzuteilen, welche Kleidung der Mann trägt. Um dasselbe in einer ausschließlich personalen Perspektive zu schildern, hätten wir uns den Durchnässten durch die Augen eines Beobachters ansehen müssen:

Emma schüttelte den Kopf, als sie sah, wie der Mann auf der Deichkrone sich gegen den Wind stemmte. Manche Leute waren einfach zu dämlich, um sich für so ein Wetter richtig anzuziehen. Ein Filzhut und ein dünner Ledermantel würden den Regen nicht lange abhalten. Und die farbliche Geschmacksverirrung von schwarzem Hut zu braunem Mantel – gruselig.

Dieselben Informationen, aber eine rein personale Perspektive.

Wenn Sie sich Romane und Geschichten einmal im Hinblick auf die verwendete Perspektive durchlesen, werden Sie feststellen, dass viele Autoren semi-auktorial schreiben. Ich persönlich benutze diese Perspektive sehr gern, weil sie mir die besten Entfaltungsmöglichkeiten bietet.

Manche Verlage lehnen aber Manuskripte ab, weil sie nicht deren bevorzugtem Perspektivstil entsprechen bzw. fordern, wenn die Geschichte sie ansonsten überzeugt, die Autoren auf, den Text umzuschreiben und nur einen bestimmten Perspektivstil zu benutzen (in der Regel die wechselnde personale Perspektive). Der muss dann konsequent ohne Abweichung und Ausnahme eingehalten werden. Ich gebe zu, dass diese Forderung mir schon öfter Kopfzerbrechen bereitet hat, wenn eine Szene sich herrlich semi-auktorial schildern ließe, ich aber wegen der verlangten rein personalen Perspektive sie komplett anders schreiben (und meistens in dem Zug noch eine weitere, unbeabsichtigte Szene einschieben) musste, als ich ursprünglich geplant hatte. Nicht immer ist der „Perspektiv-Purismus" die beste textliche Lösung.

Am besten lesen Sie, bevor Sie einem Verlag Ihr Manuskript anbieten, ein Buch aus dessen Programm, um zu sehen, welcher Perspektivstil dort vertreten ist. Oder Sie rufen im Zweifelsfall im Verlag an, lassen sich mit dem Lektorat verbinden und fragen nach, wie man das dort handhabt. Das erspart Ihnen den Frust der Ablehnung.

Die wechselnde personale und semi-auktoriale Perspektive hat aber noch eine andere wichtige Funktion. Sie ist unerlässlich für das **„Braiden"** (= engl. „flechten") von Handlungssträngen. Bei Kurzgeschichten (meistens) und Erzählungen (immer) wird das Braiden nicht verwendet, aber es ist unerlässlich für das Schreiben spannender Romane.

Der Roman lebt von den unterschiedlichen Handlungssträngen und -ebenen, in denen wir Ereignisse beschreiben, die sich zu einer anderen Zeit, an einem anderen Ort und/oder mit anderen Figuren als unserer Hauptfigur ereignen. Indem wir unsere Leser wissen lassen, was sich zur selben Zeit, als unsere Protagonistin sich bei Tee und Kerzenschein entspannt, z. B. bei ihrem Antagonisten abspielt, erzeugen wir Spannung, ganz besonders wenn wir das zusätzlich noch mit dem Mittel des Cliffhangers verbinden.

Je mehr wichtige Ereignisse mit verschiedenen Personen wir beschreiben, desto mehr Handlungsstränge haben wir, die wir miteinander verflechten, um sie am Ende mit dem „Haarband" der

Auflösung zusammenzubinden. Allerdings muss man darauf achten, dass man nicht zu viele Handlungsebenen mit entsprechenden Perspektivwechseln hat, sonst wird die Gesamthandlung zu verworren und können die Leser sie nur noch schwer nachvollziehen.

Besonders spannend wird es, wenn wir einen scheinbar nicht zur Haupthandlung gehörenden Strang haben, der sich am Ende aber als essenziell für die Lösung erweist.

Beispiel: Abwechselnd schildern wir die Ereignisse zweier Personen, die sich (aus Sicht der Leser) nicht kennen und nichts miteinander zu tun haben, außer dass auf beide ein Mordanschlag verübt wird. Am Ende stellt sich heraus, dass sie Halbgeschwister sind: ein eheliches und ein nichteheliches Kind. Keiner wusste vom anderen, aber beide sind jetzt Erben eines Vermögens, das der Bruder des Vaters und Onkel der beiden für sich haben will und die beiden Erben, die ihm dabei im Weg stehen, deshalb umbringen will.

Ohne die wechselnde Perspektive wäre es zwar möglich, diesen Inhalt trotzdem im Roman unterzubringen (z. B. durch Dialoge oder zitierte Zeitungsberichte), aber das wäre nicht so spannend.

5. „Mauerschau" und „Botenbericht"

sind eine Sonderform und genau genommen keine eigenständigen Perspektiven. Diese Techniken stammen aus dem Theater. Im Theaterstück können die Zuschauer das Geschehen auf der Bühne nicht verlassen, und jeder Szenenwechsel erfordert mehrere Minuten Umbau des Bühnenbildes. Außerdem kann man im Theater im Gegensatz zum Film keine Menschenmengen (z. B. ein Heer oder den wütenden Mob) auflaufen lassen (außer bei wirklich großen Bühnen oder Freilichtveranstaltungen).

Wenn es nun erforderlich ist, Geschehnisse zu schildern, die sich während der Bühnenhandlung außerhalb des für die Zuschauer sichtbaren Raums abspielen, greift man zur sogenannten *Mauerschau*. Man stellt einen der Akteure auf der Bühne auf die Mauer des Schlosses, der Stadt oder ans Fenster, lässt ihn nach draußen blicken und den Personen im Raum (= auf der Bühne) und somit den Zuschauern erzählen, was sich draußen gerade abspielt: „*Da reitet der König vorbei! Und da ist seine Königin! Oh, sie ist wunderschön. Sie trägt ein Kleid, so rot wie Blut.*" (Und wenn im Verlauf des Stückes eine schöne Frau die Bühne betritt in einem Kleid „so rot wie Blut", wissen die Zuschauer sofort, dass das die Königin ist, auch wenn sie keine Krone trägt.)

Eine andere Variante ist der Bote, der die Szene betritt und eine wichtige Nachricht bringt (Botenbericht): „*Mein König! Der Feind hat den Fluss überschritten und die Flussdörfer zerstört. Er ist nur noch eine Tagesreise von der Hauptstadt entfernt!*" Im Roman hätten wird das in einer eigenen Szene oder sogar in einem ganzen Kapitel beschreiben können.

Trotzdem können wir auch im Roman den Botenbericht und (seltener) die Mauerschau als Stilmittel anwenden. Da uns beim Roman aber die Möglichkeit des Perspektivwechsels zur Verfügung steht, benutzen wir sie nur für Informationen, die aus einem oder wenigen Sätzen bestehen und deshalb zu kurz für eine eigene Szene sind. In Kurzgeschichten werden diese beiden Stilmittel wegen der Kürze des Textes häufiger gebraucht.

Für Mauerschauen und Botenberichte stehen uns zwei Varianten zur Verfügung: der Dialog und die Zeitungsnotiz bzw. Nachricht im Radio oder Fernsehen. Eine Person betritt den Schauplatz (oder ruft an) und gibt die entsprechende Information: „*Weißt du schon das Neueste? Die Polizei hat Lukas verhaftet. Er soll Bauer Schmidt ein Huhn geklaut haben.*" Oder unser Protagonist liest dieselbe Neuigkeit in der Zeitung: „*Gestern wurde in Veen Lukas N. verhaftet. Wie ein Polizeisprecher mitteilte, steht er in dringendem Tatverdacht, bei Bauer S. eingebrochen und ein Huhn gestohlen zu haben.*"

Verwenden Sie den Botenbericht oder die Mauerschau, um kurze Informationen zu vermitteln, die keine eigene Szene erfordern oder um eine Person über ein Geschehen in Kenntnis zu setzen, das Sie bereits in einer eigenen Szene/einem Kapitel beschrieben haben, in dem diese Person nicht vorkam. Würden Sie es an dieser Stelle in aller Ausführlichkeit wiederholen, wären die Leser schnell gelangweilt, da sie die genannten Informationen bereits kennen.

Übungen:

1. *Schreiben Sie dieselbe (kurze) Szene in allen fünf Perspektivarten. Achten Sie darauf, die jeweilige Perspektive konsequent einzuhalten.*
2. *Folgende Szene: Ein Straßenmusikant gibt in einer Fußgängerzone seine Musik zum Besten. Ein Passant/eine Passantin wirft Geld in seinen Sammelhut. – Beschreiben Sie diese Szene aus der Perspektive von mindestens vier verschiedenen Personen: 1. dem Musikanten, 2. der Person, die ihm Geld gibt, 3. einem Passanten, der nichts gibt und 4. einem Polizisten. Wenn Sie Lust haben, fügen Sie noch 5. die Perspektive des Ladenbesitzers hinzu, vor dessen Tür der Musikant spielt, 6. die eines Kindes und – aus Spaß an der Freud' – 7. die eines Hundes.*

6. Die Rückblende

Die Rückblende ist ein Stilmittel, das wir anwenden, wenn eine Person sich an ein Ereignis aus der Vergangenheit erinnert oder wir eine Szene beschreiben, die – gemessen an der sogenannten Erzählzeit des Romans/der Geschichte – in der Vergangenheit spielt. Rückblenden sind erforderlich, wenn das vergangene Ereignis relevant für die gegenwärtige oder unmittelbar folgende Handlung ist. Rückblenden, die nicht zum Fortgang oder zur Erklärung der Handlung beitragen, sind überflüssig.

Ein wichtiges Kennzeichen der (kurzen) Rückblende ist das Tempus (die grammatikalische Zeit), in dem sie geschrieben ist. Diese Zeit liegt immer eine grammatikalische Zeit *vor* der Erzählzeit. Ist die Erzählzeit das Präsens (die Gegenwart), so steht die Rückblende im Perfekt (einfache Vergangenheit). Steht die Erzählzeit im Perfekt wie die meisten Romane, so schreiben wir die Rückblende im Plusquamperfekt (Vorvergangenheit).

Beispiele:
Sie biegt in die Mozartstraße ein und nimmt den Weg über die Brücke, um zum Park zu gelangen (= Präsens). *Gestern benutzte sie dafür die Abkürzung über Meyers Grundstück* (= Perfekt).

Sie bog in die Mozartstraße ein und nahm den Weg über die Brücke, um zum Park zu gelangen (= Perfekt). *Gestern hatte sie dafür die Abkürzung über Meyers Grundstück benutzt* (= Plusquamperfekt).

Allerdings ist der Gebrauch des Plusquamperfekts für die Leser auf die Dauer ermüdend, wenn auch grammatikalisch korrekt, weshalb wir bei längeren Rückblenden nach zwei oder drei Einleitungssätzen im Plusquamperfekt wieder zum Perfekt wechseln und erst im oder nach dem letzten Satz der Rückblende deutlich erkennbar wieder in die Gegenwart des Romans/der Geschichte zurückkehren.

Beispiel:
„Wie konnte Jonas ihre Beziehung einfach so beenden? (= Jetztzeit der Story im Perfekt) *Dabei hatte alles so gut angefangen zwischen ihnen.* (= Einleitung der Rückblende im Plusquamper-

fekt) *Sie hatten perfekt zusammengepasst, hatten dieselben Interessen geteilt, dieselben Vorlieben. Im Urlaub fuhren sie am liebsten an die See* (= immer noch Rückblende, aber in diesem Satz Wechsel zum Perfekt). *(...)*[21] *Und nun das Ende. Sandra schüttelte die düsteren Gedanken ab* (= Rückleitung zur Gegenwart der Geschichte, optisch mit einem Absatz gekennzeichnet) *und konzentrierte sich wieder auf ihre Arbeit."*

Diese Art der Rückblende verwenden wir, wenn die geschilderten Ereignisse nicht länger als einen Absatz oder einige wenige (kurze) Absätze dauern. Bei längeren Passagen nehmen wir andere Tricks zu Hilfe.

Wörtlich zitierte Tagebucheintragungen, Briefe oder Zeitungsartikel aus der Vergangenheit der Geschichte/des Romans mit entsprechenden Datumsangaben sind ein probates Mittel. In diesem Fall werden die Zitate im Text meistens kursiv formatiert oder in einer anderen Schrift geschrieben, um sie optisch abzugrenzen. Diese Form eignet sich hervorragend für die Schilderung von Ereignissen, die weit in die Vergangenheit zurückreichen. Ein gutes Beispiel in John Carpenters Film „The Fog" ist das Tagebuch von Father Malone, das hundert Jahre später von seinem Nachfolger gefunden und an den relevanten Stellen im Film irgendwelchen Zuhörern vorgelesen wird, um die Ereignisse von vor hundert Jahren zu schildern, die der Schlüssel zu den Ereignissen in der Gegenwart sind.

Ein weiteres Stilmittel für besonders lange Rückblenden ist, die Handlung in zwei Handlungsstränge zu teilen und einen in der Romangegenwart, den anderen in der Vergangenheit spielen zu lassen. Beide werden grammatikalisch in derselben Erzählzeit geschildert. Im Schlussakt des Romans oder schon vorher, wenn es zum Plot passt, holt die Vergangenheit die Gegenwart schließlich ein und werden die beiden Handlungsstränge miteinander verflochten.

Hier werden die Vergangenheitspassagen meistens anders (kursiv oder in einer anderen Schrift) formatiert oder durch die am

---

[21] Hier steht ein längerer Text, in dem die Protagonistin sich an diverse Ereignisse in der Vergangenheit erinnert.

Anfang des jeweiligen Kapitels genannte Jahreszahl bzw. das Datum für die Leser kenntlich gemacht. Dieses Mittel hat Mary Stewart in ihrem Roman „Rühr nicht die Katze an" ausgezeichnet angewendet.

Des Weiteren gibt es die Möglichkeit, die Rückblende in einen Dialog/Monolog zu packen und vergangene Ereignisse auf diese Weise lebendig zu schildern: *„Ich erinnere mich, dass wir damals immer die Abkürzung über Meyers Grundstück genommen haben, obwohl das verboten war. (...)"*

Noch einmal zur Erinnerung:

- Die Rückblende ist ein Stilmittel, das man sparsam einsetzen sollte.

- Zu viele Rückblenden verwirren die Leser.

- Die Rückblende muss an der richtigen Stelle stehen, d. h. immer nur dort, wo ihr Inhalt zum Verständnis oder für die Weiterentwicklung der Handlung, zur Erzeugung von Spannung oder der Erklärung/Entwicklung eines Charakters zwingend erforderlich ist.

- Jede Rückblende, die – egal wo sie steht – nicht zwingend für die Handlung oder die Entwicklung der Charaktere oder des Konflikts notwendig ist, ist (zumindest an dieser Stelle) überflüssig.

7. Der Dialog

Der Dialog (Zwiegespräch) ist eine Kommunikation zwischen zwei Personen. Er dient nicht nur dazu, die Leser mit Informationen zu füttern, die für die Handlung relevant sind, er enthält oder entwickelt auch Konflikte. Das beste Beispiel hierfür ist ein handfester Streit zwischen den Dialogpartnern.

Beim Dialog gilt wie bei der Rückblende, dass er, sofern er nicht zum Fortschreiten der Handlung oder zur Charakterisierung einer Person beiträgt oder eine wichtige Information enthält, überflüssig ist und gestrichen werden sollte. Solche sinnlosen Dialoge, die zu nichts führen, nennt man statische Dialoge.

Leider haben Dialoge den Hang, sich zu verselbstständigen, sodass sie, ehe wir uns versehen, in ein nichtssagendes und die Leser ermüdendes, langweiliges Blabla abdriften. Beim Überarbeiten unserer Texte sollten wir deshalb gerade bei den Dialogen besondere Sorgfalt walten lassen und alles Überflüssige streichen.

Gute Dialoge leben allerdings nicht nur von dem, was sie konkret ausdrücken, sondern auch vom sogenannten Subtext, also dem, was „zwischen den Zeilen" gesagt und angedeutet wird.

Beispiel:
„Hast du denn keine Angst?"
„Ich? Nee, ich habe vor nichts Angst, worauf ich schießen kann."
Die Rückfrage „Ich?" drückt aus, dass der Sprecher sich für einen starken Mann hält oder Wert darauf legt, als solcher zu erscheinen, weshalb er es als eine Zumutung empfindet, dass sein Gesprächspartner auch nur in Erwägung zieht, dass ausgerechnet *er* Angst haben könnte. Die Subtextbotschaft von *„Ich?"* lautet: *„Mit dieser Frage kannst du doch nicht wirklich ausgerechnet MICH gemeint habe?"* Oder: *„Wieso fragst du MICH das? Du weißt doch, dass ich keine Angst habe."*

Gleichzeitig verrät er aber im Nachsatz, dass er sehr wohl vor etwas Angst hat: nämlich vor den Dingen, auf die man nicht schießen kann. Was das wohl sein mag? Gefühle, Freunde, Träume, Traumata usw.

Noch ein Beispiel:
„*Ich glaube, du betrügst mich schon die ganze Zeit!*"
Klartextantwort: „*Du bist ein Idiot!*"
Subtextantwort: „*Glaub doch von mir aus, was du willst.*"
Der unausgesprochene Subtext: „*Aber wenn du das glaubst, bist du ein Idiot!*"

Natürlich gibt es nicht nur inhaltlich gewisse Dinge beim Dialog zu beachten, sondern auch formale. So muss ganz besonders der Dialog lebendig sein. Dazu gehört, dass jeder Sprecher seine unverwechselbare Stimme erhält. Das muss nicht unbedingt ein Dialekt sein, obwohl der, wo er in die Story passt, ein gutes Mittel ist. Eine Person kann z. B. stottern oder eine besondere Redewendung immer wieder benutzen.

Nehmen wir an, unser literarischer „Christoph" beginnt jede Widerrede oder jeden ihm unangenehmen Hinweis mit den Worten: „*Ich will ja nichts sagen, nee, aber ...*" Spätestens nach dem zweiten, höchsten dritten Mal, wo diese Redewendung auftaucht, weiß der Leser, dass hier „Christoph" spricht, weil nur er diese Phrase gebraucht und niemand sonst. Wir müssen also nicht noch hinzufügen „sagte Christoph", um dem Leser das mitzuteilen.

Eine andere Figur beginnt vielleicht jeden Satz mit „Ah ja" oder etwas anderem, für sie Charakteristischem. Die dämonische Ermittlerin Sam Tyler aus meiner „Sukkubus"-Serie"[22] benutzt, wo andere „natürlich" oder „selbstverständlich" sagen, die Floskel „aber klar doch". Taucht sie auf, weiß jeder, dass sie spricht.

Doch sollte man mit diesem Stilmittel sparsam umgehen, denn zuviel des Guten ist auch hier dem Lesevergnügen abträglich. Konkret: Wenn Sie *jeder* Figur eine solche Spezialfloskel geben, kann das die Leser sehr schnell verwirren. Beschränken Sie dieses Stilmittel deshalb auf höchstens zwei Personen.

Sehr wichtig ist auch, die soziale Stellung, das Alter und die Herkunft unserer Figuren zu berücksichtigen. Ein Jugendlicher spricht anders als ein Erwachsener Mitte dreißig, der wiederum ganz

---

[22] www.geisterspiegel.de/Serien & Lyrik/Sukkubus

anders spricht als seine achtzigjährige Großmutter. Ein Mitglied der „bildungsfernen Schicht" drückt sich anders aus als ein Professor.

„War voll krass, wie der Stilo gestern im Zappelbunker total zugeklinkt abgefiedelt hat." – So ein Satz stammt eindeutig von einem Jugendlichen. Und wird wohl auch nur von Gleichaltrigen ohne Wörterbuch verstanden. (Übersetzung: „Es war toll, wie der Langweiler gestern in der Diskothek völlig betrunken getanzt hat.") Eine Frau, die ihr etwa sechsjähriges Kind mit dem Satz *„Nu mach die mäh ma ei!"* (mit eigenen Ohren gehört!) dazu auffordert, im Streichelzoo das Schaf zu streicheln, gehört eindeutig zur bildungsfernen, evt. sogar asozialen Unterschicht. Und Aussagen wie *„Auch die temporäre Verschiebung deiner Prioritäten entbindet dich nicht von deinen parentalen Pflichten!"* würde wohl kaum aus dem Mund eines Fabrikarbeiters kommen.

Zwar sind dies besonders krasse Beispiele, aber Sie verstehen, worauf es ankommt. Ist das soziale Gefälle oder sind die Unterschiede in der Herkunft Ihrer Figuren groß, müssen Sie das auch in deren Sprechweise zum Ausdruck bringen, sonst verlieren sie an Glaubwürdigkeit.

Abgesehen vom Sprachcharakteristikum müssen die Leser jederzeit genau wissen, wer gerade spricht. Zwar muss man nicht hinter jeder wörtlichen Rede anfügen „sagte/fragte/antwortete er/sie/N.N.", aber spätestens nach dem dritten Doppel von Rede und Gegenrede muss diese Information eingeflochten werden. Das muss nicht zwangsläufig mit „sagte/fragte ..." geschehen. Ihre Figuren reden einander zwischendurch auch mit Namen an oder sind, während sie sich unterhalten, mit anderen Dingen beschäftigt, die Sie ruhig beschreiben sollen und sogar müssen, um Ihren Dialog lebendig zu gestalten.

Beispiel:
„Nun schieß mal los, Ralf", forderte Uwe Seifert seinen Freund auf, als sie nach Feierabend im *„Gliesmaroder Thurm"* saßen und ein alkoholfreies Bier genossen. *„Was ist das mit dir und Nicki?"*
„Gegenwärtig ist das eine Katastrophe", meinte Zell düster.

(Wir befinden uns am Beginn einer neuen Szene, und der Leser weiß jetzt, dass die Unterhaltung zwischen Uwe Seifert und Ralf Zell stattfindet.)

„Und was, bitte, ist daran so schlimm, dass du dich in sie verliebt hast? Oder will sie nichts von dir wissen?"
„Im Gegenteil. Sie ist ..., nun ja, ich denke, es hat sie vielleicht genauso erwischt wie mich. Glaube ich jedenfalls. Hoffe ich. Fürchte ich."
Seifert musste lachen. „Ja, was denn nun?"
Zell fuhr sich müde mit der Hand über das Gesicht. „Verdammt, Uwe, ich habe mich da auf etwas eingelassen, das ..." Er zuckte hilflos mit den Schultern. *„Sie ist eine Zeugin in einem Mordfall und eine potenzielle Verdächtige. Und ich begreife einfach nicht, wie mir das passieren konnte."*[23]

Während die beiden Männer reden, trinken sie Bier. Seifert lacht zwischendurch, Ralf Zell fährt sich mit der Hand über das Gesicht und zuckt mit den Schultern. Wir erfahren, dass er müde ist und sich hilflos, evt. sogar unglücklich fühlt. Dadurch werden die Figuren lebendig. Hier zum Vergleich noch einmal dieselbe Szene ohne diese Gesten/Tätigkeiten.

„Nun schieß mal los, Ralf. Was ist das mit dir und Nicki?"
„Gegenwärtig ist das eine Katastrophe."
„Und was, bitte, ist daran so schlimm, dass du dich in sie verliebt hast? Oder will sie nichts von dir wissen?"
„Im Gegenteil. Sie ist ..., nun ja, ich denke, es hat sie vielleicht genauso erwischt wie mich. Glaube ich jedenfalls. Hoffe ich. Fürchte ich."
„Ja, was denn nun?"
„Verdammt, Uwe, ich habe mich da auf etwas eingelassen, das ... Sie ist eine Zeugin in einem Mordfall und eine potenzielle Verdächtige. Und ich begreife einfach nicht, wie mir das passieren konnte."

---

[23] Mara Laue: „Schwarze Dame Tod", Kriminalroman, Sutton-Verlag, 2011

Dadurch, dass die Protagonisten einander zwischendurch mit Namen anreden, wissen wir zwar immer noch, wer gerade spricht, aber Sie sehen, dass die Szene deutlich an Lebendigkeit verloren hat. Dies ist einer der Fehler, der Anfängern häufig passiert. Sie schreiben ihre Dialoge „statisch" herunter, als säßen oder ständen sich die Figuren während der gesamten Zeit reglos gegenüber.

Bei Streitgesprächen und in Kurzgeschichten ist das streckenweise okay. In Actionszenen müssen Sie sogar (weitgehend) auf die Zwischenbemerkungen verzichten, da sie die Dynamik aus der Action nehmen. Ansonsten lassen Sie Ihre Figuren agieren, nebenbei etwas tun, aufstehen und sich einen Kaffee einschenken, sich beim Trinken den Mund verbrennen, gestikulieren usw., bevor sie wieder etwas sagen.

Noch ein Wort zu „sagte er/sie". Lassen Sie Ihre Figuren lebendig sprechen! Es gibt mehr als eine Möglichkeit, einen Satz oder ein Wort auszusprechen, als ihn/es neutral zu „sagen". Je nach Situation und Stimmung Ihrer Figuren flüstern sie, fauchen, wenn sie wütend sind, schreien, brüllen, knurren, kreischen, wispern, meinen, erklären, fragen, erkundigen sich, höhnen, spucken Worte (bildlich gesprochen) aus, haken nach, stoßen etwas hervor, stellen etwas fest/klar, gurren, zischen ... Ihre Stimmen hören sich an „wie zu Sprache gewordenes Eis", klingen ironisch, sarkastisch, zynisch, leise, laut ... – Es gibt unzählige Wörter, mit denen wir einem Satz Leben verleihen können. Machen Sie davon Gebrauch! Schaffen Sie sich zu dem Zweck das ohnehin für jeden Schriftsteller unerlässliche Synonym-Wörterbuch an (Duden Band 8; Synonyme = sinnverwandte Worte).

Die Wörter „meinen" und „erklären" verwenden Sie aber bitte ausschließlich, wenn Ihre Figur eine Meinung äußert oder etwas erklärt. *„Ich gehe nachher spazieren"*, ist z. B. keine Erklärung, sondern eine Feststellung oder Ankündigung, und *„Du musst los, sonst kommst du zu spät"*, ist keine Meinung; *„Gegenwärtig ist das eine Katastrophe"* (aus dem Text oben) dagegen schon, denn nur Zell ist dieser Ansicht. Sein Freund Seifert sieht das ganz anders.

Optisch wird im Text für jeden neuen Sprecher *immer* eine neue Zeile begonnen, selbst wenn er nur ein einziges Wort sagt oder schweigt.

„Die Meyer hat heute Morgen schon wieder ihren Müll in unsere Tonne geworfen. Du solltest ihr das endlich mal verbieten."
Er antwortete nicht.
„Hast du gehört, was ich gesagt habe, Karl?"
„Hm."
„Und?"
Er warf ihr einen mürrischen Blick zu. „Nicht jetzt. Ich lese gerade die Zeitung, falls du es noch nicht bemerkt haben solltest. Also halt die Klappe."

Auch wenn eine Figur einen längeren Monolog hält, müssen Sie spätestens nach zehn oder zwölf Zeilen (plus/minus) einen Absatz einfügen, sonst wird der Text schwer lesbar. Lassen Sie Ihre Figur eine Pause einlegen, in der sie ihren Blick schweifen lässt, nachdenklich oder verlegen zu Boden starrt oder sich Tee nachschenkt, aufsteht und ans Fenster geht etc., bevor sie weiterspricht. Oder Sie unterbrechen den Monolog mit einem kurzen (!) Perspektivwechsel (die Auslassungspunkte in Klammern beim folgenden Beispiel stehen für einen vorangehenden bzw. fortgeführten Monolog):

„(...) Mit anderen Worten: Alles hier ist mir vollkommen fremd."
Shannon tat einen tiefen Atemzug und blickte ins Leere.
Blackwell wartete geduldig, bis sie bereit wäre fortzufahren.
Schließlich sah sie ihm in die Augen. „Ich habe keine Ahnung, wie ich mit dieser Situation umgehen soll. Außerdem (...)"[24]
Und schon kann Shannons Monolog weitergehen.

Wenn mehr als zwei Personen miteinander reden, ist es kein Dialog mehr. Hierbei müssen Sie besonders darauf achten, dass die Leser immer genau im Bilde sind, wer gerade spricht. Im folgenden Beispiel unterhalten sich fünf Personen, und wir wissen zu jeder Zeit, wer was sagt.

---

[24] Mara Laue: „Das Werkzeug seiner Rache", Thriller

„Wenn Sie irgendwelche Tricks versuchen, wird die morgige Nacht Ihre letzte sein", drohte Shepherd.
„Wir arbeiten nicht mit Tricks", versicherte Sean. „Bis morgen Abend also."
„Bis morgen Abend, Harry." Ashton legte den Hörer auf.
Vivian schnitt eine Grimasse. „Reichlich unfreundlich, dieser Mr. Shepherd. Um nicht zu sagen borniert."
„Er hasst Vampire mit einer Leidenschaft, die man getrost als Besessenheit bezeichnen kann", erklärte Ashton. „Er spricht zwar nie darüber, aber man sagt, dass vor zwanzig Jahren seine gesamte Familie von Vampiren getötet wurde, seine Frau, seine beiden Töchter und sein kleiner Sohn." Er zuckte mit den Schultern. „Das reicht wohl, um jeden Menschen zum Vampirhasser zu machen."
Gwynal nickte. „Das war noch nicht alles. Sein ältester Sohn wurde in einen Vampir verwandelt, und der Junge beging den Fehler, auf die väterliche Liebe zu vertrauen. Er suchte seinen Vater auf – immer noch total verwirrt vom Schock der Verwandlung –, offenbarte ihm, was er war und hoffte wohl auf Trost oder zumindest auf Akzeptanz."
„Stattdessen bekam er von seinem eigenen Vater einen hölzernen Brieföffner ins Herz", ergänzte Sean. „Und das reicht definitiv aus, um die Seele jedes Menschen für den Rest seines Lebens zu traumatisieren."[25]

Noch ein Wort zu den Erläuterungen zwischen der wörtlichen Rede. Unterbrechen Sie die wörtliche Rede einer Figur so wenig wie möglich. Wenn Sie etwas erklären und/oder anzeigen wollen, wer gerade spricht, tun Sie das so weit wie möglich auf andere Weise. Zum Beispiel so:

Vivian schnitt eine Grimasse. „Reichlich unfreundlich, dieser Mr. Shepherd. Um nicht zu sagen borniert."
Dieser Satz lautete in der Erstfassung des Manuskripts:

---

[25] Mara Laue: „Das Gesetz der Vampire", Okkult-Krimi, Verlag Torsten Low, 2010

*"Reichlich unfreundlich, dieser Mr. Shepherd", meinte Vivian.
"Um nicht zu sagen borniert."*
Hier wurde die wörtliche Rede unschön unterbrochen. Solche Unterbrechungen sollten Sie vermeiden, wo immer es geht.

Ein beliebter Fehler, der keineswegs nur Anfängern passiert, ist die häufige Namensnennung der angesprochenen Personen im Dialog.

*"**Ash**! Ich bin's: Stevie! Wach auf!"
Schwer atmend hielt er inne und brauchte einen Moment, um sich seiner Umgebung bewusst zu werden.
"Hattest du wieder einen Albtraum, **Ash**?"
Er atmete tief durch und nickte. Zu mehr war er nicht fähig.
Stevie strich ihm sanft über die Wange. "Ist ja gut, **Ash**. Ich bin bei dir. Alles wird gut."
Ihre Nähe beruhigte ihn. Er nahm sie in die Arme und sog das Gefühl der Verbundenheit mit ihr in sich auf.
Sie sah ihn mitfühlend an. "Die Albträume vergehen mit der Zeit, **Ash**. Glaub mir."*[26]

So sah dieser Dialog in der noch nicht überarbeiteten Rohfassung des Romans aus. (Im Eifer des Schreibgefechts passieren solche Fehler auch erfahrenen Autoren.) Da hier nur zwei Personen agieren und wir bereits im ersten Satz ihre Identität erfahren, ist eine nochmalige Namensnennung nicht erforderlich. In der Endfassung blieb daher nur die Anrede „Ash" im ersten Satz stehen.

Betrachten wir einmal unsere realen Gespräche, die wir im Alltag führen. Wir reden unsere Gesprächspartner dabei äußerst selten mit Namen an. In der Regel nur beim ersten Satz, um ihre Aufmerksamkeit zu erregen bzw. in einer Gruppe zu signalisieren, wer gemeint ist. Danach nicht mehr, es sei denn, wir wollten damit etwas betonen:

---

[26] Mara Laue: „Göttin der Finsternis", Okkult-Krimi, Verlag Torsten Low, 2011

„*Was willst du mir damit sagen, Nick?*"
„*Na, was wohl?*"
„*Nick Roscoe, hast du mir tatsächlich gerade einen Heiratsantrag gemacht?*"[27]

Lassen Sie in Ihren Dialogen Ihre Figuren einander nur dann mit Namen anreden, wenn es unerlässlich ist. Am besten lesen Sie sich Ihre fertigen Dialoge laut vor. Spätestens dabei wird Ihnen eine zu häufige namentliche Anrede und werden Ihnen auch andere Fehler auffallen.

Zusammenfassung:

1. Dialoge geben den Lesern wichtige Informationen, treiben die Handlung voran oder charakterisieren die sprechenden Personen.

2. Dialoge enthalten Konflikte (nicht nur – siehe Punkt 1 – aber auch).

3. Gute Dialoge leben u. a. vom Subtext „zwischen den Zeilen" und sprechen nicht alles eindeutig aus.

4. Dialoge müssen lebendig sein, d. h. die Sprecher müssen eine unverwechselbare Stimme haben. Deshalb darf in der wörtlichen Rede (und *nur* dort!) auch schon mal auf grammatikalische Korrektheit der Sprache verzichtet und sie auch verballhornt werden. (Beispiel: „*'o'n'*", *knurrte Paula und überließ es Rambacher, daraus einen Gruß zu interpretieren.*[28])

5. Die Leser müssen zu jeder Zeit wissen, wer was sagt. Deshalb muss für jeden Sprecher eine neue Zeile begonnen werden.

---

[27] Mara Laue: „Sukkubus 19 – Sams Entscheidung", www.geisterspiegel.de, Juni 2012

[28] Mara Laue: „Smaragdjungfer. Ein Wilhelmshaven-Krimi", Sutton-Verlag, 2011

6. Drücken Sie die Herkunft und den sozialen Status Ihrer Figuren auch in deren Sprache aus. Dadurch wird Ihr Dialog lebendiger und werden Ihre Charaktere glaubwürdiger.

7. Vermeiden Sie zu häufige namentliche Anreden im Dialog.

Wenn Sie von einem Meister der Dialoge lernen wollen, lesen Sie Robert McKees Buch „Story". Zwar geht es darin primär um das Schreiben von Drehbüchern, aber die Tipps besonders für den Dialogaufbau sind unschätzbar wertvoll.

Übung:

1. *Schreiben Sie einen spannenden (!) Dialog zwischen zwei Personen. Achten Sie darauf, dass Ihre Personen nicht nur reden, sondern währenddessen auch handeln: sich Kaffee einschenken, sich über das Haar streichen, einen Blick aus dem Fenster werfen usw.*

2. *Lesen Sie sich ein paar Tage später Ihren Dialog laut vor und prüfen Sie, ob er sich tatsächlich so anhört, wie reale Menschen sprechen.*

8. Zeigen, nicht erzählen
Die Kunst einprägsam zu beschreiben

„Show – don't tell!" heißt diese Technik auf Denglisch, die Sie unbedingt verinnerlichen sollten. Besonders (aber bei weitem nicht nur) Anfänger neigen dazu, zu erzählen bzw. aufzuzählen, statt dem Leser die betreffenden Dinge anschaulich zu zeigen. Meistens geht dieses „Erzählen" mit einer unschönen Aneinanderreihung von Adjektiven einher, die man ohnehin eher sparsam gebrauchen sollte (siehe Kapitel 12 „Die Sprache").

Leser wollen Texte haben, die sie aus ihrem Alltag herausreißen, sie in eine andere Welt entführen, andere Schicksale *erleben* lassen. Sie wollen keine nüchterne Aufzählung dessen, was die Protagonisten tun oder wie sie aussehen. Sie wollen *fühlen*. Die Kunst des Beschreibens ist, mit Worten Bilder in die Köpfe der Leser zu malen, die in ihnen Gefühle hervorrufen.

Die beste Technik des Beschreibens besteht darin, das, was wir den Lesern vermitteln wollen, in eine nach Möglichkeit aktive Handlung einzubetten, statt sie nur als eine Art Nacherzählung aufzulisten.

Beispiel:
„Der Mann hatte schneeweiße Haare und blasse Augen. Er trug einen grauen, viel zu großen schäbigen Mantel, darunter einen ausgebeulten Jogginganzug."

Diese Passage könnte von einer Filmtonspur für Sehbehinderte stammen oder aus einem Polizeibericht. Zwar erzählt sie uns, die wir den Mann nicht mit eigenen Augen sehen können, wie er aussieht, aber ein lebendiges Bild von ihm will in unseren Köpfen nicht entstehen. Außerdem haben wir sein Aussehen ein paar Absätze später wieder vergessen, sofern nicht zwischendurch immer wieder darauf Bezug genommen wird. Formulieren wir die Aufzählung um und erwecken den Mann zum Leben, indem wir ihn durch die Augen der Figur ansehen, aus deren Perspektive wir gerade schreiben.

Sina blieb abrupt stehen, als sie um die Ecke bog und sich einem Mann gegenüber sah, der dort schon eine Weile gestanden haben

musste. Als Erstes fiel ihr sein weißes Haar auf, das von seinem gebräunten Gesicht ebenso scharf abstach wie die wasserhellen Augen, mit denen er sie anstarrte.
Sie schluckte nervös und versuchte, an ihm vorbeizugehen. Er vertrat ihr den Weg. Dabei schlotterte sein mausfarbener Mantel derart um seinen Körper, als hätte er einmal einem erheblich korpulenteren Menschen gehört. Dem Geruch nach zu urteilen, den er bei dieser Bewegung ausströmte, war er seit einer Ewigkeit nicht gewaschen worden. Auch der Jogginganzug darunter hatte schon bessere Tage gesehen. Die Farbe war bis zur Unkenntlichkeit verblasst, und die Kniebeulen hingen tief. Noch immer starrte der Mann sie an. (...)

Ich wette, jetzt können Sie den Mann nicht nur vor sich sehen, sondern haben auch seinen Geruch in der Nase. Warum? Weil der Text den Mann in einer aktiven Szene handeln und mit Sina interagieren lässt. Dadurch spricht er nicht nur unsere (inneren) Augen, sondern auch andere Sinne an. Genau das macht einen Text lebendig. Jedoch: Auch in dieser Form sollten Sie auf eine so geballte Beschreibung wie in diesem Beispiel verzichten, sofern sie nicht an *dieser* Stelle für die Handlung oder grundsätzlich relevant ist. Solche Beschreibungen wirken schnell überfrachtet. Sie können Ihre Figuren, sogar die Protagonisten, auch häppchenweise über den ganzen Roman verteilt beschreiben.

Eine weitere Möglichkeit, Personen zu beschreiben, besteht darin, ihre Beschreibung in einen Dialog einzubetten und/oder das Aussehen in die Handlungen zu integrieren, die den Dialog begleiten.[29]

„Du wagst es, hierher zu kommen, nach allem was du getan hast – das Gesicht feige hinter einem Bart versteckt wie ein Verbrecher!"
Schon weiß der Leser, dass der Angesprochene einen Vollbart trägt, andernfalls er nicht sein Gesicht dahinter „verstecken" könnte.

---

[29] Die folgenden Beispiele stammen aus Mara Laue: „Talisker Blues. Ein Schottland-Krimi", Goldfinch-Verlag, 2012

Sir Douglas musterte Kierans Statur. „Sie treiben Sport, wie ich sehen."
„Ich halte mich fit, Sir. Ein bisschen Krafttraining, ein bisschen Basketball."
„Basketball? Ich dachte immer, dass man dafür mindestens einsneunzig, am besten zwei Meter groß sein muss. Sie sind doch höchstens – einsachtzig?"
Kieran nickte. „Einsachtundsiebzig. Aber was mir an Größe fehlt, mache ich durch Schnelligkeit und Treffgenauigkeit wett."

Hier erfährt der Leser gleich mehrere Dinge über Kierans Aussehen. 1. Er hat einen muskulösen Körper, sonst würde Sir Douglas nicht von seiner Figur auf eine sportliche Betätigung schließen. Kierans Aussage, Kraftsport zu betreiben, bestätigt das. 2. Er ist einen Meter achtundsiebzig groß. 3. erfahren wir noch etwas über ihn: Er ist schnell und kann treffsicher werfen. (Beides spielt später im Roman eine entscheidende Rolle.)

„Ich wünschte, ich hätte auch so einen klangvollen gälischen Namen. Ihrer hat bestimmt eine nette Bedeutung."
„Kieran heißt ‚der Dunkle'. Das bezieht sich aber ausschließlich auf das Äußere, besonders die Haarfarbe." Er strich sich demonstrativ über den Kopf.

Womit der Leser erfährt, dass er dunkle Haare hat. (Auch das spielt später eine wichtige Rolle.)

Ein paar Beispiele, wo das Aussehen den Dialog begleitet:

„Wohin führst du mich heute Abend aus?", erkundigte sie sich, während sie vor dem Spiegel den Sitz ihrer blonden Lockenmähne überprüfte.

Damit wissen die Leser, dass die Sprecherin blond ist und ihre Haare lang und lockig sind.

„Du bist ein Idiot!", fauchte sie ihn an.
Ihre Augen blitzten wütend. Ihm fiel zum ersten Mal auf, dass sie die Farbe von dunklem Bernstein besaßen.

„Ich habe dir doch gesagt, dass wir dort langgehen müssen." Er wies mit ausgestrecktem Arm nach Norden. Dabei rutschte sein Hemdärmel hoch und entblößte das Tattoo eines grimmig dreinblickenden Drachen auf seinem Unterarm.

Solche Beschreibungen sind grundsätzlich nur für Romane, Novellen und Erzählungen erforderlich. Bei Kurzgeschichten liegt die Würze in ihrer Kürze und sollte man auf Beschreibungen aller Art verzichten, sofern sie nicht zum Verständnis der Geschichte wichtig sind oder einen Kernpunkt darstellen.

Das gilt grundsätzlich auch für unsere Romanhelden. Allerdings gehen hier die Vorlieben der Leser und auch der Lektoren auseinander. Manche wünschen detaillierte Beschreibungen des Aussehens, um sich die Figuren plastisch vorstellen zu können. Andere ziehen es vor, das ihrer Fantasie zu überlassen und möchten am liebsten gar keine Beschreibung, um sich ihre eigene Vorstellung nicht durch sie zerstören zu lassen.

Wie stark die Fantasien variieren, zeigt das folgende Beispiel. Für meine Ashton-Ryder-Trilogie[30] wurden die Titelbilder vom Grafiker Michael Sagenhorn[31] nach meinen Vorgaben angefertigt. Er hat die Personen aus den Romanen ganz hervorragend so getroffen, wie sie in *meiner* Fantasie von Anfang an gelebt haben. Aber immer wieder kommen nach einer Lesung Zuhörer/Leser zu mir und fragen, wen die Personen auf den Titelbildern darstellen sollen, weil *ihre* Fantasie sie sich nach den Beschreibungen im Buch ganz anders vorstellt.

Beschreiben Sie von Ihren Figuren also nur, was nötig ist, und überlassen Sie den Rest der Fantasie Ihrer Leser. Es sei denn, der Verlag wünscht es anders.

Sprechen Sie bei Ihren Schilderungen nach Möglichkeit *alle* Sinne Ihrer Leser an! Der Mensch hat sechs davon: Er sieht, hört, riecht, schmeckt, fühlt und nimmt metaphysisch wahr (z. B. wenn wir, ohne jemanden zu sehen, trotzdem wissen, dass jemand uns beobachtet). Reizen Sie diese Sinne!

---

[30] „Das Gesetz der Vampire", „Göttin der Finsternis", „Sanktuarium"
[31] www.michaelsagenhorn.de

"Er saß am Lagerfeuer und dachte nach" ist für einen Roman ein platter, nichtssagender Satz, kann aber evt. in einer Kurzgeschichte verwendet werden.

Teilen Sie Ihren Lesern nicht nur mit, dass da ein Lagerfeuer ist, sondern lassen Sie es uns sehen (klein, groß, Farbe der Flammen), hören (es knistert und knackt), riechen (es duftet nach dem Harz des Holzes, das verbrennt), schmecken (den typischen Geschmack von Rauch auf der Zunge beim Einatmen), fühlen (seine Wärme) und metaphysisch spüren (in diesem Fall die Behaglichkeit, die es vermittelt). Natürlich tun Sie das so ausführlich nur, wenn es den Erzählfluss nicht hemmt. Ansonsten genügt es, die wichtigsten Eindrücke zu verarbeiten, die ein Lagerfeuer vermittelt.

"Er setzte sich nahe ans Feuer, um möglichst viel von dessen Wärme in sich aufzunehmen, und beobachtete eine Weile, wie die rötlichen Flammen gierig an den Zweigen leckten. Ein intensiver, beinahe betörender Duft nach Harz stieg davon auf, und das Knistern des brennenden Holzes klang, als wollte es ihm etwas zuflüstern. Tom entspannte sich langsam und sah zu, wie die Glut die trockenen Äste fraß, während seine Gedanken abschweiften."

Dieser Text spricht nicht nur unsere Sinne an, sondern lässt das Feuer beinahe wie ein lebendiges Wesen erscheinen, das gierig leckt, flüstert und mit Duft betört.

Solche Sinneseindrücke zu vermitteln, ist besonders wichtig bei der Schilderung der Gefühle unserer Protagonisten. *"In diesem Moment empfand sie einen wahnsinnigen Hass auf Jonas"* ist ebenso platt wie der nichtssagende Satz mit dem Feuer. Außerdem ist „wahnsinniger Hass" ein sprachliches Klischee, das schon allzu oft benutzt worden ist, weshalb wir es nicht verwenden sollten. Viel wichtiger ist: Wie fühlt sich dieser Hass an? Was empfindet die Frau in diesem Moment?

Zum Beispiel dies:

"Innerhalb von Sekunden waren alle Gefühle, die sie noch für Jonas gehegt hatte, unwiederbringlich ausgelöscht. Ihr Magen verkrampfte sich, ihr Mund wurde trocken. Sie begann, am ganzen Körper zu zittern. Für einen Moment konnte sie nicht mehr atmen, doch schon im nächsten Augenblick brach die aufgestaute

Luft aus ihr heraus. Sie brüllte, bis ein Hustenanfall sie zum Schweigen brachte. Ihr Blick fiel auf Jonas' Foto. Sie fegte es mit der Faust vom Regal, und das Klirren des zerbrechenden Glases gab ihrem Hass neue Nahrung. Sandra rannte ins Schlafzimmer, riss Jonas' Kleiderschrank auf, seine Sachen heraus und zerfetzte sie mit bloßen Händen, verletzte seine Sachen, wie er sie verletzt hatte, bis sie schließlich ausgelaugt und weinend zu Boden sank."

Ganz schön lebendig, nicht wahr?

Beschreiben Sie Dinge, Situationen, Personen etc. anschaulich und lebendig. Sprechen Sie die Sinne Ihrer Leser an. Vor allem: Versetzen Sie sich während des Schreibens in die Szene hinein, die Sie beschreiben wollen und sehen Sie sich darin um. Was sehen Sie, fühlen Sie? Eben das beschreiben Sie anschließend in möglichst flüssigen, einprägsamen Sätzen.

Übungen:

1. *Beschreiben Sie eine (reale oder fiktive) Person, und betten Sie die Beschreibung in eine Handlung ein.*

2. *„Sie hatte Angst." Machen Sie aus diesem Satz eine lebendige Beschreibung.*

3. *„Es war Sommer." – Zeigen Sie es uns in einem Text.*

9. Das Setting
Das Umfeld muss passen

Das schöne neudeutsche Wort Setting (= Umfeld, Kulisse, Hintergrund, Schauplatz) bezeichnet den Ort und das Umfeld, in dem unsere Handlung stattfindet, also nicht nur das Land und die Stadt, in der sie spielt, sondern auch das persönliche Milieu der handelnden Figuren. Bei Kurzgeschichten kann beides vernachlässigt und sogar völlig weggelassen werden, sofern das Thema sich nicht auf einen bestimmten Ort oder ein persönliches Umfeld bezieht bzw. für die Handlung unerlässlich ist. Bei Novellen und Romanen ist die Nennung und Beschreibung gerade auch der Handlungsorte bis zu einem gewissen Grad wichtig.

Entgegen der Meinung vieler Kollegen bin ich nicht der Ansicht, dass man jeden Ort, den man beschreibt, persönlich besucht haben muss, um ihn authentisch darstellen zu können. Im Zeitalter des Internets kann man nahezu jeden Stadtplan auch von kleineren Dörfern in einer Suchmaschine unter dem Stichwort „Stadtplan XYZ" aufrufen (oder man geht gleich auf „Google Maps"). In der Regel hat man in der gefundenen Darstellung die Wahl zwischen reinem Kartenmaterial wie auf jedem gedruckten Stadtplan und der Darstellung als Satellitenaufnahme, die zusätzlich die Häuser und die Landschaft zeigt.

Bei entsprechend gewählter Vergrößerung kann man auf diese Weise sogar auf die Terrasse und den Balkon jedes einzelnen Hauses blicken. Dank des Programms „Google Streetview" ist es sogar möglich, bei entsprechend eingespeisten Städten virtuell in die einzelnen Straßen zu gehen und sich darin umzusehen, als wäre man persönlich vor Ort.

Sollte es erforderlich sein, Details zu beschreiben, sollte man von diesen Mitteln Gebrauch machen. Schließlich hat nicht jeder Mensch die Möglichkeit, mal eben nach New York zu jetten, um dort Lokalrecherchen für einen Roman durchzuführen. Selbst im Zeitalter von Billigflügen und Last Minute Angeboten bleibt das eine kostspielige Angelegenheit.

Falls alle Stricke reißen, kann man sich immer noch der dichterischen Freiheit bedienen. Das berühmteste Beispiel dafür ist Sherlock Holmes' Wohnung in der Baker Street 221B in London.

Die Adresse existierte überhaupt nicht zur Zeit von Arthur Conan Doyle, dem geistigen Vater des Detektivs, wohl aber gab es die Nummer 221. Inzwischen ist in diesem Gebäude das Sherlock Holmes Museum untergebracht, das Ende der 1980er Jahre offiziell in Nummer 221B umbenannt wurde.

Eine Ausnahme bildet die Regio-Literatur. Die in der Regio-Literatur beschriebenen Orte sollen einen klaren Wiedererkennungswert für die Leser besitzen. Die im Roman/der Geschichte genannten Straßen, Lokale, Sehenswürdigkeiten sollen darin so genau beschrieben sein, dass die Leser sie anhand der Beschreibung im Buch an ihren realen Standorten wiederfinden. Das ist das primäre, genretypische Kennzeichen der Regio-Literatur (siehe Kapitel 16). Auch sollten sprachliche Besonderheiten (z. B. der ganztägige Gruß „Moin!" an Teilen der Nordseeküste) berücksichtigt werden. Hier kann eine Recherche vor Ort erforderlich sein, um die Authentizität zu gewährleisten.

Da ich die meisten meiner Projekte bereits mindestens ein Jahr im Voraus plane, verbinde ich solche Recherchen mit meinen jährlichen Urlaubsreisen. Das erspart mir Extraausgaben für eine zusätzliche Reise. Und durch die vor Ort geknüpften Kontakte habe ich später jederzeit die Möglichkeit, einen „Einheimischen" anzurufen und mir noch fehlende Informationen mündlich oder per E-Mail nachliefern zu lassen.

Das Wichtigste an der Wahl des Settings/des Ortes ist, dass dieses Umfeld für Ihre Geschichte/Ihren Roman stimmig sein und vor allem für Ihre Protagonisten passen muss.

Beispiele:
Ein partysüchtiger Jetsetter würde sich kaum (freiwillig) in einem Haus auf dem Land niederlassen, wo Fuchs und Hase sich gute Nacht sagen. Eine Autoverfolgungsjagd wirkt in einem Wald unglaubwürdiger als in einer Stadt oder auf der Autobahn. (Sollte sie aus dramaturgischen Gründen tatsächlich im Wald stattfinden, so muss es dafür eine gute Begründung geben.) Die graue Maus aus der Buchhaltung wird kaum ein Haus in der Schickimicki-Gegend ihrer Stadt kaufen. Und ein Seemann, der sich zur Ruhe setzt, wird nicht ins Gebirge weit weg vom Meer ziehen. Tut er es den-

noch, muss das schlüssig begründet werden (z. B. mit einem Trauma, durch das er den Anblick des Meeres nicht mehr erträgt.)

Gerade bei Romanen ist es wichtig, sich vorher Gedanken darüber zu machen, wo die Handlung spielen soll. Eine Story, die im Kreis der „oberen Zehntausend" angesiedelt ist, passt nicht in ein noch so idyllisches Dorf. Ein Mord im Rotlichtviertel findet garantiert nicht im exklusivsten Teil der Stadt statt, weil es dort keine Rotlichtviertel gibt. Und so weiter. Achten Sie also immer darauf, dass Ihre Handlung und Ihre Personen in die Umgebung passen, die Sie für sie gewählt haben.

Um die Atmosphäre besser schildern zu können, kann man (Profis tun das oft) nach ähnlichen Lokalitäten in der eigenen Umgebung oder am Urlaubsort suchen, sie fotografieren und sich von diesen Fotos inspirieren lassen. Oder Sie reisen tatsächlich, wenn Sie wollen und können, zu Recherchezwecken an die ausgewählten Orte und sehen sich dort um. Falls Sie nicht besonderen Wert auf reales Lokalkolorit legen (müssen), dürfen Sie gern Ihrer Fantasie freien Lauf lassen.

Kommen wir nun zu dem wichtigen Punkt, *wie* wir die Örtlichkeit beschreiben, in der unsere Geschichte oder eine Szene daraus spielt. Auch hier gilt, die Gegend so lebendig wie möglich darzustellen. Bei der Beschreibung des Settings sollten Sie alles weggelassen, was nicht unbedingt erforderlich ist. Der Rest wird nach dem Prinzip „Show, don't tell!" geschildert. Sprechen Sie die Sinne der Leser an. Teilen Sie ihnen mit, wie sich der Ort anfühlt, wie er riecht, was man dort hört (nicht nur sieht) usw. Malen Sie ein lebendiges Bild, und betten Sie es – wenn möglich (das ist es fast immer) – in eine Handlung ein.

„*Sie ging über die sonnenbeschienene Ebene, auf der bunte Blumen wuchsen. Es wehte ein leichter Wind.*" Dies ginge gut für eine Kurzgeschichte. In einem Roman schreiben Sie besser: „*Die Sonne schien warm auf ihr Gesicht, und die Grashalme kitzelten ihre nackten Waden. Der Duft von Mädesüß erfüllte die Luft und mischte sich mit dem Odeur von Schafgarbe und Beifuß. Zwischen den Kräutern leuchteten hier und da gelber Löwenzahn und roter und weißer Klee. Ein leichter Wind flüsterte im Gras. Vom Waldrand her erklang der Ruf eines Kuckucks.*"

Nicht wahr, Sie riechen die Blumen, fühlen die Sonne auf Ihrer eigenen Haut und hören den Kuckuck.

Dasselbe gilt für die Beschreibung von Räumen. *„Der Wind blähte die farbenfrohen Chiffongardinen und ließ sie wie Schmetterlingsflügel flattern. Einer dieser Flügel strich über die Tastatur des Klaviers neben dem Fenster, während der andere sich um den fünfarmigen Kerzenleuchter aus massivem Zinn wickelte, der auf dem Beistelltisch stand."*

Nüchterne Aufzählungen heben Sie sich bitte für nüchterne Orte auf: *„Ein Klappbett mit einer ausrangierten Militärdecke darauf, ein schmaler Campingtisch, ein Plastikstuhl und eine an die Wand gedübelte Latte, die ein Regal ersetzte, waren die einzigen Möbel in diesem Loch."* – *„Nackte Felsen, dazwischen Sand und weit und breit kein noch so winziger Fleck Grün. Trostlos."*

Zum Schluss noch ein wichtiger rechtlicher Hinweis. Grundsätzlich sind gerade wir Autoren verpflichtet, das Persönlichkeitsrecht real existierender Menschen zu wahren (siehe Kapitel 4 „Personenentwicklung"). Dasselbe gilt für z. B. Restaurants, Kneipen und Cafés sowie alle anderen Lokalitäten, die in Privatbesitz sind. Selbst wenn der betreffende Ort in der Handlung ausnahmslos positiv dargestellt wird, so ist es doch zwingend erforderlich, vorher die Genehmigung der Besitzer dafür einzuholen.

Öffentliche Gebäude wie Museen, Rathäuser, Behörden etc. unterliegen keiner Beschränkung und können bedenkenlos verwendet werden. Doch schon bei Schulen wird es kritisch, obwohl auch sie öffentliche Institutionen sind. Sicherlich hat keine Schule etwas dagegen, wenn sie positiv dargestellt wird, aber keine real existierende Schule will ihren Namen z. B. als Schauplatz eines noch so fiktiven Amoklaufs namentlich in einem Roman oder einer Story genannt wissen. Für solche Handlungen sollte man unbedingt eine Schule erfinden, die abseits aller am Ort existierenden Schulen angesiedelt ist und deren Name keiner realen Schule ähnelt.

Dies gilt aber nur für den Fall, dass Sie für die betreffenden Geschichten/Romane auch eine Veröffentlichung anstreben. Soll das Werk ausschließlich im Familienkreis als Fotokopie die Runde machen, können Sie schreiben, was Sie wollen.

In vielen Autorenverträgen gibt es einen Passus, der sinngemäß lautet: *„Der Autor versichert, dass er mit seinem Werk keinerlei Persönlichkeitsrechte real existierender Personen verletzt und entbindet den Verlag von jeder Verantwortung für entsprechende juristische Folgen."* Oder der Autor hat ausdrücklich den Verlag darauf hinzuweisen, falls bei einer seiner fiktiven Personen die Möglichkeit der Verletzung des Persönlichkeitsrechts besteht. Geschieht das nicht, heißt das im Klartext, dass der *Autor* derjenige ist, der in vollem Umfang (auch hinsichtlich Schadensersatz!) dafür geradezustehen hat, wenn der *Verlag* entsprechend von jemandem verklagt wird, der sein Persönlichkeitsrecht durch die literarische Darstellung verletzt sieht, und das kann verdammt teuer werden.

Deshalb sollte man besser vorher um Erlaubnis fragen, bevor man eine real existierende Person oder eine nicht öffentliche Lokalität in einer Geschichte verarbeiten will.

Nebenbei bemerkt: Dasselbe gilt auch und erst recht für die Verwendung von Markennamen. Dazu ein Beispiel aus meiner eigenen Erfahrung.

Ich wollte für meinen Kriminalroman *„Smaragdjungfer. Ein Wilhelmshaven-Krimi"*, der ursprünglich *„Code: Schwarze Seide"* heißen sollte, einen Brillantring aus der gleichnamigen Kollektion eines real existierenden Juweliers als Lösung des Falles benutzen, weil mich eben dieser Ring zu der Idee inspiriert hatte. Wie es sich gehört, habe ich zuerst der Firma meine Idee präsentiert und um Erlaubnis für die Verwendung ihres Namens gebeten. Leider hat sie abgelehnt, da sie ihre Ringe nicht in Verbindung mit einem – wenn auch fiktiven – Verbrechen sehen wollte. Also habe ich eine fiktive Firma erfunden und dem Ring ein völlig anderes Aussehen gegeben: dem einer Smaragdjungfer (Libellenart).[32] Nach Erscheinen des Buches habe ich mich trotzdem mit einem signierten Freiexemplar bei dem Juwelier für die Inspiration bedankt. Das hat ihn so gefreut, dass er mir später einen Ghostwriting-Auftrag erteilte. Kein Verlust ohne Gewinn.

---

[32] Im Verlauf der Arbeit an dem Manuskript wurde später aus dem Ring ein Collier mit einem Libellenanhänger.

Manchmal reagieren die Angeschriebenen aber nicht auf unsere Anfrage. Was tun wir dann? Ich beuge dem im Vorfeld schon vor, indem ich den Passus in den Brief/die E-Mail schreibe: *„Sollte ich von Ihnen bis zum Soundsovielten nichts Gegenteiliges hören, betrachte ich Ihre Erlaubnis zur Verwendung Ihres Markennamens als erteilt und werde ihn in der beschriebenen Form benutzen."*

Wenn die Leute damit nicht einverstanden sind, können Sie sicher sein, dass die sich sehr schnell melden werden. Als „Ultimatum" nehme ich ein Datum, das den Entscheidungsträgern vom Tag des Absendens an gerechnet vier Wochen Zeit lässt. Einen solchen Brief sende ich per Einschreiben, um im Falle des Falles nachweisen zu können, dass ich ihn tatsächlich geschickt habe (und hefte den Beleg an die Kopie des Briefes). Eine E-Mail drucke ich mit dem Sendeprotokoll aus und hefte das Schriftstück in meinem Ordner für Rechtsfragen sorgfältig ab.

Sie sehen, als Autor haben Sie nicht nur Ihre Geschichte gut zu schreiben, sondern auch noch eine Menge anderer Dinge zu bedenken.

Übungen:

1. *Beschreiben Sie Ihren Lieblingsurlaubsort oder einen beliebigen fiktiven Ort so lebendig wie möglich.*
2. *Betten Sie diese Beschreibung danach in eine Handlung ein und lassen Sie alle Informationen weg, die für die Handlung nicht zwingend erforderlich sind. Die Beschreibung sowie der gesamte Text müssen dennoch lebendig bleiben und den Lesern ein greifbares Bild vermitteln.*

10. Der Titel

Vielleicht wundern Sie sich, dass ich auf den Titel erst jetzt zu sprechen komme. Ist denn der Titel nicht das Wichtigste? Einerseits ja, weil er neben dem Titelbild das Erste ist, was einem potenziellen Käufer in der Buchhandlung ins Auge fällt. Gerade deshalb muss man ihm besondere Aufmerksamkeit widmen. Andererseits fällt die endgültige Entscheidung für einen Titel erst ganz am Schluss, wenn das Werk fertig ist. Deshalb steht auch das Kapitel über den Titel am Ende des Prozesses, wie aus einer Idee eine Geschichte oder ein Roman wird.

Viele Autoren haben das Glück, dass ihre erste Titelidee, der sogenannte „Arbeitstitel" am Ende auch bleibt und sogar vom Verlag akzeptiert wird. Andere wiederum tun sich schwer, für ihr Werk die passende Überschrift zu finden. Gerade beim Titel gilt, was ich in Kapitel 3 bereits über die Originalität gesagt habe. Ein Titel, der Dutzenden anderen Titeln ähnelt, ist weniger wert als ein ausgefallener. Es gibt Statistiken, in denen die Häufigkeit der einzelnen Wörter in Romantiteln aufgelistet ist. Zwar variiert die Rangfolge je nachdem, wer diese Statistik erstellt hat, aber die am häufigsten vorkommenden Begriffe sind:

- Nacht
- Mord/Mörder/Mörderisch(e/r/s)
- Geheimnis(se)
- Liebe
- Tod/Tote(r)/Tot/Tödlich(e/r)

Das heißt natürlich nicht, dass wir sie nicht verwenden sollten oder dürften, aber wenn wir das tun, sollten sie in einem originellen Zusammenhang stehen. „Geheimnis(se) der Nacht" ist ein recht nichtssagender Titel, da wir die Nacht per se als etwas Geheimnisvolles empfinden (sofern wir uns nicht vor ihr fürchten). Zudem klingt es zu sehr nach dem Klischee eines schwülstigen Liebesromans (auch wenn sich vielleicht kein solcher dahinter verbirgt). Und raten Sie, wie viele Romane einen Titel tragen, der mit „Tod an/auf/bei/in/im ..." etc. beginnt? Mehrere Hundert allein im Deutschen. „Schwarze Dame Tod"[33] klingt dagegen originell.

Zu beachten ist natürlich in auch, dass der Titel zum Inhalt passt. Hinter dem Titel „Die Eisprinzessin" (von Astrid Arnold) würde wohl kaum jemand einen Kriminalroman vermuten, in dem es um eiskalte Rache geht, und in „Blutportale" (von Markus Heitz) keine Liebesgeschichte.

Langatmige Titel sollten Sie nach Möglichkeit vermeiden und auch auf nichtssagende kurze verzichten. „Tod" – und weiter? Allein in Deutschland gibt es dennoch fünf Bücher, die diesen Titel tragen.

Auch sollte der Titel nicht das Ende der Geschichte bereits vorweg nehmen. Ein Beispiel für so einen schlecht gewählten Titel ist eine Folge aus der Fernsehserie „Raumschiff Enterprise". Der Originaltitel lautet „Devil in the Dark" (Der Teufel im Dunkeln). Am Ende des Films erfährt man, dass der vermeintliche, in den dunklen Höhlen eines Planeten lebende „Teufel" das letzte (weibliche) Wesen einer intelligenten Spezies namens Horta ist, das seine Eier mit den noch ungeschlüpften Jungen gegen die menschlichen Eindringlinge verteidigt hat, ansonsten aber ganz friedlich ist. Der deutsche Titel „Horta rettet ihre Kinder" ist nicht nur unglaublich einfallslos, sondern verrät die Auflösung bereits und nimmt dem Film dadurch nahezu komplett die Spannung.

Um einen guten Titel zu finden, haben Sie eine Menge Auswahlmöglichkeiten.

1. Sprichwörter und Zitate oder Teile davon (sofern sie zum Inhalt passen) oder deren Umkehrung/Verballhornung: „Wer andern eine Grube gräbt", „Der werfe den ersten Stein", „Du sollst nicht töten", „Morgenstund' hat Pech im Mund", „Wer einen Tiger reitet"

2. Der/die Name/n der Hauptperson/en, wenn es sich um einen Entwicklungsroman, biografischen Roman oder Familienroman handelt, der sich um die

---

[33] Mara Laue: „Schwarze Dame Tod", Kriminalroman, Sutton-Verlag, 2011

Entwicklung/das Schicksal einer Person oder einer Familie oder deren Chronik dreht: „Anna Karenina", „Die Brüder Karamasov", „Pole Poppenspäler", „Die Sopranos"

3. Die Bezeichnung eines Gegenstandes, eines Berufes, einer Menschengruppe, eines Ortes oder eines Landes, um das es in dem Roman geht: „Mexiko", „Schloss Drachenburg" „Illuminati", „Das Amulett", „Das kupferne Zeichen", „Die Firma", „Die Akte", „Shogun", „Das Marmorbild", „Die Wanderhure"

4. Ein Satz, Halbsatz, Wort oder eine Beschreibung, die den Inhalt nennt oder andeutet: „Einer kam durch", „Als Unku Edes Freundin war", „Ich hätte nein sagen können", „Das Werkzeug seiner Rache", „Spurlos"

5. Ein Rätsel, dessen Auflösung der Roman bringt: „Ipcress – streng geheim" (das Rätsel ist das nicht existierende Wort „Ipcress"), „Das Mercury-Puzzle"

6. Ein Wort oder ein Satz direkt aus dem Roman, das/der einen wichtigen Hinweis gibt oder eine andere Schlüsselfunktion hat: „Ich hätte nein sagen können", „Elefanten vergessen nicht", „Vergebt mir meine Schuld"

Ansonsten ist nahezu alles als Titel erlaubt, solange es zum Inhalt sowie zum Genre passt und möglichst originell ist. Außerdem muss der Titel die angepeilte Zielgruppe ansprechen. Für einen Roman für Erwachsene, der z. B. einen Titel trägt, der wie eine Märchenüberschrift klingt, wird sich aufgrund dieses Titels kaum ein Erwachsener interessieren.

Allerdings sollten Sie nicht an Ihrem Titel „kleben", wenn Sie Ihr Werk einem Verlag einreichen. Sollte es Gnade vor den Lektorenaugen finden, legt der Verlag den Titel fest. Je origineller Sie ihn gewählt haben, desto größer ist die Wahrscheinlichkeit, dass der Verlag ihn übernimmt.[34]

Nebenbei: Keine Panik, wenn Sie Ihren Text fertig, aber immer noch keinen Titel gefunden haben. Der fällt einem manchmal erst Wochen oder sogar Monate später ein. Das Schreiben einer Geschichte/eines Romans muss nicht mit dem Titel beginnen. Manche Romane haben das Licht der Welt als ein einziger Satz mitten aus einer Szene heraus erblickt, wurden mit dem Schluss begonnen oder in „Puzzleteilen" (einzelnen Szenen, Dialogen, Sätzen) geschrieben, deren Lücken erst ganz zum Schluss geschlossen wurden. Der Titel kam irgendwann nebenbei. Falls alle Stricke reißen, fragen Sie Testleser, wie sie diese Geschichte nennen würden. Unter den Vorschlägen, die Sie bekommen, ist garantiert etwas Brauchbares dabei.

---

[34] Um zu überprüfen, ob es den von Ihnen geplanten Titel schon gibt, geben Sie ihn auf www.buchhandel.de in die Suchmaske ein. Erzielen Sie einen Treffer, existiert er schon und müssen Sie einen anderen suchen.

11. Recherche

Die Recherche ist nicht nur für historische Themen das A und O einer Geschichte, sondern trägt erheblich dazu bei, wie unser Text von den Lesern wahrgenommen wird. Als Autoren haben wir meiner Überzeugung nach eine Verpflichtung gegenüber unseren Lesern, die Dinge, über die wir schreiben, sachlich korrekt darzustellen. Denn wir müssen immer mit zwei Dingen rechnen:

1. mit der Unwissenheit und Leichtgläubigkeit eines Teils der Leser, der alles, was irgendwo gedruckt steht, für bare Münze nimmt und unbesehen glaubt; und

2. mit dem Wissen/der Fachkompetenz und/oder der Neugier eines anderen Teils, der den von uns geschilderten Sachverhalt entweder bereits (besser) weiß oder sich – angeregt durch die Lektüre – darüber schlau macht.

Es gibt fast nichts Peinlicheres für einen Schriftsteller, als vor den Lesern aufgrund sachlicher Fehler in unseren Texten als unglaubwürdig (um nicht zu sagen als Lügner) oder sogar komplette Deppen dazustehen.

Eine solche Szene ereignete sich einmal bei einer Lesung, in der ein Autor über sein Erlebnis mit einer Schlange in Afrika wie folgt las (nacherzähltes Zitat): *„Als ich den pechschwarzen Schlangenleib unter dem Vorhang hervorkriechen sah, wusste ich, dass ich es mit der gefährlichsten Schlange Afrikas zu tun hatte: der Schwarzen Mamba!"* An dieser Stelle fingen ein paar Zuhörer spontan an zu lachen. Warum? Weil es auf der ganzen Welt keine Schwarze Mamba gibt, die pechschwarz ist! [35]

Entweder hatte man den Autor falsch informiert und ihm eine vielleicht harmlose Schlange als Schwarze Mamba untergejubelt,

---

[35] Die Schwarze Mamba erhielt ihren Namen, weil ihre Mund- und Rachenhöhle im Gegensatz zu der anderer Schlangen fleckenlos schwarz ist. Ihre Haut ist grau, braun oder olivfarben, aber niemals schwarz. Eine Grüne Mamba ist dagegen tatsächlich äußerlich grün.

um ihn aus Jux & Dollerei in Angst und Schrecken zu versetzen – oder er hat diese Episode seiner Geschichte frei erfunden. In jedem Fall wussten ein paar seiner Zuhörer aufgrund dieses Fehlers, dass diese Schilderung so nicht stimmen konnte.

Oder nehmen wir ein bekanntes Beispiel aus der Filmbranche. Wenn Detektiv Matula in „Ein Fall für zwei" mit einem Revolver in der Gegend herumläuft, so entspricht das nicht der Realität, denn in unserem Land regelt das Gesetz sehr streng, wer überhaupt eine Waffe besitzen und wer eine „führen" = bei sich tragen darf. Letzteres ist ausschließlich der Polizei, Soldaten im Dienst, professionellen Sicherheitskräften (mit entsprechender Ausnahmegenehmigung) und Jägern (aber *nur* innerhalb ihres Jagdreviers) erlaubt, niemals aber Privatermittlern; nicht einmal dann, wenn die früher mal bei der Polizei waren. Mit anderen Worten: Es gibt in ganz Deutschland keinen ausschließlich als Privatermittler tätigen Detektiv wie Matula, der bei seiner Arbeit (legal) eine Schusswaffe trägt.

Die korrekte Recherche ist natürlich bei historischen Romanen/Storys essenziell. Zwei negative Beispiele sind mir besonders im Gedächtnis geblieben. In einem Roman über den amerikanischen Bürgerkrieg (1863 – 65) war die Unionsarmee mit Repetiergewehren der Marke Winchester 73 bewaffnet – ein Unding, da dieses Gewehr erstmals im Jahr 1873 produziert wurde (deshalb Winchester „73"). In einem anderen Roman saß Kaiser Nero bei den Gladiatorenspielen im Kolosseum – unmöglich, da das Kolosseum zu seinen Lebzeiten noch gar nicht existierte.

Solche Dinge sind wirklich grobe Fehler, die keiner Autorin, keinem Autor passieren sollten. Aber es gibt auch die tückischen kleinen Fehler, die sich einschleichen. Wer denkt zum Beispiel beim Zitieren eines Briefes aus dem Jahr 1988 daran, dass er darin die alte Rechtschreibung verwenden muss, da die neue zu dem Zeitpunkt noch nicht einmal beschlossen, geschweige denn in Kraft war? Oder wer berücksichtigt bei einem Text, in dem die Volljährigkeit eine Rolle spielt und der im Jahr 1972 angesiedelt ist, dass man damals noch nicht mit achtzehn, sondern erst mit einundzwanzig Jahren volljährig war? Dass es Tastentelefone erst seit Ende der 1970er Jahre gibt. – Die Beispiele sind endlos.

Natürlich kann man nicht alles wissen und auch nicht alles recherchieren. Außerdem gibt es immer noch die „dichterische Freiheit", die uns einen kreativen Umgang mit Sachverhalten erlaubt. So dürfen wir, um beim Beispiel eines historischen Stoffes zu bleiben, gern eine fiktive Person Napoleon die Hand schütteln lassen oder ihm eine fiktive Mätresse andichten (sofern wir die nicht in Staatsgeschäfte oder historisch belegte Fakten involvieren). Solche Dinge sind erlaubt, sollten aber in einem Nachwort als fiktiv geoutet werden, da sonst – siehe oben – etliche Leute glauben, dass sich diese Ereignisse tatsächlich zugetragen hätten.

Wir dürften aber auf keinen Fall in der Schlacht bei Waterloo jemand anderen als Marschall Blücher die preußischen Truppen befehligen lassen, weil das historisch falsch wäre und jeder das auch weiß, der im Geschichtsunterricht einigermaßen aufgepasst hat. Oder – siehe oben genanntes Beispiel – einer Schwarzen Mamba eine falsche Farbe geben.

Recherche ist für jeden Roman und auch für einige Kurzgeschichten (abhängig vom Thema) zwingend erforderlich. Wir können eine Landschaft nicht beschreiben, wenn wir sie nie gesehen haben. Wir können kein viktorianisches Haus anschaulich schildern, wenn wir keine Ahnung haben, welche Merkmale den viktorianischen Baustil charakterisieren. Leider bleiben im Roman unsere Schilderungen ohne solche Details meistens blass und „blutleer". Wenn sie so vage gehalten werden, dass den Lesern die Unwissenheit des Autors durch diese ungenaue Schilderung geradezu ins Gesicht springt, empfinden die Leser sie als unglaubwürdig.

Beispiel:
Für eine Szene in meinem Thriller „Das Werkzeug seiner Rache" brauchte ich einen amerikanischen Wagen (in dem eben diese Szene spielt), der drei Sitzreihen mit mindestens sechs Sitzen hat und im Jahr 2004 (Beginn der Romanhandlung) bereits auf dem Markt war. In der Internetsuchmaschine gab ich „amerikanische PKW" ein und erhielt eine Reihe von Markennamen mit den dazu gehörigen Links zu den Websites der betreffenden Firmen. Ich

klickte sie der Reihe nach durch und gab in deren interne Suchmaschinen „3 Sitzreihen" ein. Das begrenzte die Auswahl.

Der erste Wagen, der den Vorgaben entsprach, war ein Modell von Ford, aber leider erst seit 2008 erhältlich. Also suchte ich weiter und fand schließlich als perfektes Gefährt für meine Szene: den Pontiac Trans Sport. Auf der entsprechenden Werbeseite der Firma konnte ich virtuell sogar in den Wagen einsteigen und ihn mir außerdem aus jedem Blickwinkel ansehen, um zu ergründen, ob der Kampf, der in dem Wagen stattfindet, bei dessen Ausstattung überhaupt möglich ist. (Er ist.)

Alles in allem dauerte diese Recherche zwei Stunden. Manche Recherchen dauern erheblich länger. Die für historische Romane verschlingen unter Umständen sogar Jahre, *bevor* man auch nur den ersten Satz des Manuskripts in den PC getippt hat. Allerdings haben intensive Recherchen für ein Romanprojekt einen entscheidenden Vorteil: Man lernt viel dazu, das man vielleicht auch mal im Alltag gebrauchen kann – und sei es, um in irgendeiner Quizshow eine Menge Geld abzuräumen.

Werkzeuge der Recherche

Das wichtigste Werkzeug ist immer noch das herkömmliche **Konversationslexikon**, sofern es sich um Sachverhalte handelt, die nur am Rande erwähnt und nicht im Detail beschrieben werden (z. B. die Jahreszahl einer Schlacht). Größere Bandbreite bietet natürlich das **Internet** mit Suchmaschinen wie Google, Yahoo etc. Eine wichtige Quelle ist auch die Online-Enzyklopädie **Wikipedia**. Die ist jedoch mit Vorsicht zu genießen, da sie von Privatpersonen erstellt wird und einige Inhalte nicht hundertprozentig korrekt wiedergegeben sind.

Fachbücher sind für jeden Stoff unerlässlich, bei dem ein Sachverhalt nicht nur am Rande erwähnt werden soll, sondern eine zentrale Rolle spielt. Für mein Romanprojekt „Das Werkzeug seiner Rache", dessen Handlung in und um die Stadt Albany in den USA spielt und bei der die Arbeit des FBI, besonders die der Profiler eine gewichtige Rolle spielt, wälzte ich z. B. mehrere Bücher über die Stadt und ihre Umgebung, die Arbeit des FBI und die Ausbildung von Profilern sowie die Vorgehensweise eines SWAT-Teams und dergleichen mehr, um meine Beschreibungen der einzelnen Situationen so authentisch wie möglich zu gestalten.

Die **Befragung von Spezialisten** auf dem entsprechenden Fachgebiet ist ein weiteres probates Mittel. Man findet sie – je nach Fachgebiet – im Branchenverzeichnis des örtlichen Telefonbuchs oder im Internet. Wenn man sie kontaktiert und ihnen anbietet, sie für ihre Beratung zu bezahlen, weigern sich nur die Wenigstens, uns mit Auskünften zu füttern.

Speziell bei Krimis sind die Pressestellen der lokalen Polizeireviere meistens bereit, ein Interview zu geben und sich von interessierten Autoren Löcher in den Bauch fragen zu lassen. Oder man wendet sich an die Autorenberatung der Berliner Polizei[36], die den ganzen Tag nichts anderes tut, als Fachfragen von Autoren von Buch und Drehbuch sowie Film- und Fernsehleuten zu beantworten. Bei rechtsmedizinischen Fragen ist das Rechtsmedizinische Institut Freiburg immer sehr gern behilflich[37].

Falls unser Roman/unsere Geschichte veröffentlicht wird, sollte man in dem Fall am Ende eine Danksagung für die Beratung schreiben. (Nicht vergessen: Vorher nachfragen, ob es dem Berater genehm ist, namentlich genannt zu werden. Ihnen als Dank ein signiertes Buch zu schenken, sollte in dem Fall selbstverständlich sein.)

Persönliche Erfahrung auf dem zu recherchierenden Gebiet ist natürlich immer von Vorteil. Um authentisch beschreiben zu können, wie man eine Pistole lädt und abfeuert, habe ich mal eine Probestunde in einem Schießsportverein gebucht. Für eine Jagdszene habe ich einen Jäger auf die Pirsch begleitet (und erfuhr bei der Gelegenheit am eigenen Leib, wie anstrengend das Abziehen = Enthäuten eines Kadavers ist; Hexenschuss für Ungeübte und Muskelkater inbegriffen).

Das persönliche **Archiv** ist für jeden Schriftsteller unerlässlich. Legen Sie die Informationen, die Sie für ein aktuelles Projekt brauchen oder vielleicht einmal für ein künftiges benutzen könn-

---

[36] autorenberatung@polizei.berlin.de
[37] legalmed@uniklinik-freiburg.de

ten, dort ab, wo Sie jederzeit Zugriffe darauf haben: in einem Zettelkasten nach Themen oder Alphabet geordnet; in einem Hängeregister- oder Aktenschrank/-regal; in einem virtuellen Archiv in Form eines Dateiordners in Themen unterteilt auf der Festplatte Ihres PCs; oder wählen Sie alle drei Methoden. (Ich persönlich kann mit dem Zettelkasten nichts anfangen, habe aber ein virtuelles Archiv und mittlerweile zwei Hängeregisterschränke voll mit Informationsmaterial.) <u>In jedem Fall sollten Sie *alle* Notizen, die Sie im Laufe irgendeiner Recherche erstellt haben, unbedingt aufheben</u>, selbst wenn das Projekt, für das Sie die brauchten, inzwischen abgeschlossen ist. Falls Sie zu eben der Story/dem Roman eines Tages eine Fortsetzung schreiben wollen oder Ihr Verlag eine wünscht, werden Sie die erneut verwenden können/müssen.

Was aber tun wir, wenn wir an gewisse Informationen absolut nicht herankommen? Wir tricksen mal wieder:

- <u>Trick 1</u>: Wir schildern den Sachverhalt so, dass wir nicht in das Detail gehen müssen, für das uns die Information fehlt.

- <u>Trick 2</u>: Wir lassen die ganze Szene weg bzw. schreiben sie so um, dass wir das unrecherchierbare Detail dafür nicht mehr benötigen.

Erst wenn alles andere fehlgeschlagen ist, dürfen wir *ausnahmsweise* einmal etwas ohne entsprechende Sachkenntnis frei erfinden, laufen in dem Fall aber Gefahr, dass jemand unter den Lesern es besser weiß und wir in dessen Augen als unglaubwürdig dastehen. Deshalb sollte das immer die Ausnahme bleiben.

Anmerkung zum Umgang mit fremdem geistigen Eigentum

Spätestens seit Karl-Theodor zu Guttenberg 2011 sämtliche politischen Ämter (und sein Ansehen) verloren hat, weil er in seiner Doktorarbeit „vergessen" hatte, einige Quellen anzugeben bzw. die verwendete Literatur korrekt nachzuweisen, weiß wohl jeder, wie wichtig der richtige Umgang mit direkten oder indirekten Zitaten ist. Grundsätzlich sollte der Respekt vor fremdem geistigen Eigentum selbstverständlich sein, auch wenn Sie es im jedem Menschen frei zugänglichen Internet finden. Denn auch die ins Internet gestellten Informationen haben einen Urheber, dem die Rechte (zur Kopie, zur weiteren Verwendung etc.) an seinem Text oder seinen Bildern gehören.

Auch bei rein belletristischen Werken sind Übernahmen aus anderen Quellen (z. B. literarischen Werken, Sachbüchern, Zeitungen, Zeitschriften oder dem Internet) *ohne Nachweis* problematisch. Bei historischen Romanen und Tatsachenromanen (siehe Kapitel 16) sollten Sie meiner Meinung nach Ihre Quellen unbedingt angeben, allein schon um deren Authentizität zu belegen. Das gilt ebenfalls für jeden größeren (!) Sachkomplex, auf den Sie sich in Ihrem Roman/Ihrer Geschichte eines beliebigen anderen Genres beziehen.

Beispiel:
Beschreiben Sie das Schmieden eines Messers und haben Sie diese Beschreibung aus einem Buch übernommen, sollten Sie dieses Buch als Quelle angeben. Haben Sie einem Messerschmied bei seiner Arbeit über die Schulter gesehen und beschreiben im Roman, was Sie dort beobachtet haben, ist das Ihre persönliche Erfahrung/Beobachtung und keine Quellenangabe erforderlich. Bestimmt freut sich aber der Schmied über eine Danksagung für seine Demonstration am Ende Ihres Buches.

Welche Form ist für den Nachweis geeignet? Sinnvoll ist ein Anhang am Ende des Buches. Arbeiten Sie in einem belletristischen Werk auf keinen Fall mit Fußnoten, was Ihre Quellenangaben betrifft! Das reißt den Leser aus der Geschichte heraus, macht das Werk schwer lesbar und sieht auch optisch unschön aus. Beispiele für die Anführung verwendeter Quellen und Literatur finden Sie im „Literaturverzeichnis" auf Seite 242.

Bei Informationen, die Sie ausschließlich aus dem Internet haben, nennen Sie den Namen der Website, die vollständige Webadresse und das Datum, an dem Sie diese Informationen abgerufen haben. Stammt eine Information aus einem persönlichen Gespräch, ist es eine schöne Geste, die Person in der Danksagung zu nennen (sofern Ihr Informant damit einverstanden ist) oder allgemein zu formulieren: *„Informationen über die Schwarze Mamba lieferte der Zoo ... (Name des Zoos) in ... (Name der Stadt)"*.

Sind Sie unsicher, ob Sie eine Quelle angeben müssen oder nicht, nennen Sie sie in jedem Fall oder lassen Sie das den Verlag entscheiden. Dann sind Sie auf der sicheren Seite.

Zusammenfassung:

Recherchieren Sie immer so gründlich wie möglich die von Ihnen beschriebenen Sachverhalte. Jedoch müssen *nicht* alle Details Ihrer Recherche hinterher auch in Ihrer Story/Ihrem Roman auftauchen. *Sie* sollten nur immer genau wissen, wovon Sie schreiben, da Sie sonst Gefahr laufen, in den Augen der Leser unglaubwürdig zu werden.

Achten Sie das Urheberrecht der Autoren, aus deren Büchern, Artikeln oder Internetveröffentlichungen Sie eine in Ihrem Roman oder Ihrer Geschichte verwendete Sachinformation entnommen haben. Geben Sie Ihre Quelle im „Literaturverzeichnis" oder „Quellenverzeichnis" am Ende Ihres Textes an, es sei denn, der Verlag wünscht es anders.

12. Die Sprache

Die – in unserem Fall deutsche – Sprache ist das wichtigste Handwerkszeug aller Autoren. Wir müssen ihre Regeln beherrschen und beachten, was Satzbau und natürlich Rechtschreibung, Grammatik und Zeichensetzung betrifft. Wie wichtig es ist, möglichst fehlerfrei zu schreiben, zeigt der unter vielen Lektoren existierende (inoffizielle) Konsens, dass jedes Manuskript, das auf jeder Seite fünf Fehler oder mehr enthält, unabhängig von seiner Qualität abgelehnt wird. Lektoren sind heutzutage durch unverlangt eingesandte Manuskripte derart überlastet, dass sie einfach keine Zeit haben, so viele Fehler zu korrigieren.

Rechnen Sie es hoch: Bei fünf Fehlern pro Seite enthält ein durchschnittlich 300 Normseiten (Erklärung siehe Kapitel 15) umfassendes Manuskript 1500 Fehler und mehr – zu viele! Denn schließlich müssen zusätzlich auch noch ganze Sätze korrigiert, der Stil teilweise verbessert, Absätze umgeschrieben oder gestrichen oder neue Passagen eingefügt werden (sofern man das nicht dem Autor im Rahmen einer Nachbesserung überlässt).

Besonders wichtig ist die Grammatik. Selbst wenn der Dativ tatsächlich eines Tages „dem Genitiv sein Tod" sein sollte, lassen Sie ihn den armen Genitiv trotzdem auf keinen Fall in Ihren Texten ermorden! Einzige Ausnahme: die wörtliche Rede (aber wohldosiert und in Maßen!), wenn Ihre betreffende Person über entsprechend geringe Bildung verfügt.

Ein Lektor hat sich einmal in einem Interview über die mangelnde Sprachkenntnis leider sehr vieler (Möchtegern-)Autoren beschwert. Obwohl sie „Einheimische" (gebürtige Deutsche und hier aufgewachsen) sind, beherrschen sie kein korrektes Deutsch. Deshalb forderte er (nur halb im Scherz!), man sollte von solchen Schreiberlingen „Schmerzensgeld" für die Zumutung verlagen, ihre Texte zu lesen.

Hier ist ein authentischer Satz aus einem sprachlich wahrhaft grauenhaften Text: *„Und dann bekam der von ihr geholfen genau wie der von dem ihr die Kette geschenkt bekam."* – Auuuaaa![38]

---

[38] Die (mutmaßliche) Übersetzung dieses Monstrums: „Sie half ihm ebenso wie dem (Mann), der ihr die Kette geschenkt hatte."

Solche Horrorformulierungen muten Sie bitte Ihren Leser niemals zu! Nach Möglichkeit auch nicht in der wörtlichen Rede.

Natürlich würde hier ein Grammatikexkurs zu weit führen und den Rahmen dieses Ratgebers sprengen. Für die Rechtschreibung und die grammatikalischen Grundregeln ist ohnehin der Duden zuständig, der das wichtigste Fachbuch aller Autoren ist. Es gibt aber eine Reihe von gut aufgebauten Lehrbüchern, die Ihnen die Grammatik anschaulich erklären. (Scheuen Sie sich nicht, dafür notfalls auch die Schulbücher Ihrer Kinder aus dem Deutschunterricht zurate zu ziehen!) Ansonsten genügt es, falls Sie auf dem Gebiet nicht hundertprozentig sicher sind, wenn Sie einen beliebigen Roman (ausgenommen Heftromane) lesen und dabei besonders auf die verwendete Sprache, den Satzbau etc. achten und dem Vorbild in diesem Punkt nacheifern.

Das zweite Werkzeug der Sprache ist der Wortschatz. Wer schreibt, sollte über einen Wortschatz verfügen, der deutlich über dem Durchschnitt liegt. Als Unterstützung dafür gehört ein Wörterbuch der Synonyme zwingend in das Fachbuchregal aller Autoren.

Sprache muss fließen. Um zu gewährleisten, dass das auf unsere Texte zutrifft, hat es sich bewährt, sie laut zu lesen, denn dabei fallen holperige Stellen sehr viel leichter auf, als wenn wir sie nur stumm lesen.

Das Wichtigste an jedem Text ist, dass wir

1. verständlich schreiben
2. interessant und spannend schreiben
3. „lese(r)freundlich" schreiben, unser Text also leicht zu lesen sein und Spaß machen muss (womit nicht zwangsläufig der Humor gemeint ist). Wenn ich jeden dritten Satz zweimal lesen muss, weil ich seinen Inhalt nicht auf Anhieb verstehe oder das Fremdwörterlexikon ständig griffbereit haben muss, weil es im Text von solchen Wörtern nur so wimmelt, lege ich das Buch lange vor dem Ende zur Seite und rühre es nie wieder an.

1. Wie Sie gut schreiben

Drei Dinge sind besonders bei Anfängern (leider) sehr beliebt: Passivkonstruktionen, Adjektive und der Nominalstil.

DAS PASSIV ist die „Leidensform" eines Verbs (Tätigkeitswort). Aktiv: „Ich fahre." Passiv: „Ich werde gefahren." Hier haben wir auch gleich das Signalwort, das uns auf Passivkonstruktionen aufmerksam macht: „werden". Zu viele Passivsätze erschweren das Lesen und ermüden die Leser. Ersetzen Sie nach Möglichkeit jede Passivkonstruktion durch das Aktiv. Einzige Ausnahme: Wenn Sie das Leiden eines Menschen oder Tieres beschreiben oder jemandem anderweitig etwas (nicht zwangsläufig Schlechtes) getan wird, ist das Passiv angebracht. Beispiele: *„Das Kind wurde immer wieder von den Eltern geschlagen." – „Er wurde in den Adelsstand erhoben."* Aktive Sätze klingen dynamischer und sind besser verständlich.
    Bevorzugen Sie deshalb das Aktiv!

→ *Der Verletzte wurde von den Sanitätern ins nächste Krankenhaus gefahren. – Die Sanitäter fuhren den Verletzten ins nächste Krankenhaus.*

→ *Er wurde von der Polizei gefragt, ob er etwas gesehen hätte. – Die Polizei fragte ihn, ob er etwas gesehen hätte.*

DAS ADJEKTIV (Eigenschaftswort) bezeichnet die Eigenschaften eines Gegenstandes, einer Person usw.: der *blonde* Mann, der *rote* Mantel, das *gestreifte* Tuch, der *große* Baum, die *hoffnungslose* Lage. Adjektive sind manchmal wichtig, um uns über die Eigenschaften der Dinge zu informieren. Probleme gibt es, wenn wir sie zu oft und noch dazu mehrmals in einem einzigen Satz verwenden. *„Es war eine kalte, stürmische, mondhelle Nacht"* ist das Gegenteil eines guten Satzes. Wie schon im Kapitel 8 „Zeigen, nicht erzählen" beschrieben, kann und muss man solche Adjektivketten mit Leben erfüllen, sie umschreiben und den Lesern *zeigen*, wie sich die Nacht anfühlt, welche Stimmung sie erzeugt, nicht nur wie sie aussieht.

Verwechseln Sie bitte nicht die *Eigenschaft* eines Gegenstandes, einer Person mit dessen/deren *Beschreibung*! Ein Adjektiv *beschreibt* nichts. Das „Eigenschaftswort" benennt nur eine Eigenschaft, erzählt sie uns, teilt uns Fakten mit. Nichts anderes.

Beispiel:
„*Sie trug einen roten Mantel.*" Der Satz taugt wunderbar als Zeugenaussage bei der Polizei. Verwenden Sie ihn ruhig in einer Szene, in der eine Ihrer Figuren der Polizei sachlich mitteilt, was sie gesehen oder welche Kleidung das verschwundene Kind zuletzt getragen hat. Für die Beschreibung einer Person durch die Augen eines anderen, ist er untauglich, weil der schlichte Satz keine Atmosphäre erschafft, uns nichts fühlen lässt. Und den Farbton, den dieses Rot hat, vermittelt er uns auch nicht.

Machen wir daraus eine Beschreibung:

„*Als sie ihm entgegen kam, hatte er für einen Moment den Eindruck, ihr Mantel hätte sie in ein Stück Morgenröte eingehüllt, in einen Farbklecks, der den Regentag erhellte und augenblicklich Leons Stimmung hob. Sie lächelte ihm zu, und er hatte das Gefühl, dass die Sonne aufging.*"

Jetzt können Sie sich die Frau nicht nur lebhaft vorstellen, Sie wissen auch, welchen Ton das Rot besitzt, ohne dass ein Adjektiv Ihnen *erzählt*, dass er „leuchtendrot" ist. Die Beschreibung vermittelt uns aber noch mehr als die Farbe des Mantels, nämlich die Gefühle des Betrachters bei dessen Anblick. Sie teilt uns außerdem mit, dass es regnet, dass Leon, durch dessen Augen wir die Szene sehen, in düsterer Stimmung ist (andernfalls sie nicht gehoben werden könnte) und dass er die Frau liebt (andernfalls ihr Lächeln keine „Sonnenaufgangs-Wirkung" auf ihn hätte). Sie erschafft im Leser ein Gefühl, erzeugt eine Stimmung – ohne dass sie ein einziges Adjektiv enthält.

Als Kontrast hier noch einmal dieselbe Szene im Erzählstil:

„*Als Leon seine Frau abholte, regnete es. Deshalb war er in düsterer Stimmung. Lara trug ihren hellroten Mantel. Sie lächelte ihm zu. Er fühlte, wie sehr er sie liebte.*"

Diese Passage *erzählt* uns zwar dasselbe, aber ein Gefühl stellt sich beim Lesen nicht ein.

Mark Twain war ein Feind von Adjektiven und prägte den Spruch: *„Wenn Sie ein Adjektiv sehen, erschießen Sie es!"* Zwar wollen wir nicht so weit gehen und jedes Adjektiv aus unseren Texten eliminieren, aber viele von ihnen sind tatsächlich überflüssig, wie Sie feststellen werden, wenn sie die unten stehende Übung 4 absolvieren. Tolkien dagegen war ein Freund von Adjektiven und hat sie meisterhaft eingesetzt. Ich meine, dass auch hier der Mittelweg der beste ist: Benutzen Sie so viele Adjektive wie nötig, damit Ihr Text anschaulich wird und sprachlich dennoch fließt, und „erschießen" Sie den Rest. Verwenden Sie, wo es in Ihren Text passt, für Ihre Beschreibungen besser möglichst unverbrauchte Metaphern (z. B. „eingehüllt in ein Stück Morgenröte").

Hier ist ein Beispiel dafür, wie man eine schlichte Aufzählung von Eigenschaften so umformulieren kann, dass sie nicht nur spannend wird, sondern sogar fast ohne Adjektive auskommt. Letzteres dient hier allerdings nur der Verdeutlichung. Im realen Schreibleben genügt es, nur die wirklich überflüssigen Adjektive zu streichen bzw. umzuschreiben.

„Die Frau war klein und hatte ihr langes blondes Haar zu einem Zopf geflochten. Ihre Haut war hell, beinahe leichenblass. Sie trug einen roten Lackmantel, dazu schwarze Stiefel mit hohen Absätzen." (8 Adjektive)

Nun die in eine Handlung eingebettete Variante. Die Zahlen in Klammern bezeichnen die unten erläuterten Satzteile:

„Ken drückte sich in den Schatten des Hauseingangs, als ein scharfes Klacken von Schuhabsätzen, das in kurzen Abständen auf dem Asphalt erfolgte, das Nahen einer Frau verriet (1). Sekunden später trat sie in sein Blickfeld. Für einen Moment glaubte er, sie würde über dem Boden schweben, denn ihre Stiefel, die bis unter den Saum ihres Lackmantels reichten, verschmolzen nahezu mit der Nacht (2). Der Mantel allerdings leuchtete im Licht

des Mondes wie Blut, das sich gleich einer Haut (3) an ihren Körper schmiegte.

Ken presste sich mit dem Rücken gegen die Mauer und hielt den Atem an. Dabei musste er wohl ein Geräusch verursacht haben, denn die Frau fuhr so heftig herum, dass ihr blonder Zopf über ihre Schulter nach hinten flog (4). Sie blieb stehen und schaute herüber. Ihre Gesichtsfarbe erweckte den Eindruck, als stünde eine wandelnde Tote (5) auf der anderen Straßenseite. Obwohl sie Ken, wenn sie neben ihm gestanden hätte, gerade mal bis zur Schulter reichte (6) und nicht den Eindruck erweckte, als würde sie Kraftsport betreiben, kroch die Angst in ihm hoch. Als sie zu lachen begann, wusste er, dass sie ihn entdeckt hatte. Er sprang aus seiner Deckung und rannte um sein Leben."

Beide Texte enthalten dieselben Informationen über die Frau. Im zweiten wirken sie jedoch lebendig und stehen uns bildhaft vor unserem inneren Auge, weil die Beschreibung ihres Äußeren in Handlungen eingebettet ist. Und gegenüber den acht Adjektiven aus dem Ausgangstext gibt es jetzt nur noch zwei: „scharf" (scharfes Klacken) und „blond".

Erläuterungen:

(1) „Scharfes Klacken" verursachen ausschließlich hohe und schmale Absätze von Schuhen, die nicht von Männern getragen werden. Deshalb weiß Ken, dass sich ihm eine Frau nähert, noch bevor er sie sieht.
(2) Etwas, das so dunkel ist, dass es mit der Nacht verschmilzt, kann nur schwarz, dunkelgrau oder dunkelbraun sein.
(3) „... *wie Blut, das sich gleich einer Haut* ..." = das Ding ist knallrot und sitzt hauteng.
(4) Ein Zopf setzt lange Haare voraus, sonst könnte man keinen damit flechten. Und um nach hinten geschleudert zu werden, muss er schon sehr viel länger sein als nur bis zur Schulter reichen.
(5) = Das Gesicht ist leichenblass.
(6) Wenn Ken nicht gerade ein Riese ist und nur das Durchschnittsmaß von ca. 1,75 bis 1,80 m hat, ist die Frau klein, da sie ihm nur bis zur Schulter reicht.

Zwar kann und soll man beileibe nicht *jedes* Adjektiv streichen. Jedoch sollte man sich auf die wirklich unerlässlichen Adjektive beschränken und die überflüssigen weglassen.

Übungen:
„Es war eine kalte, stürmische, mondhelle Nacht."
1. Schreiben Sie diesen Satz um in der Art der Wiesenszene aus Kapitel 9 (Seite 108).
2. Betten Sie die von Ihnen umgeschriebene Szene in eine kurze (!) Handlung ein.
3. Entwickeln Sie daraus nun eine kleine Story.
4. Nehmen Sie einen Ihrer Texte und drucken Sie ihn aus oder kopieren Sie ihn. Streichen Sie anschließend JEDES Adjektiv darin. In jenen Sätzen, in denen der Sinn auch ohne die Adjektive erhalten bleibt und der Satz immer noch gut klingt = die Sprache fließt, sind die Adjektive überflüssig. Lassen Sie sie weg!

→ lieber Verben /Tu-Wörter benutzen

DER NOMINALSTIL bevorzugt Substantive (Hauptwörter) und substantivierte Verben oder substantivierte Adjektive, weshalb er reichlich gestelzt klingt und ebenfalls einen Hemmschuh für den Lesefluss darstellt. – Haben Sie es bemerkt? Der letzte Teil des Satzes ist im Nominalstil geschrieben: „...und ebenfalls einen Hemmschuh für den Lesefluss darstellt." Besser und leichter verständlich ist: „... und hemmt ebenfalls den Lesefluss."

Beispiele:
„Die Organisation der Umsiedlung des Dorfes erfordert einen größeren Zeitaufwand als gedacht." Besser: „Es dauert länger als gedacht, die Umsiedlung des Dorfes zu organisieren."
„Durch die jahrelange Beobachtung der Sterne gewann er Erkenntnisse über den Aufbau des Universums." Besser: „Indem er

jahrelang die Sterne beobachtete, erkannte er den Aufbau des Universums." Oder: *„Indem er jahrelang die Sterne beobachtete, erkannte er, wie das Universums aufgebaut ist."*

„Wegen seiner Liebe zum Meer machte ihm das Tauchen großen Spaß." Besser: *„Er tauchte gern, weil er das Meer liebte."*

Verwenden Sie, wo immer es geht, das Verb und lassen Sie Ihre Figuren etwas aktiv tun.

WAS NOCH ZUM GUTEN SCHREIBEN GEHÖRT:

- Vermeiden Sie nach Möglichkeit negative Formulierungen und Verneinungen. Wählen Sie statt „nicht", „kein" und ihre verwandten Wörter positive Formulierungen. „Er hatte kein Geld." Besser: „Er war pleite." – „Nicht weit entfernt" besser: „in der Nähe" oder „nahebei". – „Sie hat nicht gelogen." Besser: „Sie hat die Wahrheit gesagt." Benutzen Sie nie die Verneinung, wenn Sie den betreffenden Satz positiv formulieren können. So wie den vorangegangenen, der positiv umformuliert besser klingt: „Vermeiden Sie eine Verneinung, wann immer Sie einen Satz positiv formulieren können."

- Vermeiden Sie zu häufige Wortwiederholungen. Wer jeden dritten Satz mit „und" (noch schlimmer „und dann") beginnt, ermüdet die Leser ebenso wie jemand, der die Nebensätze bevorzugt mit „aber" beginnt. Ein Hinweis zum „dann": geschätzte 80 % aller „dann" kann man in jedem Text ersatzlos streichen und die überwiegende Mehrheit des Rests durch andere Begriffe ersetzen.

- Vermeiden Sie Beamtendeutsch und Fachchinesisch, ausgenommen in der wörtlichen Rede, wenn einer Ihrer Sprecher ein Beamter oder Fachmensch ist, der von Berufs wegen so spricht. In dem Fall müssen Sie aber durch den Dialog dem Leser die unbekannten Fachausdrücke erklären.

- Wählen Sie, wo immer es möglich ist, einfache und kurze Wörter (wenn auch nicht zwangsläufig kurze Sätze (siehe unten Punkt 4 „Satzbau") und verzichten Sie weitgehend auf Fremdwörter. Einfache Wörter sind leichter verständlich und einprägsamer als lange. Beispiel: Sagen Sie „Problem", nicht „Problematik", „Vorsorge" statt „Prophylaxe", „ablehnen" statt „abschlägig bescheiden" usw.

- Streichen Sie alle überflüssigen Wörter und Satzteile. Beispiel: *„Frank, bringst du mir bitte den Tee?" „Gern", antwortete er.* Da Frank namentlich angeredet wurde, ist klar, dass nur er es sein kann, der antwortet. Somit ist „antwortete er" überflüssig. Achten Sie besonders darauf, die Füllwörter zu streichen, z. B. ziemlich, sozusagen, wirklich, dann und viele mehr.[39] Prüfen Sie Ihre Sätze, ob Sie daraus Wörter entfernen können, ohne den Sinn zu verändern. Wenn ja: streichen! (Ausnahme: wörtliche Rede, aber gehen Sie auch hier sparsam mit den Wörtern um.) Besonders beliebt ist auch die Kombination: *Er/sie nickte. „Ja, das habe ich gesehen."* Natürlich tun wir das im realen Leben tatsächlich: Wir nicken und leiten unsere verbale Bestätigung trotzdem mit „ja" ein, um sie zu bekräftigen. In Ihren Texten vermeiden Sie das bitte. Entweder: *Er nickte. „Das habe ich gesehen."* Oder: *„Ja, das habe ich gesehen."* Das Überflüssige kommt weg!

- Vermeiden Sie Bandwurmsätze. Ein Satz, der sich über einen mehrzeiligen Absatz hinzieht, ist schwer verständlich. Nach einer gängigen Faustregel ist ein Satz mit bis zu 20 Wörtern leicht verständlich, einer ab 25 Wörtern schwer(er) verständlich und ab 30/35

---

[39] Unter dem Stichwort „Füllwörter" finden Sie im Internet Listen dieser „üblichen Verdächtigen".

sehr schwer verständlich. Solche Sätze sollten Sie in mehrere kürzere aufteilen.

- <u>Vermeiden Sie, sogenannte „Revolverschuss-Sätze"</u> (= <u>sehr kurze</u> Sätze) an einander zu reihen. Wie ich schon sagte, muss Sprache fließen. Bei Revolverschuss-Sätzen tut sie das nicht mehr, sonder klingt nur noch abgehackt: *„Er sah sie an. Dann ging er zu ihr. Er nahm sie in die Arme. Küsste sie."* Das Allerletzte, was sich die Leser hier vorstellen können, ist die Romantik (oder die Leidenschaft), die diese Szene vom Text her haben sollte. Nur beim Beschreiben von Actionszenen kann man solche kurzen Sätze benutzen, um die Dynamik der Situation zu unterstreichen (aber in Maßen!): *„Er stolperte und fiel. Fluchend rappelte er sich auf. Rannte humpelnd weiter. Vor ihm der Abgrund. Er sprang."*

- Beginnen Sie niemals mehr als zwei Sätze mit demselben Wort: *„Er wusste nicht, was er sagen sollte. Er sah sie stumm an und zermarterte sich das Gehirn, welche Reaktion angemessen wäre. Er kam zu keinem Ergebnis."* Das klingt beinahe wie eine Platte, die einen Sprung hat. „Er – er – er." Hier muss umformuliert werden.

Wie Sie im Eifer des (Schreib-)Gefechts Ihre Rohfassung schreiben, ist unwichtig. Dort können Sie gern alle genannten Fehler machen, denn die Rohfassung ist *niemals* die Endfassung. Schon Ernest Hemingway sagte unverblümt: *„The first draft of anything is shit."* (Der erste Entwurf ist immer Scheiße.) Recht hat der Mann! Deshalb werden Sie gerade bei Romanen mindestens noch einmal so viel, eher aber die doppelte Zeit zum Überarbeiten benötigen wie Sie zum Schreiben der Rohfassung brauchten.

Das wichtigste Werkzeug zum guten Schreiben habe ich bis zum Schluss aufgehoben:

Üben, **üben, üben!**

Schreiben Sie so viel wie möglich, überarbeiten Sie Ihre Texte immer wieder und feilen Sie daran, bis Sie aus dem Rohdiamanten ein Juwel geschliffen haben. (Warnung: Als Schriftsteller ist man nie zufrieden mit dem eigenen Werk. Selbst an der veröffentlichten Story, dem veröffentlichten Buch möchte man am liebsten noch was verbessern.)

Der folgende Spruch wird dem Pianisten Vladimir Horowitz zugeschrieben, der über das Klavierspielen sagte: *„Wenn ich einen Tag nicht übe, merke ich es. Wenn ich drei Tage nicht übe, merken es meine Freunde. Wenn ich eine Woche nicht übe, merkt es mein Publikum."*

Das trifft hundertprozentig auch auf das Schreiben zu. Haben Sie vor, eines Tages in die schriftstellerische Oberliga aufzusteigen und Profi zu werden, müssen Sie sich konsequent (fast) jeden Tag hinsetzen und schreiben, ob Sie Lust haben oder nicht, ob die Sonne scheint oder es regnet – *schreiben Sie!* Selbst wenn es nur ein einziger Satz in Ihrem Tagebuch ist.

Beständiges Üben ist der Weg, der Sie an Ihr Ziel bringt, einen guten Text zu schreiben, den man gern liest.

2. Klischees

Vermeiden Sie (nicht nur sprachliche) Klischees[40]. Diese Stereotypen sind abgedroschene Redewendungen oder Handlungen, die schon so oft gebraucht wurden, dass sie uninteressant und langweilig (geworden) sind. Sprachlich gehören dazu Metaphern wie „mit Leib und Seele", „wie von einer Titanenfaust getroffen", „wahnsinnige Angst", „es ging drunter und drüber", „leidenschaftliche Liebe", „tödlicher Hass", „mörderische Wut", „blondes Gift", „Arme/Beine wie (aus) Blei", „gähnende Langeweile", „bleierne Müdigkeit", „jungenhaftes Grinsen" und dergleichen mehr.

Natürlich begegnen uns Klischees auch in Handlungen, Vorurteilen und im Aussehen unserer Figuren. Die Helden sind quasi Heilige – edel, hilfreich und gut –, die Schurken dagegen die Brüder und Schwestern des Teufels in ihrer Schlechtigkeit. Und natürlich tragen sie schwarze Kleidung, sind evt. sogar noch schwarzhaarig, dunkeläugig, dunkelhäutig – finster eben. Wie wir wissen, sieht die Realität anders aus.

Ein gängiges Klischee besonders im Fernsehen ist (immer noch), dass eine Frau, die eine Leiche findet, anfängt zu schreien. Sofern es sich bei dem Toten nicht um ihren Ehemann, ihr Kind oder ihren Geliebten handelt oder die Leiche wahrhaft grausam zugerichtet ist, tut sie vielleicht (!) einen erschreckten Ausruf, aber sie schreit (von seltenen Ausnahmen abgesehen) garantiert *nicht*. Bei der grausam zugerichteten Leiche wäre sie ohnehin so sehr damit beschäftigt, sich zu übergeben, dass sie schon deshalb nicht zum Schreien käme.

Oder wenn jemand von einem Auto in böser Mordabsicht verfolgt wird, rennt er vor dem Auto her auf der Straße entlang, statt auf dem Bürgersteig hinter geparkten Autos oder im Gelände hinter dem nächsten Baum in Deckung zu gehen, was jeder Mensch instinktiv tut. So ein unsinniges Verhalten ist nicht nur lächerlich, sondern auch unlogisch. Oder das gängige Klischee, dass *zufällig* im letzten Moment, wenn die letzte Kugel verschossen ist, die Kavallerie auftaucht (oder in anderen Szenarien der strahlende Retter) und die Situation entschärft.

---

[40] von franz. cliché = Abklatsch, Gemeinplatz, Banalität

Ein weiteres Beispiel aus Krimis ist, dass sich der Täter auffällig benimmt, bereits lange bevor irgendein Verdacht auf ihn gefallen ist. Solche und andere Dinge sind bereits so oft gebraucht worden, dass die Leser schon bei der ersten Andeutung wissen, was als Nächstes kommt. Dadurch nehmen wir ihnen die Spannung und letztendlich auch das Vergnügen an der Geschichte.

Wir sollten also nicht nur Klischees unter allen Umständen vermeiden, sondern auch die Leser überraschen. Seien Sie originell! Kehren sie z. B. das Klischee um. Lassen Sie den finsteren, bedrohlich aussehenden Mann, der die Heldin verfolgt, nicht den Bösewicht, sondern vielleicht den Retter sein. Lassen Sie den sympathischen Strahlemann, der die Heldin in allem unterstützt, sich als den wahren Schurken entpuppen. Und so weiter. Hauptsache Sie überlassen die Klischees den schlechten Autoren.

3. Stilblüten

Ich möchte Ihre Aufmerksamkeit besonders auf die keineswegs nur bei Anfängern vorkommenden Stilblüten lenken. Eine Stilblüte ist eine Formulierung, die durch falsche Wortwahl, falsche Wortstellung, falsche Satzbezüge oder Doppeldeutigkeit unfreiwillig komisch wirkt.

Beispiele:

„Er folgte ihr mit den Augen." Wenn er ihr mit dem Wagen folgt, ist der Wagen das Transportmittel. Wenn er ihr mit dem Fahrrad folgt, ist das Fahrrad das Transportmittel. Wenn er ihr mit den Augen folgt – dann sind die Augen das Transportmittel, in/auf dem er sich zu dem Zweck fortbewegt! Korrekt müsste es heißen (in bester Vermeidung des Nominalstils): *„Er blickte ihr nach."*

„Beim Packen der Koffer halfen wir unserer Mutter, verstauten sie im Wagen und zurrten sie auf dem Gepäckträger fest." Hier wird durch den falschen Satzbezug die *Mutter* erst im Wagen verstaut und anschließend auf dem Gepäckträger festgezurrt. Korrekt muss es natürlich heißen: *„Beim Packen der Koffer halfen wir un-*

serer Mutter, verstauten die Gepäckstücke im Wagen und zurrten sie auf dem Gepäckträger fest."
„Die Bilder der Nacht tummelten sich auf ihrer Netzhaut." Wow! Das muss eine verdammt riesige Netzhaut sein, wenn gleich mehrere Bilder (Gemälde? Fotos?) darauf Platz genug zum Tummeln haben! Und was bitte sind „Bilder der Nacht"? Die Autorin dieses Satzes meinte: „Sie erinnerte sich (immer noch lebhaft) an die (entsetzlichen) Ereignisse der vergangenen Nacht." Oder: „Die Ereignisse der vergangenen Nacht standen ihr immer noch bildhaft vor Augen." Schade, dass sie das nicht auch so geschrieben hat.
„Sie schoss sich für ein verlängertes Wochenende frei." Und hat wen zu diesem Zweck erschossen? Den Chef, der ihr ein langes Wochenende nicht gegönnt hat oder eine Horde wildgewordener Büffel, die ihr dabei im Weg stand? Der Satz muss natürlich heißen: „Sie nahm sich (einen Tag) für ein verlängertes Wochenende frei."
„Ich kann nicht ins Arbeitszimmer hinein, weil meine Frau spinnt." Der Mann kann also nicht ins Arbeitszimmer, weil seine Frau verrückt spielt. – Wir wissen natürlich genau, was gemeint ist, doch müssen wir das auch so ausdrücken: „Ich kann nicht ins Arbeitszimmer hinein, weil meine Frau dort ihre Wolle verspinnt."

Zum Schluss noch die gängigste Stilblüte aus fast jedem Geschäftsbrief: „Als Anlage/Anliegend/In der Anlage (über)sende ich Ihnen die gewünschten Dokumente." Hier ist der Schreiber die Anlage/steckt in der Anlage/ist anliegend und wird im Brief an den Adressaten verschickt. Sie verstehen nicht warum, weil Ihnen der Satz so geläufig ist? Tauschen wir mal ein paar Wörter aus.
1. „Als Bürgermeister überreiche ich Ihnen die Urkunde." Wer ist hier der Bürgermeister – „ich" (= das Subjekt des Satzes) oder die Urkunde? „Ich" natürlich. Und wenn wir den Bürgermeister durch die „Anlage" und die Urkunde durch das „Dokument" ersetzen, dann ist „ich" die Anlage. Außerdem sollte man sich sowieso nicht derart gestelzt ausdrücken.
2. „Anliegend sende ich Ihnen die gewünschten Dokumente." – „Schlafend träumte ich von galoppierenden Pferden." Wer schläft hier? „Ich" oder die Pferde? „Ich" natürlich. „Anliegend

sende ich Ihnen ..." – „Ich" ist anliegend, und wieder steckt der Absender im Brief zum Versand bereit.

3. „*In der Anlage sende ich Ihnen die gewünschten Dokumente.*" – „In der Firma schreibe ich die Dokumente." „Ich" befindet sich in der Firma und schreibt während des Aufenthalts dort die Dokumente. „In der Anlage sende ich Ihnen die gewünschten Dokumente." – Hier sendet „ich" die Dokumente, *während* er sich in der Anlage = im Brief befindet.

Korrekt muss der Satz heißen: „Ich übersende Ihnen die gewünschten Dokumente." Oder: „Hiermit erhalten Sie die gewünschten Dokumente." Basta! Dass die Dokumente dem Brief „anliegen" (veraltete Formulierung), ergibt sich aus diesem Satz (und der Dicke des Briefes) von selbst, ist also überflüssig.

Sie sehen, wie wichtig es ist, seine Sprache zu kennen, auf die Bezüge und die Bedeutung/Eindeutigkeit der Worte zu achten.

Übung:

Durchforsten Sie Ihre Texte auf Stilblüten und eliminieren Sie die.

4. Satzbau

Die Regeln für den Satzbau sind in der Literatur zwar grundsätzlich dieselben wie im Deutschunterricht in der Schule. (Gut für alle, die sich daran noch erinnern.) Die herkömmliche Reihenfolge eines Satzes ist: Subjekt (Gegenstand des Satzes) – Prädikat (Satzaussage, Tätigkeit) – Objekt (Satzergänzung). *Sie* (Subjekt) *fährt* (Satzaussage, Tätigkeit) *mit dem Zug* (Satzergänzung) *nach Paris* (2. Ergänzung). Außerdem hat man uns beigebracht, immer vollständige Sätze zu schreiben und Ausrufe wie „*Unmöglich!*" außerhalb von wörtlicher Rede als „*Das ist/war unmöglich*" zu formulieren. Selbstverständlich durften wir niemals einen Satz mit einem Nebensatz beginnen oder – noch schlimmer – den Satz nur als einen unvollständigen Nebensatz formulieren. So weit, so gut für den Schulunterricht, um Kindern vernünftiges Deutsch beizubringen.

Jedoch wirkt ein literarischer Text, der jeden oder doch fast jeden Satz nach diesem Schema aufbaut, gestelzt und langweilig.

„*Sie rollte auf den Abhang zu. Sie ruderte wild mit den Armen, auf der Suche nach einem Halt. Sie bekam eine Wurzel zu fassen. Ihr Körper rutschte über die Kante. Sie hing schon im nächsten Moment über dem Abgrund in der Luft. Sie wurde nur noch von der Wurzel getragen. Diese hielt der unerwarteten Belastung jedoch nur ein paar Sekunden stand. Sie gab knirschend Zentimeter für Zentimeter nach, ehe sie riss.*"

Ich weiß nicht, wie es Ihnen geht, aber einen solchen Text würde ich nicht weiterlesen. Formulieren wir ihn um:

„*Sie rollte auf den Abhang zu und ruderte wild mit den Armen, auf der Suche nach einem Halt. Als ihr Körper über die Kante rutschte, bekam sie eine Wurzel zu fassen. Im nächsten Moment hing sie über dem Abgrund in der Luft. Nur noch die Wurzel trug sie. Die hielt der unerwarteten Belastung jedoch nur ein paar Sekunden stand. Knirschend gab sie Zentimeter für Zentimeter nach. Und riss.*"

Klingt schon viel besser, nicht wahr? Hier wurde durch die Sprache die Dynamik der Handlung betont. Besonders der letzte Satzteil gibt ihr noch einen winzigen zusätzlichen Kick. Man hätte auch schreiben können: „*Knirschend gab sie Zentimeter für Zentimeter nach und riss.*" Durch die Abtrennung des „und riss" erzeugen wir jedoch für eine Sekunde Spannung. Wir hängen förmlich mit der Heldin in der Luft und halten bis zum Satzende den Atem an: Gibt die Wurzel nur nach oder reißt sie? Sie reißt.

Glauben Sie mir, das menschliche Gehirn reagiert unbewusst auf solche subtilen Dinge – im Positiven wie im Negativen. Deshalb müssen wir bei unseren Texten äußerste Sorgfalt walten lassen.

Haben Sie inzwischen das Gefühl, dass Schreiben doch nicht so leicht ist, wie Sie bisher glaubten? Stimmt! Schreiben ist *Arbeit*. Harte Arbeit, die nicht immer Spaß macht. Ich gebe zu, ich persönlich hasse es, mich mit Satzbau und Grammatik auseinandersetzen zu müssen, aber das gehört nun mal zum Handwerk. Je mehr Sie üben, desto mehr wird Ihnen gerade die korrekte Grammatik in Fleisch und Blut übergehen und werden Sie eines Tages gar nicht mehr darüber nachdenken müssen.

Es gibt noch mehr zu beachten.

- Reihen Sie niemals (zu viele) kurzen Sätze aneinander („Revolverschuss-Sätze"). Einzige Ausnahme: die Actionszene, um die Dynamik zu unterstreichen.
- Verwenden Sie eingeschobene Nebensätze nur, wenn dadurch der Sinn des Satzes nicht bis zur Unkenntlichkeit zerrissen wird. Beispiel: *„Natürlich hatte es unter diesen Umständen jeder, der so kurz vor Mitternacht noch unterwegs war, statt an der nahe gelegenen Haltestelle eine halbe Stunde oder noch länger auf den nächsten Bus zu warten, vorgezogen, ein Taxi zu nehmen."* Diesen Satz müssen wir zweimal lesen, um den Bezug zu begreifen. Das fällt uns nicht nur wegen der verschachtelten Nebensätze schwer, sondern auch, weil dadurch ein „Bandwurmsatz"/„Spaghettisatz" mit 38 Wörtern entstanden ist. Besser: *„Natürlich hatte es unter diesen Umständen jeder, der so kurz vor Mitternacht noch unterwegs war, vorgezogen, ein Taxi zu nehmen, statt an der nahe gelegenen Haltestelle eine halbe Stunde oder noch länger auf den nächsten Bus zu warten."* Hier ist der Bezug schon klarer. Noch besser ist es, aus diesem langen Satz zwei Sätze zu machen: *„Jeder, der so kurz vor Mitternacht noch unterwegs war, hatte es unter diesen Umständen vorgezogen, ein Taxi zu nehmen. Wer hatte schon Lust, an der nahe gelegenen Haltestelle eine halbe Stunde oder noch länger auf den nächsten Bus zu warten."*

- Vermeiden Sie unbedingt das Partizip Präsens (die Verlaufsform), wo sie nicht zwingend erforderlich ist. Sätze wie „Im Joggingtrab laufend erreichte er die Brücke.", oder „Sie überlegte, in ihrer Handtasche danach suchend, wo sie ihre Schlüssel gelassen hatte.", klingen gestelzt und sind das Gegenteil von fließender Sprache, nämlich stockend und holprig. (Besser: *Er joggte zur Brücke. Sie überlegte, wo sie ihre Schlüssel gelassen hatte, während sie in ihrer Handtasche danach suchte.*)

Zusammenfassung:

Um gute Texte zu schreiben, sollten Sie auf Folgendes beachten:

- Befolgen Sie die Regeln der deutschen Sprache (Grammatik, Rechtschreibung, Zeichensetzung). Ausnahme: wörtliche Rede.
- Vermeiden Sie das Passiv, außer Sie beschreiben, dass jemand etwas erleidet.
- Vermeiden Sie die Aneinanderreihung von Adjektiven.
- Vermeiden Sie den Nominalstil.
- Formulieren Sie Ihre Sätze nach Möglichkeit positiv.
- Vermeiden Sie Klischees in Sprache und Inhalt.
- Bevorzugen Sie einfache und klare Wörter.
- Streichen Sie alle überflüssigen Wörter, besonders Füllwörter.
- Vermeiden Sie „Bandwurmsätze", die sich über mehrere Zeilen oder sogar ganze Absätze erstrecken.
- Achten Sie darauf, dass Ihre Absätze nicht zu lang werden.

- Achten Sie auf die richtige Wortwahl, Satzbezüge, Wortstellungen und ungewollte Doppeldeutigkeit. Auf diese Weise vermeiden Sie Stilblüten.
- Beginnen Sie niemals drei Sätze/Nebensätze hintereinander mit demselben Wort.
- Erweitern Sie Ihren Wortschatz, damit Sie bei Ihren Formulierungen „aus dem Vollen schöpfen" können.
- Schreiben Sie verständlich, interessant, spannend und lesefreundlich.

13. Überarbeiten

Sie haben es geschafft: Die Rohfassung Ihres Textes ist fertig. Feiern Sie und genießen Sie die Pause, die Sie nun haben, denn die Arbeit an Ihrem Werk ist keinesfalls beendet. Wie schon erwähnt, ist die erste Fassung niemals die Endfassung, sondern der Rohdiamant, der erst noch (mühsam, glauben Sie mir!) zum Juwel geschliffen werden muss.

Als Erstes lassen Sie Ihr Werk mindestens vier Wochen ruhen und sehen es nicht an. Handelt es sich um einen Roman, sollten es drei Monate oder länger sein. (Natürlich nur, wenn Sie keinen Abgabetermin einhalten müssen oder der Ihnen genug Zeit dafür lässt.) Erst wenn Sie einen gewissen Abstand zu Ihrem Text gewonnen haben, können Sie ihn einigermaßen (jedoch niemals vollkommen) objektiv betrachten und bewerten.

Nach dieser „Ruhephase" kommt die erste Überarbeitung. Jawohl, die *erste*, denn es werden noch mindestens (!) zwei weitere folgen.

Bevor Sie mit dem Überarbeiten beginnen, erstellen Sie eine Kopie der Datei und speichern diese in einem Ordner „Originale" (oder „Rohfassungen"). Es kann nämlich passieren, dass Sie beim Überarbeiten ganze Szenen oder einzelne Passagen löschen und sehr viel später entscheiden, sie doch zu behalten. Oder Sie stellen fest, dass Sie die als Grundlage für (eine) spätere Szene(n) zwingend benötigen. Ohne diese Sicherungskopie müssten Sie die gesamte Szene – unter Umständen mehrere Seiten – neu schreiben. Nicht immer wird die „Nacherzählung" so gut wie das Original.

In der ersten Überarbeitung korrigieren Sie *alles*, was Ihnen auffällt: die noch holpernden Formulierungen, Sie streichen überflüssige Wörter und Passagen, verbessern die Rechtschreibung und achten auf die logischen Zusammenhänge. Höchstwahrscheinlich schreiben Sie einige Passagen oder sogar ganze Kapitel um. Lassen Sie sich dabei Zeit, und nehmen Sie sich jeden Absatz einzeln vor. Sie werden für diese Überarbeitung schätzungsweise genauso viel Zeit brauchen, wie Sie für das Schreiben der Rohfassung benötigten, wahrscheinlich aber länger. Nach diesem ersten Durchgang legen Sie den Text noch einmal ein paar Tage (bei Storys) oder Wochen zur Seite, ehe Sie mit dem zweiten Durchgang beginnen.

Nun legen Sie besonderen Wert auf die Zusammenhänge und die stilistischen Feinheiten. Sie überprüfen, ob Sie genug Spannung in Ihrem Text entwickelt haben und kontrollieren nochmals, ob Sie überflüssige Passagen übersehen haben. Natürlich korrigieren Sie auch alle Rechtschreib- und Grammatikfehler, die Sie dabei noch entdecken. Haben Sie in diesem Durchgang sehr viel verändert, so müssen Sie den Text vor der letzten Bearbeitung *noch einmal* durchgehen, da man, je mehr man ändert, zu leicht den Überblick darüber verliert, ob man eine Passage, auf die man sich in einer späteren Szene bezieht, nicht inzwischen gestrichen oder so umgearbeitet hat, dass sie dadurch nicht mehr zum Rest des Textes passt.

Vor der letzten Überarbeitung drucken Sie Ihr Manuskript unbedingt aus, denn auf dem Papier sieht der Text ganz anders aus als am Bildschirm. Wenn wir bisher nur am PC korrigiert haben und uns bereits sicher sind, dass er keine Rechtschreibfehler mehr enthält, dann stellen wir bei jedem Ausdruck zerknirscht fest, dass sich dort immer noch eine ganze Reihe von Fehlern tummelt. Die letzte Überarbeitung dient in erster Linie dazu, eben diese noch auszumerzen.

Außerdem sollten Sie die ausgedruckte Version immer laut lesen, denn nur so spüren Sie die letzten Stellen auf, an denen der Text sprachlich hakt. Jetzt überprüfen Sie erneut, ob vielleicht noch ein paar überflüssige Passagen im Text enthalten sind („Füllszenen/-kapitel"). Nachdem Sie das gesamte Manuskript auf diese Weise überarbeitet haben, übertragen Sie die Änderungen in die Computerdatei. Erst danach ist Ihre Arbeit an Ihrem Werk *vorläufig* abgeschlossen.

Es sei denn, Sie hätten in der letzten Überarbeitung noch einmal sehr viel korrigiert und gestrichen. In dem Fall kommen Sie nicht umhin, den Text *nochmals* durchzugehen, um zu prüfen, ob alle Zusammenhänge jetzt noch stimmen. Vor diesem vorletzten Durchgang sollten Sie ihn noch einmal ein paar Tage, bei Romanen ein paar Wochen liegen lassen. (Immer vorausgesetzt, Sie haben keinen Abgabetermin einzuhalten.)

Danach hätten Sie es endlich geschafft, denken Sie? Ich muss Sie enttäuschen, denn nun folgt der ultimative Test: Sie geben Ihr Manuskript einem (idealerweise mehreren) Testleser(n) mit der Bitte, Ihren Text wohlwollend aber kritisch zu prüfen.

Wählen Sie dazu möglichst neutrale Personen und/oder solche, denen Sie uneingeschränkt vertrauen können. Schon mancher „Freund", der insgeheim eifersüchtig auf die schriftstellerischen Ambitionen des Autors ist, hat eine solche Gelegenheit schamlos benutzt, um den Betreffenden zu verunsichern und das Werk in den Dreck zu ziehen. Leider gehört auch mancher Ehemann in diese Kategorie, dem (warum auch immer) das Hobby oder der schriftstellerische Erfolg seiner Frau ein Dorn im Auge ist. Deshalb seien Sie bei der Wahl Ihrer Testleser besonders sorgfältig.

In den seltensten Fällen wird Ihr Manuskript diese Feuerprobe unbeschadet überstehen. Ihre Testleser werden die Rechtschreibfehler entdecken, die Ihnen immer noch entgangen sind und sicherlich auch inhaltlich noch etwas zu verbessern finden. Erst wenn Sie diese Fehler korrigiert, alle Verbesserungsvorschläge eingearbeitet und den Text anschließend *noch einmal* durchgelesen haben, erst dann ist Ihr Manuskript von Ihrer Seite aus fertig durchgestylt.

Nun können Sie es einem Verlag zur Veröffentlichung anbieten. Dazu brauchen Sie allem voran ein gutes Exposé.

14. Das Exposé

Das Exposé – nicht zu verwechseln mit dem Klappen-/Covertext, der auf der Rückseite/der Innenklappe eines Buches steht – ist neben dem Begleitschreiben Ihre Eintrittskarte in einen Verlag. Es fasst auf nicht mehr als drei (in seltenen Ausnahmefällen vier) Seiten die wichtigsten Punkte des gesamten Inhalts Ihres Romans zusammen, und zwar einschließlich des Endes = der Auflösung. Der Verlag muss sich ein vollständiges Bild vom Inhalt machen, um entscheiden zu können, ob der Roman auf dem Buchmarkt überhaupt Chancen hat.

Das Exposé muss die klassischen „7 W-Fragen" beantworten = **W**er hat **w**as, **w**ann (Handlungszeit der Geschichte, z. B. Gegenwart), **w**ie, **w**o (Handlungsort), mit **w**em (und/oder **w**omit) und **w**arum (Motiv) getan. Der innere, also logische Zusammenhang der Geschichte/des Romans muss sich daran ablesen lassen. Jedoch konzentriert sich das Exposé ausschließlich auf die die Haupt- und allenfalls wichtigsten Nebenfiguren betreffende Handlung und geht nur dort ins Detail, wo eben dieses für das Verständnis des gesamten Zusammenhangs erforderlich ist.

Das Exposé wird *immer* im Präsens geschrieben und enthält keine wörtliche Rede. Es unterliegt ebenso wie das Manuskript der Gestaltung mit der Normseite (siehe Kapitel 15), es sei denn, der Verlag wünscht es anders.

Man unterscheidet zwischen dem Rahmenexposé und dem Handlungsexposé. Das **Rahmenexposé** umfasst durchschnittlich 2 – 3 Seiten und ist eine Inhaltsangabe der Gesamthandlung. Das **Handlungsexposé** gibt den gesamten Plot, evt. den Inhalt jedes einzelnen Kapitels wieder. Einem Verlag reichen Sie ein Rahmenexposé ein und nur auf dessen ausdrücklichen Wunsch ein Handlungsexposé.

Die meisten Schriftsteller hassen das Schreiben von Exposés. Ich auch. Gemäß einem witzigen Spruch, der unter uns kursiert, „geht eher ein Elefant durch ein Nadelöhr, als dass sich ein 400-Seiten-Roman auf zwei bis drei Seiten eindampfen lässt".[41] Gerade An-

---

[41] nach HP Roentgen *„Drei Seiten für ein Exposé"*, Fischbachtal 2010

fänger, aber auch sehr erfahrene Autoren tun sich mit dem Exposé schwer. Die gute Nachricht ist: Auch das Verfassen des Exposés ist – wie die meisten Dinge im Leben – eine Frage der Übung.

So verfassen Sie ein Exposé:
Schreiben Sie zunächst ein Handlungsexposé. Lassen Sie dabei die Länge außer Acht. Hier kommt es nur auf den Inhalt an. Prüfen Sie, wenn Sie fertig sind, ob die innere Logik stimmt, ob Sie alle wichtigen Informationen aufgeführt haben und vor allem, ob die Lösung am Ende schlüssig ist. Am besten geben Sie es einer neutralen Person zu lesen, denn Außenstehende erkennen unsere Fehler sehr viel besser als wir.

Ist inhaltlich soweit alles in Ordnung, beginnt das Kürzen. Sie streichen alle Informationen, die nicht zwingend erforderlich sind für die Haupt- und damit verknüpfte wichtige Nebenhandlungen. Sie eliminieren alle Handlungsstränge jener Nebenfiguren, die nicht zur Haupthandlung gehören oder für deren Verständnis/Entwicklung wichtig sind. Jede Szene, die am Ende übrig bleibt, fassen Sie jetzt in so wenige Sätze wie möglich zusammen. Scheuen Sie sich nicht, ein ganzes, dreißigseitiges oder noch längeres Kapitel in einem einzigen Satz zusammenzufassen: *„Entgegen den Anweisungen ihrer Vorgesetzten ermittelt die Kommissarin weiter gegen den Verdächtigen."* Wie sie das macht und welche Leute sie dazu befragt, ist für fast jedes Exposé mit entsprechendem Inhalt uninteressant. Nur das Ergebnis dieser Nachforschungen muss irgendwann genannt werden.

Nach diesem Rundumschlag im Streichen dürften nur noch ein paar Seiten übrig bleiben. Sind es immer noch mehr als vier Normseiten, müssen Sie noch einmal prüfen, wo Sie noch Informationen haben, die ein Verlag nicht unbedingt wissen muss, um sich ein Bild vom Inhalt Ihres Romans zu machen.

Was den Verlag am Exposé vordringlich interessiert (neben den „7-W-Fragen"):

- Ist das Thema interessant?
- Ist die Handlung spannend?

- Ist die Handlung einschließlich des Endes folgerichtig aufgebaut?
- Hebt sich der Plot positiv vom Gros der Romane desselben Genres ab?
- Gibt es einen überraschenden Schluss bzw. zwischendurch überraschende Wendungen?
- Gibt es genug Konfliktstoff?
- Enthält der Roman interessante Charaktere, die sich nicht schon dutzendweise auf dem Buchmarkt tummeln?
- Hat der Roman etwas Besonderes, das ihn aus der Masse heraushebt?

Sind Sie sich sicher, dass Ihr Exposé diese Fragen beantwortet, schleifen Sie es nun sprachlich so, dass es gut klingt. Danach widmen Sie sich dem formalen Aufbau Ihres Exposés.

Aufbau des Rahmenexposés (siehe Abbildung Seite 151)

1. Auf die Nennung Ihres Namens in der ersten und des Titels in der zweiten Zeile folgt die Nennung des Genres (siehe Kapitel 16), zu dem Ihr MS gehört, evtl. das Subgenre. Beispiel: „Genre: Kriminalroman, Subgenre: Ermittlerkrimi". Ihre Adressdaten stehen in der Fußzeile, in der Kopfzeile der Titel mit dem Zusatz „Exposé" oder umgekehrt; hier gibt es keine feststehende Vorschrift. Wichtig ist nur, dass Sie Ihre Kontaktdaten nicht vergessen zu nennen.

2. Falls Sie eine besondere Zielgruppe ansprechen wollen, wenn es sich bei unserem Beispielkrimi etwa um einen Krimi mit einem regionalen Bezug handelt, so nennen Sie in der nächsten Zeile die Zielgruppe: „Zielgruppe: Erwachsene im Raum Eifel" oder „Jugendliche von 14 – 18 Jahren".

3. <u>Zeit und Ort</u>: Wenn es sich nicht um einen Fantasy- oder Science-Fiction-Roman handelt, vermerken Sie, in welchem Zeitraum und an welchem Ort Ihr Roman spielt: „Handlungsort: Berlin", „Zeit: 19. Jahrhundert" oder „Zeit(raum): Gegenwart, 3 Wochen im August". Sie können beide Punkte auch zusammenfassen: „Ort: Berlin im 19. Jahrhundert".

4. In der nächsten Zeile vermerken Sie, wie viele Anschläge Ihr Manuskript hat: „Umfang: 432.000 Anschläge, 280 Normseiten". (Zur Erinnerung: Anschläge = alle Buchstaben, Zahlen, Satzzeichen und die Leerschritte.) Sie dürfen die Anschlagzahl runden und müssen nicht jeden einzelnen Anschlag nennen. Falls Sie Ihr MS noch nicht fertiggestellt haben, die genaue Anschlagzahl also noch nicht kennen, schätzen Sie den Gesamtumfang. Schreiben Sie in dem Fall: „(Voraussichtlicher) Umfang: *ca.* 432.000 – 450.000 Anschläge, 280 – 300 Normseiten". Wenn Sie Anfänger sind, sollte Ihr Werk nicht mehr als 450.000 – 500.000 Anschläge haben, da die meisten Verlage sich scheuen, das Risiko eines umfangreicheren Erstlingswerks zu tragen. (Natürlich gibt es auch Ausnahmen.)

5. <u>Lieferzeit</u>: <u>In die letzte Zeile</u> des Exposékopfes schreiben Sie, wie lange Sie voraussichtlich brauchen werden, um dem Verlag das vollständige Manuskript einzureichen: „Lieferzeit: 2 Monate". Als Anfänger sollten Sie Ihr MS bereits fertig haben (zumindest in der ersten überarbeiteten Fassung), bevor Sie es anbieten. Profis, die vom Schreiben leben, können es sich dagegen in der Regel nicht leisten, ein MS erst anzubieten, wenn es fertig ist. Sie reichen eine Textprobe ein und schreiben den Roman nur auf Anforderung = Auftrag zu Ende. Dafür bekommen Sie normalerweise 6 Monate Zeit. Für einen Profi mehr als ausreichend, das Werk zu vollenden und angemessen zu überarbeiten.

6. Nach zwei Leerzeilen beginnen Sie mit dem Text.
7. Nach dem Text fügen Sie eine kurze Beschreibung Ihrer wichtigsten (im Exposé genannten) Personen hinzu, um sie zu charakterisieren („Personenbeschreibung"). Außerdem sollten Sie in einem oder zwei Sätzen das Besondere Ihres Romans herausstreichen („Konkurrenzanalyse", überschrieben mit „Das Besondere"), das ihn von anderen Werken desselben Genres unterscheidet. (Dieser Passus kann auch vor den Exposétext gestellt werden, wenn das inhaltlich passt oder zum besseren Verständnis des Inhalts erforderlich ist.)

Verarbeiten Sie in Ihrem Roman Fachwissen, dann sollten Sie einen Hinweis geben, woher dieses Fachwissen stammt („Autorenqualifikation"). Haben Sie einschlägige Erfahrungen auf diesem Fachgebiet? Fachleute interviewt? Gut recherchiert? Je kompetenter Sie das verwendete Fachwissen belegen können, desto größere Chance bekommt Ihr Manuskript.

Ein Trick, um die Lektoren „anzufixen", also ihnen das Weiterlesen schmackhaft zu machen, ist, dem eigentlichen Exposé einen auf 3 – 5 Zeilen beschränkten Klappentext/Covertext voranzustellen. Wie Sie als Leser wissen, stellt der Klappentext den wichtigsten Teil des Inhalts möglichst spannend dar, um die Leute zum Kauf des Buches zu verführen. Wir können dieses Mittel benutzen, um die Lektoren dazu zu veranlassen, zumindest unser Exposé vollständig zu lesen. Wenn sie das überzeugt hat, lesen sie auch die Textprobe und wenn die sie überzeugt, den ganzen Roman. Dieser „Klappentext" vor dem Exposé kann mit „Kurzinhalt" oder „Synopsis" überschrieben werden, ist aber in jedem Fall vom eigentlichen Exposé durch eine oder zwei Leerzeilen abgesetzt.

> "Stein, Papier, Schere" - Exposé 1
>
> Mara Laue
>
> ## „Stein, Papier, Schere" – Exposé
>
> Genre: Kriminalroman mit erotischem Einschlag
> Subgenre: Whodunit
> Zielgruppe: Leser/-innen, die auch im Krimi einen Schuss Erotik schätzen
> Handlungsort: Flensburg
> Zeit: Gegenwart, 3 Wochen im Juli
> Umfang: ca. 400.000 – 600.000 Anschläge
> Lieferzeit: 6 Monate
>
> **Kurzinhalt:**
>
> - Drei Freundinnen, von denen eine einer gefährlichen „Nebenbeschäftigung" nachgeht
> - zwei Morde mit einer Unzahl von Verdächtigen und
> - ein Gegner, der vor nichts zurückschreckt, um sich und seine Interessen zu schützen
>
> **Exposé:**
>
> Svenja Carlsson, Isabella Weyer und Yasmin Ritter treffen sich jeden Freitagabend in einer Bar der Luxusklasse, um stilvoll das Wochenende einzuläuten. Dazu gehört auch, dass die drei Frauen „auf die Jagd" gehen: Wenn sie dort einem gut aussehenden Mann begegnen, schließen sie eine Wette ab, ob es einer von ihnen gelingt, ihn zu verführen. Mit „Stein, Papier, Schere" losen sie untereinander aus, welche von ihnen als Erste sich als Verführerin versuchen darf.
>
> Doch eines Tages landet Svenja Carlsson nach diesem Spiel tot und grausam zugerichtet in der Flensburger Förde. Für Kommissar Gero Fischer von der Flensburger Kripo ist es keine leichte Aufgabe, Licht ins Dunkel der mysteriösen Tat zu bringen, denn Verdächtige gibt es genug: (...)
>
> Mara Laue, Adresse ☎ 1234567; E-Mail: adresse.de

Abbildung 1: Die 1. Seite eines Rahmenexposés[42]

---

[42] © Bild und Inhalt: Mara Laue

Hier ist eins meiner Exposés, das einen Verlag überzeugte, den Roman unter Vertrag zu nehmen.

„Code: Smaragdjungfer" – Exposé

Genre: Kriminalroman
Subgenre: Ermittlerkrimi („Whodunit")
Zielgruppe: Leser mit Vorliebe für „sperrige" Charaktere und unerwartete Wendungen
Handlungsort: Wilhelmshaven, Gegenwart
Umfang: ca. 600.000 Anschläge, 350 Normseiten
Lieferzeit: ca. 6 Monate

Kurzinhalt:

- Ein verschwundener Ring, der einen Datenträger mit wichtigen Beweisen enthält,
- ein Verbrecher mit Beziehungen bis in die höchsten Kreise,
- eine traumatisierte Ermittlerin, die zur Gejagten wird
- und ein Fall, bei dem nicht alles so ist, wie es zunächst zu sein scheint

Exposé:

Die Hostess Jasmin Stojanovic wird erstochen in ihrer Wohnung gefunden und ihr letzter Kunde, der Nachtclubbesitzer Jerome Kastor, dabei ertappt, wie er mit blutverschmierten Händen ihren Schmuck durchwühlt. Kriminalkommissarin Paula Rauwolf, die nach einer ungerechtfertigten Suspendierung wegen des tragischen Todes ihres Kollegen frisch in den Dienst zurückgekehrt ist, wird zusammen mit ihrem neuen Kollegen Lukas Rambacher mit den Ermittlungen betraut.

Wie sich herausstellt, arbeitete Jasmin Stojanovic unter dem Berufsnamen „Smaragdjungfer" für einen exklusiven Escort-Service. Jerome Kastor gehörte zu ihren Stammkunden, aber er beteuert seine Unschuld. Obwohl die Indizien stark genug für einen Haftbefehl sind, muss Paula Rauwolf ihn auf die ihr völlig unverständliche Anord-

nung ihres Vorgesetzten laufen lassen. Sie ist von seiner Schuld überzeugt und entschlossen, ihm die Tat nachzuweisen.

Kastor hat aber augenscheinlich Beziehungen zu den höchsten Polizeikreisen, denn der Polizeipräsident persönlich untersagt Paulas Abteilung weitere Ermittlungen gegen ihn aufgrund angeblich zu dürftiger Indizien. Paula verbeißt sich daraufhin umso fester in den Fall. Das bringt ihr nicht nur Ärger mit ihren Vorgesetzten und ihrem Kollegen Rambacher. Sie wird auch anonym bedroht und schließlich sogar – in Kastors Auftrag, wie sie vermutet – zusammengeschlagen. Trotzdem bleibt sie hartnäckig an ihm dran und stellt fest, dass er Beziehungen zu dem Reeder Witold Graf hat, der schon lange in Verdacht steht, an illegalen Geschäften von Waffenschmuggel bis Prostitution beteiligt zu sein. Bisher konnte man ihm jedoch nichts beweisen.

Auf Jasmins Computer wird ein Dateiordner mit dem Namen „Smaragdjungfer" gefunden, der mit einem hochmodernen Codesystem gesichert ist, über das ein Callgirl eigentlich nicht verfügen kann. Hat jemand Jasmin dazu benutzt, wichtige Informationen bei ihr zu deponieren und wurde sie deshalb umgebracht? Bei dem Versuch, den Ordner zu öffnen, wird er durch einen einprogrammierten Schutzmechanismus unwiederbringlich gelöscht.

Paula hofft, dass die Tote eine externe Sicherungskopie irgendwo aufbewahrt und durchsucht noch einmal mit Rambacher deren Wohnung. Dabei überraschen sie einen maskierten Einbrecher, der offenbar dasselbe sucht. Er kann allerdings entkommen, wobei er Rambacher erschießt. Das ähnelt so sehr den Umständen, untern denen Paulas früherer Kollege und Lebensgefährte starb, dass dadurch dieses Trauma in vollem Umfang wieder aufbricht.

Dennoch verfolgt sie die Spur des Täters bis zum Haus von Witold Graf. Dort findet sie Jerome Kastor vor, den sie nun für den Einbrecher und Mörder Rambachers hält. Graf gibt ihm jedoch ein Alibi, und Paula hat wieder keine Handhabe gegen ihn. Außerdem erhält sie von ihren Vorgesetzten die strikten Anweisung, auf keinen Fall weiter gegen Kastor zu ermitteln.

Paula, von Schuldgefühlen wegen Rambachers Tod zerfressen (die von ihrem ersten Trauma herrühren), schert sich nun gar nicht mehr um Befehle „von oben" und ist wild entschlossen, Kastor als Jasmin Stojanovics und Rambachers Mörder zur Strecke zu bringen. Dadurch gerät sie nicht nur selbst in Teufels Küche. Sie entgeht nur knapp einem Mordanschlag mit der unerwarteten Hilfe eines Unbekannten, der sie und auch Kastor offenbar schon seit längerem beobachtet. Durch ihren Alleingang bringt Paula nun auch Kastor in die Bredouille, der sich als ein in Grafs Organisation eingeschleuster Undercoverermittler des BKA entpuppt. Dessen Tarnung fliegt aufgrund ihrer Ermittlungen auf, und er steht nun genau wie sie auf Grafs Abschussliste. Der ließ schon Jasmin Stojanovic – die ebenfalls für das BKA arbeitete – töten, als er herausfand, dass sie ihn ausspionierte, obwohl er sie nur für eine gewöhnliche Industriespionin hielt.

Ihre einzige Chance, Grafs Organisation zu zerschlagen, ist, die Sicherungskopie der „Smaragdjungfer"-Datei zu finden, die die Beweise gegen Graf enthält. Die hat Jasmin auf dem in ihrem Smaragdring eingearbeiteten USB-Stick versteckt, den sie Kastor am Tag ihres Todes übergeben wollte. Doch der Ring ist spurlos verschwunden. Witold Graf hat außerdem einen Informanten bei der Polizei und ist ihnen daher immer einen Schritt voraus. Es beginnt ein Wettlauf gegen die Zeit und um ihr Leben. Im letzten Moment gelingt es Paula und Kastor mithilfe des Unbekannten, der sich nun als Jasmins Bruder vorstellt, den Ring mit der Sicherungskopie zu finden, und das BKA nimmt Grafs Bande hoch.

Paula ist wegen ihrer Alleingänge allerdings bei ihrer Dienststelle nun endgültig unten durch und soll schnellstmöglich versetzt werden. Das BKA hingegen weiß ihre Hartnäckigkeit und Initiative zu schätzen und rekrutiert sie – nach einer erfolgreichen Traumatherapie – als neue Partnerin für niemand anderen als Jerome Kastor. Da die beiden sich zu dem Zeitpunkt wegen der bisherigen gegenseitigen Ressentiments immer noch nicht ganz grün sind, verspricht ihre künftige Zusammenarbeit in mehr als einer Hinsicht eine spannungsgeladene Angelegenheit werden.

Handlungshintergrund:

1. Handlungsstrang:
Die Folgen von im Polizeidienst erlittenen Traumata, das Umgehen damit und deren Bewältigung, wofür mir ein Traumatherapeut Einblicke in seine Arbeit gewährte.

2. Handlungsstrang:
Einblicke in die Arbeit des BKA, für deren Schilderung mich die BKA-Pressestelle mit entsprechenden Informationen unterstützte.

3. Handlungsstrang:
Die authentische Polizeiarbeit, für deren Schilderung Kriminalbeamte der Wilhelmshavener Polizeiinspektion und der Klever Kreispolizei sowie ein Gerichtsmediziner des Rechtsmedizinischen Instituts Freiburg in persönlichen und telefonischen Gesprächen sowie per E-Mail beratend zur Seite standen.

Personenbeschreibung:

<u>*1. Paula Rauwolf*</u> *(33), ledig*
Sie ist taff, stur und besitzt eine „Terriermentalität" (= lässt niemals los, wenn sie sich in etwas verbissen hat). Sie gibt sich große Mühe, keine Schwäche zu zeigen aus Angst, dadurch als inkompetent dazustehen. Aus diesem Grund hält sie irrigerweise (nicht nur im Dienst) verbale Angriffe für die beste Verteidigung und befindet sich permanent im „Kampfmodus". Sie ist verbittert und zornig, weil man ihr (zu unrecht) die Schuld am Tod ihres Kollegen und Lebensgefährten während eines Einsatzes gibt, den sie noch nicht völlig überwunden hat. Kernbedürfnis: sich als kompetent und die Beste zu beweisen.

<u>*2. Lukas Rambacher*</u> *(28), ledig*
Er wurde in der Wilhelmshavener Dienststelle versetzt, weil er in seiner früheren als „Kameradenschwein" gilt, da er gegen einen Kollegen ausgesagt hat, der sich der vorsätzlichen Körperverletzung im Amt schuldig machte. Die neuen Kollegen haben ihn über Paulas „Verfehlung" und ihr unleidliches Wesen informiert, um ihm dadurch subtil zu stecken, dass mit ihr zu arbeiten für ihn eine Strafe sein

soll. Das empfindet er auch so und verhält sich Paula gegenüber entsprechend, woraus sich etliche Konflikte ergeben. Erst später raufen sie sich zusammen. Kernbedürfnis: Gerechtigkeit.

3. Jerome Kastor (42), ledig
BKA-Ermittler mit Sonderausbildung beim SEK, Spezialist für gefährliche (nicht nur) Undercover-Einsätze, begeisterter Laienschauspieler (weshalb er seine Rollen sehr überzeugend darstellen kann). Er ist kompromisslos, hartnäckig, geradlinig, ein exzellenter Taktiker und wenn es sein muss auch rücksichtslos. Kernbedürfnis: Schurken wie Graf zur Strecke zu bringen, notfalls auch unter Einsatz des eigenen Lebens.

4. Witold Graf, 62, verheiratet, kinderlos
Reeder und im Nebenberuf Menschen- und Waffenschmuggler. Er gibt sich als Kunstmäzen, ist kultiviert, hat tadellose Manieren, verteilt großzügige Spenden an Kunst und Musik, ist aber gefühlskalt und absolut rücksichtslos. Kernbedürfnis: Geld zu scheffeln um jeden Preis und sich damit alles zu kaufen, was er will (einschließlich Menschen, Informanten bei der Polizei usw.).

Themenbezug:
In der Wilhelmshavener Gegend (Dangast) habe ich seit meiner Kindheit jedes zweite Jahr Ferien/Urlaub gemacht, weshalb ich mich der Region und der Stadt sehr verbunden fühle. Da in meinem Roman ein Reeder eine Rolle spielt, habe ich die Handlung nach Wilhelmshaven verlegt.

Im Laufe der Arbeit am Manuskript haben sich – in Absprache mit dem Verlag – einige Dinge geändert.
Der Ring wurde aus Gründen der besseren (realen) Machbarkeit zum Anhänger eines Colliers (sonst hätte er „riesige" Ausmaße haben müssen, was im Alltag reichlich unpraktisch gewesen wäre). Der Bruder des Opfers fiel ganz unter den Tisch, und der damit zusammenhängende Handlungsstrang änderte sich entsprechend. Dafür spielt Paula Rauwolfs Onkel eine wichtige Rolle.

Jerome Kastor wurde ein paar Jahre jünger. Paula Rauwolf hielt sich der realen Ermittlungsarbeit gemäß erheblich mehr an die Vorschriften und Dienstanweisungen, als sie das laut Exposé tut. Meine nach dem Verfassen des Exposés durchgeführten Recherchen hatten nämlich ergeben, dass eine Beamtin, die sich eklatante Eigenmächtigkeiten in einem solchen Umfang leistet wie ursprünglich geplant, ganz schnell aus dem Polizeidienst entfernt würde. Mordermittlungen werden immer im Team geführt, das sehr eng zusammenarbeitet. Einzelkämpfer sind dort fehl am Platz. Und ganz sicher hätte das BKA, bei dem nur die Besten der Besten in unabdingbarem Teamwork arbeiten, an so einer Mitarbeiterin nicht das geringste Interesse, egal wie gut sie sonst sein mag. (Hier sehen Sie, wie wichtig Recherche ist!)

Am Ende erblickte der Roman als „Smaragdjungfer. Ein Wilhelmshaven-Krimi" im August 2011 als Buch aus dem Sutton-Verlag das Licht der Welt.

Übungen:

1. Schreiben Sie zu 5 Romanen, die Sie in letzter Zeit gelesen haben oder an die Sie sich noch gut erinnern, ein maximal 4-seitiges Exposé.

2. Fassen Sie jedes dieser Exposés in nicht mehr als 5 Sätzen (!) zusammen. (Warnung: Schummeln Sie nicht mit Bandwurmsätzen! Die zählen nicht!)

*3. Die ultimative Folter für alle, die an Aufgabe 1 und 2 noch nicht verzweifelt sind: Fassen Sie den Inhalt der ausgewählten Romane in **nur einem einzigen Satz** zusammen! Geht nicht? Doch, das ist machbar! Beispiel: Der Inhalt von „Herr der Ringe" in einem Satz lautet: „Um seine Welt vor der Vernichtung zu retten, muss ein kleiner Hobbit einen mächtigen Zauberring zerstören."*

15. Formales

Wahrscheinlich wird Ihnen das, was Sie jetzt lesen, übertrieben bürokratisch vorkommen. Vielleicht sind Sie der Meinung, dass Schriftsteller schließlich Künstler und keine Bürokraten, Sekretärinnen, Beamten sind, die sich an Vorschriften und Normen halten müssten. Die Realität sieht anders aus. Künstlerseele oder nicht, Sie sollten unbedingt die in der Verlagsbranche üblichen Regeln befolgen, sonst outen Sie sich erstens sofort als Anfänger und können sich zweitens relativ sicher sein, dass Ihr Manuskript gar nicht erst (an)gelesen wird. Jeder Verlag setzt voraus, dass die Autoren, die sich bei ihm um eine Veröffentlichung bewerben, ihr Handwerkszeug beherrschen. Die Kenntnis der gängigen Normen für die Manuskriptgestaltung gehört zwingend dazu.

1. Die Normseite

Die Normseite ist die „Währung", in der der Umfang jedes Textes gemessen wird. Verlage verlangen grundsätzlich, dass die bei ihnen eingereichten Manuskripte nach Normseiten formatiert sind. Wer sich nicht daran hält, outet sich unverzüglich als Anfänger, und das Mauskript wird höchstwahrscheinlich ungelesen zurückgeschickt. Unfair? Nein, denn Schreiben ist ein *Handwerk*, das bestimmte Regeln hat. Wer seine Werke in einem Verlag veröffentlichen will, muss diese Regeln ebenso beherrschen wie jeder Fachmensch eines beliebigen Berufs sein Metier kennen muss.

Die Normseite besteht aus nicht mehr als 30 Zeilen (Leerzeilen zählen mit!), von denen jede nicht mehr als 60 Anschläge hat; das sind die Buchstaben, Zahlen und sonstigen Zeichen *einschließlich* der Leerschritte dazwischen. Der Zeilenabstand beträgt *immer* 1,5 Zeilen. Außerdem ist die Normseite im Gegensatz zum später gedruckten Werk immer linksbündig geschrieben im sogenannten „Flattersatz", d. h. mit „ausgefranstem" rechten Rand; so wie dieser Absatz, den Sie gerade gelesen haben.

aufgehört zu lesen

Daraus folgt, dass jede Normseite zwar niemals *mehr* als 1800 Anschläge hat; da aber nicht jede Zeile vollständig von der ersten bis zur letzten Spalte vollgeschrieben ist, umfasst sie im Durchschnitt nur 1200 – 1600 Anschläge. Ebenfalls im Gegensatz zum gedruckten Werk wird *niemals* Silbentrennung verwendet. Und natürlich ist eine einem Verlag eingereichte Geschichte oder ein Roman immer mit PC geschrieben. Handschriftliche Manuskripte werden nicht angenommen.

In der Kopfzeile der Normseite steht links der Titel Ihres Werkes (in kleinerer Schriftgröße als der Text) und rechts die Seitenzahl. In die Fußzeile schreiben Sie Ihren Namen, Ihre Adresse und Telefonnummer sowie E-Mail-Adresse (ebenfalls in kleinerer Schrift). Ein Manuskript wird, sofern der Verlag es ausgedruckt per Post zugesandt und nicht als PC-Datei per E-Mail bekommen möchte, als Loseblattsammlung in einer sogenannten Eckspannermappe mit Innenklappen eingeschickt (gibt es im Schreibwarenfachhandel); es sei denn, der Verlag verlangt ausdrücklich etwas anderes. Am besten Sie fragen telefonisch nach, bevor Sie Ihr MS einschicken. Wenn nun der Wind (oder der Zorn des Verlegers) durch das Büro des Lektors fegt und diese losen Blätter auf dem Boden verstreut, muss er die beim Einsammeln zuordnen und sortieren können. Ohne Titel und Seitenzahl in der Kopfzeile wäre das nur äußerst schwer möglich.

Wie die Seite im PC eingerichtet werden soll, hängt von der verwendeten Schrift ab. Die für ein professionelles Manuskript verwendete Schrift ist entweder Arial (die Sie hier lesen), Times New Roman oder Courier New, Schriftgröße 12 (für Times New Roman Schriftgröße 13, da sie recht klein ist); auf keinen Fall kleiner, da sie sonst schwer zu lesen ist. Die Randabstände müssen wie folgt formatiert werden:

Arial: Oben 4,5 cm, unten 3 cm, links 3,8 cm, rechts 6 cm.

Times New Roman: Schriftgrad 13, oberer und unterer Rand 3 cm, links 4,5 cm, rechts 5,5 cm

Courier New: Oben 4,5 cm, unten 2,7 cm, links 2 cm, rechts 4 cm.

Natürlich reißt einem niemand den Kopf ab oder lehnt ein MS ab, nur weil es auf der einen oder anderen Seite mal eine Zeile länger oder kürzer ist. Am Ende zählt ohnehin der Gesamtumfang. Den ermitteln wir, indem wir den gesamten Text markieren (einschließlich des Titels), ins Menü „Extras" gehen und dort „Wörter zählen" anklicken. In weniger als einer Sekunde gibt uns das Word-Programm detailliert Auskunft über die Anzahl der Anschläge (mit Leerschritten), der Zeichen (ohne Leerschritte), der Wörter, der Absätze, der Zeilen und der Seiten.

Die so ermittelte Anschlagzahl nennen wir bereits in unserem Anschreiben an den Verlag, stellen wir aber spätestens dem Exposé (siehe Kapitel 14) voran, denn der Lektor muss sich ein Bild vom Umfang machen können. Viele Verlage veröffentlichen grundsätzlich keine Romane, die länger als 450.000 – 500.000 Anschläge sind. Es sei denn, es handelt sich um das neueste Werk bereits bekannter Bestsellerautoren.

Bei Kurzgeschichten, die man zu Literaturwettbewerben einreicht, ist die Anschlagzahl von vorn herein begrenzt. Wir müssen uns strikt an diese Vorgabe halten, andernfalls unsere Geschichte disqualifiziert wird. Heißt es da „maximal 5 Normseiten", so wären das (5 x 1800 Anschläge) 9000 Anschläge. Diese Vorgabe bedeutet aber, dass die Leute nicht mehr als *5 Seiten* haben wollen. Hat unsere Geschichte zwar nur 8880 Anschläge, die sich jedoch aufgrund ihrer Struktur auf 6 oder 7 Seiten verteilen, so ist das zuviel und würde unsere Geschichte in den meisten Fällen wegen Überlänge abgelehnt.

Wie Sie Ihr Manuskript für sich selbst zu Hause am PC verfassen – ob Sie es gleich als Normmanuskript schreiben oder formatiert wie eine gedruckte Buchseite (das ziehe ich persönlich vor) – bleibt Ihrer Vorliebe überlassen. Lediglich das Schriftstück, das Sie einem Verlag einreichen, *muss* der Norm entsprechen, wenn es eine reelle Chance haben soll.

(Kopfzeile) DIE NORMSEITE   1

[01] **Die Normseite...**
[02]
[03] ... ist die „Währung", in der der Umfang von Manuskripten
[04] berechnet wird und ist anerkannter Branchenstandard.
[05] Eine Normseite hat maximal 30 Zeilen mit maximal 60
[06] Anschlägen. Jede Ihrer Manuskriptseiten, die Sie einem
[07] Verlag einreichen, sollte als Normseite formatiert sein.
[08] Schreiben Sie nur auf weißem DIN A4-Papier und
[09] bedrucken Sie es nur auf der Vorderseite (nicht beidseitig).
[10]
[11] **Beachten Sie bitte:**
[12] – Anschlagzahl pro Zeile: maximal 60 (= Zeichen inklusive
[13] Leerzeichen)
[14] – Zahl der Zeilen pro Seite: 30. Freie Zeilenenden,
[15] Leerzeilen oder leere Seitenreste am Ende eines Kapitels
[16] werden immer mitgerechnet! Eine Normseite hat also immer
[17] weniger als 1.800 Anschläge (dieser Text hat 1.334).
[18] – Als Schriftart wählen Sie Ariel (wie hier) oder Courier New
[19] oder Times New Roman
[20] – Schriftgröße 12 Punkt für Arial und Courier New, Times: 13
[21] – Zeilenabstand: ca. 1 ½ -zeilig
[22]
[23] **Außerdem hat Ihre Normseite:**
[24] – Nummerierung der Seiten: Seitenzahl oben oder unten rechts
[25] oder in der Seitenmitte
[26] – Ihren Name und Ihre Adresse schreiben Sie unten in der
[27] Fußzeile in etwas kleinerer Schriftgröße (10 Punkt), den
[28] Titel Ihres Textes in die Kopfzeile, ebenfalls kleiner
[29] – Textausrichtung: Flattersatz; keine Silbentrennung
[30] Am Ende sieht Ihre Normseite aus wie diese.
[31] *Und hier haben wir eine Zeile zu viel!*

(Fußzeile) Monika Musterfrau, Mustergasse 13, 12345 Normstadt, ☏ 0000-1234567
E-Mail: mm@xy.de

Abbildung 2: Die Normseite (© Mara Laue)

Zusammenfassung:

Die Normseite hat

- maximal 30 Zeilen mit je 60 Anschlägen
- Zeilenabstand: 1,5 Zeilen
- linksbündige Ausrichtung („Flattersatz")
- keine Silbentrennung
- den Titel des Werkes und die Seitenzahl in der Kopfzeile
- Ihren Namen, Anschrift, Telefonnummer, E-Mail-Adresse in der Fußzeile

Noch ein paar **Anmerkungen zur Gestaltung eines Textes**.

- Schreiben Sie Ihre Absätze nicht zu lang. Zwar müssen Sie nicht unbedingt nachzählen, aber in der Regel sollte ein Absatz nicht länger als 10 – 12 Zeilen sein.
- Schalten Sie vor jedem neuen Kapitel 3 – 4 Leerzeilen oder beginnen Sie eine neue Seite (Taste „Steuerung" [Strg] festhalten und Entertaste = Eingabetaste drücken, kreiert einen manuellen Seitenwechsel)
- Schreiben Sie die Kapitelüberschriften fett, aber nicht zu groß (Schriftgröße 14 – 18 ist je nach verwendeter Schrift angemessen; die hier wendeten Kapitelüberschriften haben Größe 14). Manche Verlage wünschen allerdings keine Formatierung. Fragen Sie vorher nach.
- Verzichten Sie auf Silbentrennung, ganz besonders beim Ausdruck für den Verlag.

2. Die Manuskriptnorm

Im Mutterland aller Bürokratie (Deutschland) gibt es auch eine Norm dafür, wie ein Manuskript auszusehen hat bzw. eingereicht werden muss. Die meisten Verlage fordern das Manuskript heutzutage als Textdatei im E-Mail-Anhang an oder auf einer CD gebrannt. Wo die Einsendung des ausgedruckten Manuskripts verlangt wird, gelten die folgenden Regeln.

- Sofern der Verlag nichts anderes wünscht, reichen Sie es als Loseblattsammlung in einem Eckspanner ein.
- Die erste Seite ist ein Deckblatt, auf dem Sie den Titel und Ihre Kontaktdaten vermerken (Anschrift, Telefon, evt. Handynummer, E-Mail; unter dem Titel noch das Genre und die Anschlagzahl des Werkes).
- Auf der folgenden Seite, der Seite 1 Ihres Manuskripts, beginnen Sie mit dem Text (oder der Kapitelüberschrift), *ohne* in der ersten Zeile noch einmal den Titel zu wiederholen. Der steht in kleinerer Schrift (8 – 10 Punkte) in der Kopfzeile.
- Sie schreiben immer auf weißen DIN A4 Bögen (kein Recyclingpapier oder farbige Blätter!), die nur einseitig bedruckt sind.
- Und selbstverständlich hat keine einzige Seite ein Eselsohr oder gar einen Kaffee-, Schokoladen- oder sonstigen Fleck!

3. Das Verlagsanschreiben

Bevor Sie einen Verlag anschreiben, müssen Sie recherchieren, ob er überhaupt Bücher des betreffenden Genres verlegt, zu dem Ihr Romanmanuskript gehört. Wenn Sie einen Kriminalroman an einen Verlag schicken, der ausschließlich Kinderbücher veröffentlicht, bekommen Sie es natürlich ungelesen zurück.

Im alle zwei Jahre aktualisierten „Jahrbuch für Autoren und Autorinnen" des Autorenhaus Verlages finden Sie alle renommierten deutschsprachigen Verlage mit detaillierten Angaben darüber, welche Genres sie veröffentlichen, ob und in welcher Form sie unverlangt eingesandte Manuskripte überhaupt annehmen und wer der für Ihr Genre zuständige Ansprechpartner ist. Sie finden dort Telefonnummer(n) und E-Mail-Adresse(n) und natürlich die Anschrift des Verlages.

Es hat sich bewährt, dennoch vor dem Einsenden anzurufen und sich erstens zu vergewissern, ob die in der Liste genannte Person tatsächlich die richtige ist, denn Druckfehler, Fehlinformationen und/oder Umbesetzungen nach Redaktionsschluss für die Adressenliste können vorkommen. Zweitens erfahren Sie, ob man tatsächlich noch Manuskripte von (im Verlag) unbekannten Autoren annimmt. Lautet die Antwort ja, so können Sie sich in Ihrem Anschreiben auf dieses Telefonat beziehen und heben dadurch Ihr Manuskript aus dem riesigen Heer der „unverlangten Einsendungen" heraus.

Sie müssen darauf vorbereitet sein, dass Ihr Ansprechpartner Sie am Telefon auffordert, doch in Kürze den Inhalt Ihres Romans zu schildern. „In Kürze" bedeutet, dass Sie den Inhalt in maximal drei oder vier kurzen (!) Sätzen zusammenfassen und diese so spannend sein müssen, dass sie das Interesse des Verlagsmenschen wecken und er mehr erfahren will. Überlegen Sie sich also *vorher* anhand Ihres Rahmenexposés, was das Wichtigste und Interessantes Ihrer Geschichte ist. Mit Aussagen wie „Es geht um den Mord an einem Bankier", können Sie keinen Blumentopf gewinnen, denn Romane mit Bankiers als Mordopfer sind nichts Besonderes.

Entwerfen Sie einen spannenden Klappentext. Kürzen Sie den auf maximal vier Sätze, lernen Sie diese auswendig und präsentieren Sie die im Telefonat mit dem Verlag. Als Zusatz- oder Eingangsinformation geben Sie noch das Thema des Romans an. Zum Beispiel lautet das Thema für meinen Psychothriller mit dem Arbeitstitel *„Wer die Erinye weckt"*, an dem ich gerade arbeite:

„eiskalte Rache bis zur Selbstzerstörung" (Erinyen sind ein Trio griechischer Rachegöttinnen).

Hat Ihr Gesprächspartner angebissen und fordert Sie auf, „das Manuskript" oder „die üblichen Unterlagen" einzuschicken, verfassen Sie als Nächstes Ihr Anschreiben an den Verlag. Dieses Anschreiben sollte nach DIN 5008 gestaltet sein. Von der haben Sie noch nie gehört? Diese **D**eutsche **I**ndustrie-**N**orm regelt – ob Sie es glauben oder nicht – auf die Zeile und sogar auf die Spalte genau, wie ein Geschäftsbrief (und das ist ein Verlagsanschreiben) auszusehen hat. Ich nenne Ihnen hier die wichtigsten Punkte. Auf Seite 173 finden Sie ein Musteranschreiben abgebildet.

Vorab: Sie schreiben den gesamten Brief *linksbündig* – keinen Blocksatz (wie dieser Text). Das gilt auch für die Betreffzeile. Vor allem schreiben Sie auf weißem Papier (niemals farbigem oder recyceltem) und *fehlerfrei*! Letzteres gilt ganz besonders für den Namen des Adressaten. Außerdem sollte Ihr Anschreiben nicht länger als höchstens eine Seite sein. Hier können und dürfen Sie aber von der Normseite abweichen, denn die DIN 5008 sieht die Seitenränder vor, die Ihnen Ihr PC automatisch gibt, sobald Sie im Word-Programm eine neue Seite aufrufen und schreibt einzeilige Schrift vor. Selbstverständlich ist auch das Anschreiben nur einseitig bedruckt, falls es mehr als eine Seite umfassen sollte.

Idealerweise haben Sie ein eigenes Briefpapier mit einem ansprechenden, geschäftsmäßig gestalteten Briefkopf. „Geschäftsmäßig" heißt: keine verschnörkelte Schrift und erst recht keine Grafiken. Haben Sie kein persönliches Briefpapier, so schreiben Sie Ihren Namen, Adresse, Telefon- und E-Mail-Verbindung in die ersten 5 Zeilen des neuen Blattes. Danach folgen 4 Leerzeilen und in der 5. Zeile die Anschrift des Verlages.

Das früher übliche „An die Firma" – in unserem Fall „An den Verlag" oder nur „An (den)" wird schon lange weggelassen.

Das Kürzel „z. H." für „zu Händen" ist ebenfalls längst abgeschafft. Man schreibt unter den Namen des Verlages nur „Herrn/Frau N.N." (Vorname ausschreiben, wenn bekannt) sowie die Abteilung (z. B. „Lektorat Fantasy"). Das Datum setzen Sie rechtsbündig ans Ende der Zeile, in der der Ortsname Ihres Adressaten (= des Verlages) steht oder ans Ende der Zeile mit dem Verlagsnamen.

In der 5. und evt. 6. Zeile unter dem Ortsnamen schreiben Sie in Fettdruck den Betreff. Das Wort „Betreff:" oder „Betrifft:" ist auch längst überholt. Sie schreiben nur:

Manuskriptangebot Kriminalroman „..." (Titel)
Unser Gespräch vom ... (Datum)

Letzteres fügen Sie natürlich nur hinzu, wenn tatsächlich ein Telefongespräch stattgefunden hat. Danach folgen zwei Leerzeilen, ehe sie mit „Sehr geehrter Herr N.N." oder „Sehr geehrte Frau N.N." fortfahren. Hatten Sie telefonischen Kontakt und nun den Eindruck, dass „Sehr geehrter ..." zu förmlich klingt, schreiben Sie „Guten Tag, Herr N.N." Dahinter setzen Sie ein Komma (das Ausrufezeichen ist ebenfalls überholt), schalten eine Leerzeile und beginnen in der folgenden Zeile mit dem Text. Auch wenn eine Leerzeile zwischengeschaltet ist, fängt Ihr Text – sofern Sie ihn nicht mit der Anrede „Sie" oder „Ihr" beginnen, mit einem kleinen Buchstaben an, denn nach einem Komma (hier das nach der Anrede) schreibt man immer klein weiter.

Wichtig ist, dass Sie bereits mit diesem Anschreiben Ihre schriftstellerischen Qualitäten zumindest andeuten, am besten aber belegen. Das heißt, Sie sollten unter allen Umständen auf die üblichen Floskeln (und das damit verbundene schlechte Deutsch) herkömmlicher Geschäftsbriefe verzichten.

„Bezugnehmend auf unser Telefonat vom Soundsovielten ..." oder ähnliche Formulierungen disqualifizieren Sie auf der Stelle! Seien Sie also originell, aber keinesfalls flapsig oder anbiedernd. Besonders nach einem vorher erfolgten Telefonat haben Sie viele Möglichkeiten auch hier kreativ zu sein. Zum Beispiel:

„Ich bedanke mich (nochmals) herzlich für unser nettes Gespräch am vergangenen Dienstag und auch für Ihre Bereitschaft, mein Manuskript zu prüfen. Wie gewünscht übersende ich Ihnen Exposé und Textprobe meines Krimimanuskripts ‚CODE: SMARAGDJUNGFER". Diese Information ist wichtig, damit der Lektor sich besser an Sie und Ihr telefonisch angekündigtes Werk erinnert.

Haben Sie nicht mit dem Verlag telefoniert, gehen Sie zum nächsten Punkt über und schreiben eine kurze (!) Begründung, warum Sie ausgerechnet diesem Verlag Ihr Manuskript anbieten. Auf diese Frage sollten Sie auch vorbereitet sein, wenn Sie telefonischen Erstkontakt herstellen. Denn wenn Sie, nach Ihren Gründen gefragt, warum Sie diesen und (noch) keinen anderen Verlag kontaktieren, nur hilflos rumdrucksen, haben Sie schlechte Karten. Noch schlimmer ist es, wenn Sie zugeben: „Ich arbeite alle einschlägigen Verlage der Reihen nach ab." Selbst wenn das die Wahrheit sein sollte (was es wahrscheinlich ist), Sie geben das auf gar keinen Fall zu!

Die beste Begründung für Ihre Verlagswahl lautet sinngemäß: *„Nach intensiven Recherchen bin ich zu dem Schluss gekommen, dass mein Projekt am besten in das Programm Ihres Verlages passen könnte."* Und wenn Sie dann noch hinzufügen: *„Zudem genießt Ihr Verlag in der Branche einen guten Ruf, weshalb Sie meine erste Wahl sind"*, haben Sie einen zusätzlichen Pluspunkt. Letzteres behaupten Sie aber bitte nur, wenn es sich tatsächlich um einen renommierten (großen) Verlag handelt oder Sie tatsächlich über ihn recherchiert haben, indem Sie sich z. B. mit Autoren in Verbindung setzen, die in dem Verlag veröffentlicht haben (über deren Websites).

Das ist eine gängige Praxis, die viele Autoren vor ihrer Erstveröffentlichung nutzen. Und natürlich auch, wenn sie sich einen neuen Verlag suchen müssen, weil Sie einen Roman in einem Genre geschrieben haben, das der Verlag, mit dem sie bisher erfolgreich zusammenarbeiten, nicht verlegt.

Aus diesem Grund arbeite ich gegenwärtig mit sechs verschiedenen Verlagen zusammen.

Unmittelbar nach dem Grund für Ihre Wahl dieses Verlages schreiben Sie: *„Aus diesem Grund (diesen Gründen) habe ich mich entschlossen, Ihnen mein Krimimanuskripts ‚CODE: SMARAGDJUNGFER' zur Veröffentlichung anzubieten."*

Selbst wenn Sie Ihr MS noch einem Dutzend anderer Verlage gleichzeitig angeboten haben, müssen Sie dennoch jedem von ihnen das Gefühl geben, dass er der Einzige wäre, an den Sie sich wenden.

Ja, Sie haben richtig gelesen: Sie bieten Ihr Manuskript *mehreren* Verlagen *gleichzeitig* an. Der Grund dafür ist einleuchtend. Bis Sie Antwort erhalten, vergehen zwischen drei Wochen und einem Jahr, im Durchschnitt aber mehrere Monate. Die Ausbeute an Absagen beträgt – aus den unterschiedlichsten Gründen – 99 bis 100 %. Tut mir leid, aber so ist es. Wenn Sie sich zehn Verlage ausgesucht haben, in deren Programm Ihr Manuskript passt und sie *nacheinander* anschreiben, dauert es unter Umständen bis zu fünf Jahren oder länger, bis sie vom letzten eine Antwort haben. Deshalb schreiben Sie alle, die Sie sich ausgesucht haben, gleichzeitig an.

Was tun Sie, wenn das unwahrscheinliche, aber ab und zu tatsächlich eintreffende Glück eintritt, dass sich zwei Verlage gleichzeitig um Ihr Manuskript reißen? Erst mal freuen Sie sich ein Loch in den Bauch und/oder führen – je nach Temperament – einen Freudentanz auf. Danach recherchieren Sie sehr, sehr gründlich über die beiden Kandidaten und wählen am Ende den, der Ihnen die besseren Konditionen bietet. (Die erfragen Sie notfalls telefonisch.) Sollten die Bewerber ein renommierter und ein noch relativ unbekannter Verlag sein, sind Sie fast (!) immer mit dem größeren auf der sicheren Seite, weil er bereits mehr Erfahrung und ein größeres Budget fürs Marketing besitzt.

Dem Verlierer schicken Sie ein freundliches Absageschreiben, dass seine Zusage bedauerlicherweise zu spät kam (auch wenn das nicht stimmen sollte) und Sie „letzte Woche" (vor 10 Tagen etc.) bereits bei einem anderen Verlag (dessen Namen Sie auf keinen Fall nennen; darüber schweigt man) den Vertrag unterschrieben haben. Falls Sie schon ein weiteres Manuskript in Arbeit oder fertig haben, können Sie ihm das als Ersatz anbieten.

In jedem Fall verabschieden Sie sich mit einem Dank für die Bereitschaft, Ihr Manuskript zu veröffentlichen und der Hoffnung, dass man vielleicht später bei einem anderen Projekt zusammenarbeiten könnte. Kein professioneller Verlag nimmt Ihnen so eine Absage übel. Im Gegenteil beweisen Sie ihm dadurch, dass er eine gute Entscheidung getroffen hat, weil auch ein anderer Verlag Ihr MS für veröffentlichungswürdig hält.

Wie Ihr Anschreiben weitergeht:

- Gehen Sie kurz (2 – 3 Sätze) auf den Inhalt Ihres Werkes ein, was dessen „Sonderstatus" gegenüber anderen Romanen mit einem ähnlichen Thema betrifft, aber loben Sie es auf keinen Fall über den „grünen Klee". Lektoren, die Anpreisungen lesen wie „Hier kommt ein Roman, der Sie umhauen wird!", „Sie halten den künftigen Megabestseller in den Händen!" oder „Dies ist das Manuskript, auf das Sie gewartet haben!", garantiert Ihrem Manuskript umgehend und ungelesen die Absage. Selbst wenn Sie die Aussagen nicht ganz so aufdringlich formulieren wie diese – übrigens authentischen – Beispiele. Erfahrene Autoren können ihr Werk nicht nur einigermaßen einschätzen, sondern wissen auch, dass eine gehörige Portion Glück dazu gehört (und teilweise Öffentlichkeitsarbeit seitens des Verlages), um ein Buch zu einem Bestseller zu machen. Darüber hinaus hat eine angemessene Bescheidenheit noch niemandem geschadet.

- Begehen Sie nicht den Fehler, Ihr Manuskript im Anschreiben bereits als „Buch" zu bezeichnen. Ein Buch ist das fertig gedruckte Ding, das in den Buchläden die Regale füllt. Was Sie dem Verlag schicken ist ein *Manuskript* und davon auch nur eine Textprobe. Nichts anderes. Selbst wenn Sie von einem Roman sprechen, nennen Sie es „Romanmanuskript".

- Machen Sie kurze (!) Angaben zu Ihrer Person hinsichtlich Ihrer Schreibqualifikation. Bei einer sogenannten Initiativeinsendung (also wenn Sie vorher nicht den Verlag kontaktiert haben und Ihr MS somit zu den „unverlangten Einsendungen" gehört) stellen Sie diese Information gleich an den Anfang nach dem „Sehr geehrte Frau/Sehr geehrter Herr N.N." (Sie sollten sich besser *immer* vorher nach dem Namen der zuständigen Ansprechperson erkundigen!) und schreiben etwa: *„Ich bin seit ...* (Anzahl) *Jahren Kriminalschriftsteller und blicke auf eine Reihe von Veröffentlichungen zurück, wie Sie meiner Publikationsliste entnehmen können."* Das signalisiert Ihrem Ansprechpartner, dass Sie Erfahrung besitzen, was Ihre Chancen beträchtlich erhöht. Sollten Sie bei „Books on Demand" veröffentlicht haben (siehe unten und Glossar), so erwähnen Sie das bitte auf keinen Fall, denn das könnte den Lektor gegen Sie einnehmen.

- Sind Sie Anfänger und ist dies Ihr erster Versuch, dann wenden Sie sich besser nicht gleich oder zumindest nicht ausschließlich an die großen Publikumsverlage mit den bekannten Namen wie Bastei, Heyne, Blanvalet, Knaur usw., sondern wählen Sie einen kleinen Verlag, der auch Anfängern einen Chance gibt. Die großen Verlage sind nämlich so sehr mit der Produktion der Bücher bereits namhafter Autoren beschäftigt, dass sie Neulingen nur dann eine Chance geben, wenn sie über „Vitamin B" (B = Beziehungen) verfügen und entweder mit einer Empfehlung kommt oder einen Lektor persönlich kennen, der das Manuskript aus Gefälligkeit prüft. Bedenken Sie bitte, dass auch die heute berühmten Bestsellerautoren alle klein angefangen haben. Unter Schriftstellern gibt es die folgende ironische Weisheit: *„Es ist einfacher, den Jackpot im Lotto zu knacken, als einen Bestseller zu schreiben."* Das mag vielleicht übertrieben sein, denn die Chancen, einen Jackpot zu knacken, liegen bei 1 zu 14 Millionen (!), aber es ist auch nicht ganz falsch. Darüber hinaus gibt es unzählige Schriftsteller, die bereits in ihrer Jugend mit dem Schreiben begonnen haben, aber erst im „fortgeschrittenen" Alter ihre erste professionelle Veröffentlichung erreichten. (Ich gehöre dazu.)

- Weisen Sie darauf hin, dass Sie bereit sind, Änderungen nach den Wünschen des Verlages an Ihrem Werk vorzunehmen: *„Wünschen Sie Änderungen des Inhalts, so bin ich gern bereit, die betreffenden Passagen nach Ihren Vorgaben umzuschreiben."* Das signalisiert, dass man mit Ihnen voraussichtlich gut zusammenarbeiten kann. Autoren, die halsstarrig auf ihrer Vorlage bestehen (das gilt besonders für den Titel), geraten schnell als „schwierig" in Verruf. Falls Ihr Werk nicht gerade bestsellerverdächtig ist, wird man es unter Umständen allein aus diesem Grund letztendlich ablehnen. Außerdem spricht es sich in der Branche mit Windeseile herum, wer „schwierig" ist, sodass Sie auch bei anderen renommierten Verlagen kaum eine Chance bekommen werden, bis Jahre später Gras über die Sache gewachsen ist.

- Zum Schluss bedanken Sie sich für die Aufmerksamkeit und im Fall eines vorab erfolgten telefonischen Kontakts für das Interesse, das man Ihrem Werk entgegenbringt. Danach beenden Sie Ihren Brief idealerweise *nicht* mit dem üblichen „Mit freundlichen Grüßen", sondern schreiben origineller: *„Ich verabschiede mich mit den besten Grüßen aus ...* (hier nennen Sie Ihre Heimatstadt) *und erwarte gespannt Ihre Antwort."* Oder etwas ähnlich Nettes. Es folgt Ihre Unterschrift.

- Etwa vier bis fünf Zeilen unter dem Platz für Ihre Unterschrift listen Sie auf, was Sie dem Brief alles beifügen (das Wort „Anlagen" wird immer unterstrichen). Sollte unter Ihrer Unterschrift kein Platz mehr für die Anlagenliste bleiben, setzen Sie das Wort „Anlagen" mit einem Tab-Stop in dieselbe Zeile wie Ihr Äquivalent zu „Mit freundlichen Grüßen" und listen die Anlagen in den Zeilen *neben* Ihrer Unterschrift auf.

- <u>Anlagen:</u>
  Exposé „..." (Titel des Manuskripts)
  Textprobe, X Seiten
  Kurzvita (= Lebenslauf)
  Bibliografie (= Publikationsliste)

Auf keinen Fall dürfen Sie eine dieser Beilagen vergessen! Die <u>Kurzvita</u> ist Ihr in der 3. Person Singular geschriebener Werdegang als Autor. Diese Kurzvita (nicht länger als 12 Zeilen einer Normseite, lieber so kurz wie möglich) wird, wenn Ihr Roman gedruckt wird, als „Autorenporträt" oder „Über den Autor" als letzte Seite des Buches beigefügt oder auf der vierten Seite gedruckt (siehe Seite 4 dieses Buches). Die „Bibliografie" oder „Publikationsliste" ist eine Liste Ihrer bisherigen Veröffentlichungen, in der Sie detailliert Titel, ISBN, Verlag und Erscheinungsjahr nennen.

WICHTIG: Sie senden *niemals* Ihr gesamtes Manuskript ein, sondern nur die ersten 20, höchstens 30 Normseiten – und zwar wirklich die *ersten* Seiten, also den Beginn Ihres Romans! (Es sei denn, der Verlag verlangt etwas anderes.) Glauben Sie mir, wenn die ersten Seiten den Verlag nicht überzeugen, tut es der Rest des Manuskripts auch nicht. (Deshalb ist ein guter Anfang so ungemein wichtig.) Das vollständige Manuskript senden Sie erst, wenn der Verlag es ausdrücklich anfordert.

Zum Schluss packen Sie alles in einen ausreichend großen Briefumschlag (evt. Polsterumschlag) bzw. Briefkarton, lassen ihn bei der Post auswiegen und vor allem richtig (!) frankieren.

Danach wappnen Sie sich mit Geduld. Sie werden mindestens drei Monate auf eine Antwort warten müssen, wahrscheinlich (erheblich) länger. Die längste Zeit, die ich auf Antwort für eine zu einem Wettbewerb eingereichte Kurzgeschichte gewartet habe, betrug anderthalb Jahre. Zu dem Zeitpunkt hatte ich längst vergessen, dass ich an jenem Wettbewerb teilgenommen hatte. Das Warten hat sich jedoch gelohnt, denn die Story schaffte es unter die zwanzig Besten und wurde veröffentlicht.

Monika Musterfrau
Mustergasse 13
12345 Normstadt
☎ 0000-1234567
E-Mail: mm@xy.de

Musterverlag GmbH
Frau Marion Verlagsfrau
Lektorat Kriminalroman
Verlagsstraße 123
00123 Verlagsort   05.01.11

Manuskriptangebot „AM MONTAG SCHLICH DER TOD UMS HAUS"
Unser Gespräch vom 03.01.11

Guten Tag, Frau Verlagsfrau,

ich bedanke mich nochmals herzlich für unser nettes Gespräch am vergangenen Montag und auch für Ihre Bereitschaft, mein Manuskript zu prüfen.

Wie ich in unserem Gespräch bereits erwähnte, arbeite ich seit fünf Jahren als Schriftstellerin und blicke auf eine Reihe von Veröffentlichungen zurück, wie Sie meiner Publikationsliste entnehmen können. „AM MONTAG SCHLICH DER TOD UMS HAUS" ist mein erster Kriminalroman. Ich habe mich entschieden, das Manuskript Ihrem Verlag anzubieten, weil meine Recherchen ergeben haben, dass das Projekt am besten in das Programm Ihres Verlages passen könnte. Zudem genießt Ihr Verlag in der Branche einen guten Ruf, weshalb Sie meine erste Wahl sind.

Zur Erinnerung: Das Besondere des Romans sind die unverbrauchte Figur der Ermittlerin (Privatdetektivin mit Behinderung), das Milieu, in dem der Mord geschieht (Kindergarten) sowie der in der Krimilandschaft ebenfalls unverbrauchte Handlungsort, das Dorf Alpen.

Wie gewünscht erhalten Sie Exposé und Textprobe. Das Gesamtmanuskript umfasst 476.000 Anschläge. Wünschen Sie Änderungen des Inhalts, so bin ich gern bereit, die betreffenden Passagen nach Ihren Vorgaben umzuschreiben.

Ich verabschiede mich mit den besten Grüßen aus dem gegenwärtig sonnigen Normstadt und erwarte gespannt Ihre Antwort.

Monika Musterfrau

Anlagen:
Exposé „Am Montag schlich der Tod ums Haus"
Textprobe (30 Seiten)
Kurzvita
Bibliografie

Abbildung 3: Musteranschreiben an einen Verlag

Verzichten Sie während der Wartezeit darauf, den Verlag mit Rückfragen zu nerven (erst nach drei Monaten kann man mal nachhaken). Jeder Lektor bekommt, je nach Größe des Verlages, pro Monat (!) zwischen 100 und 200 größtenteils unverlangt eingesandte Manuskripte zur Prüfung auf den Tisch. Da ein Arbeitstag aber nur acht Stunden hat (obwohl die meisten Lektoren sich die Arbeit zusätzlich noch mit nach Hause nehmen), können Sie sich ausrechnen, wie lange es dauert, bis Ihr Manuskript an der Reihe ist. (Um 10 Normseiten zu lesen, braucht man ca. zwanzig Minuten bis eine halbe Stunde.)

Nutzen Sie die Wartezeit, um an einem neuen Projekt zu arbeiten und Ihre „Schreibmuskeln" zu stählen.

EINE DRINGENDE WARNUNG
gebe ich Ihnen mit auf den Weg: Hüten Sie sich vor Pseudoverlagen, den sogenannten Druckkostenzuschussverlagen oder kurz DKZV genannt. Das sind Dienstleistungsunternehmen, die von Ihnen, wie der Name bereits besagt, Druckkostenzuschüsse dafür verlangen, dass sie Ihr Manuskript veröffentlichen. Diese „Zuschüsse" (in Wahrheit zahlen Sie die *gesamten* Druckkosten!) bewegen sich in der Regel in schwindelnder Höhe, die de facto ausreicht, um einen nagelneuen Kleinwagen zu kaufen. Fallen Sie bitte nicht auf solche dubiosen Angebote herein!

DKZ-Verlage drucken – pardon, aber es ist nun mal so – jeden Scheiß, egal wie schlecht er ist, weil sie eben damit ihren Reibach machen. Den hoffnungsvollen Autoren schmieren sie Honig ums Maul, dass dieses „wundervolle" (alternativ: ausgezeichnete, interessante, vielversprechende etc.) Manuskript den Verlag vollkommen überzeugt hat und man ihm eine ausgezeichnete Zukunft prophezeit, sodass man es gern verlegen würde. Jedoch (Achtung: Pferdefuß!) müsste sich der Autor an den Druckkosten beteiligen. Es folgt die Milchmädchenrechnung, dass Sie alles investierte Geld durch den Absatz der Bücher wieder herausbekämen.

Die Bücher werden für wenig Geld produziert, dem Autor aber mindestens das Doppelte, manchmal noch sehr viel mehr in Rechnung gestellt. Natürlich behaupten diese Pseudoverleger, dass Sie die Kosten durch den Verkauf der Bücher wieder herein bekämen, womit der Verkauf der *gesamten* Auflage gemeint ist. Rein rechnerisch ist das in den meisten Fällen zwar korrekt, aber kein Mensch kauft ein Buch, das schlecht geschrieben ist. Außerdem machen DKZ-Verlage keinerlei Werbung für die von ihnen hergestellten Bücher (oder nur ein lächerliches Minimum, um den Schein zu wahren), sodass der Buchhandel gar nicht erfährt, dass Sie ein Buch geschrieben haben. Am Ende bleiben die Autoren auf ihren so produzierten Büchern, vor allem aber auf den horrenden Kosten sitzen.

Manche besonders dreiste Vertreter dieser Gattung verlangen zusätzlich von Ihnen noch Kosten für das Lektorat. Wenn Sie bedenken, dass freie Lektoren pro lektorierter Normseite (!) zwischen 7 und 10 Euro erhalten (manche berechnen sogar noch mehr), können Sie sich selbst ausrechnen, wie viel allein die Korrektur Ihres ca. 300-seitigen Textes kostet. Für den Druck zahlen Sie mindestens noch einmal soviel, in der Regel aber sehr viel mehr. Außerdem werden dort nur die Rechtschreib- und Grammatikfehler korrigiert (oft nicht mal vollständig), aber nicht, was auch Aufgabe von Lektoren ist, der Stil.

Das Wort „Verlag" kommt von „vorlegen, auslegen". Das bedeutet, dass der Verlag hinsichtlich sämtlicher (!) Kosten der Buchherstellung einschließlich eines vernünftigen Lektorats (!) in Vorlage (= Vorkasse) tritt. Fakt ist:

Wir Schriftstellerinnen und Schriftsteller WERDEN für unsere Arbeit BEZAHLT (= das Schreiben des Romans oder der Kurzgeschichte); *wir* bezahlen *nicht* dafür!

Das wäre dasselbe wie wenn Ihr Chef, für den Sie acht Stunden täglich arbeiten, von Ihnen verlangt, dass Sie IHM dafür Geld bezahlen, dass er Ihnen einen Arbeitsplatz zur Verfügung stellt und Sie bei sich arbeiten lässt. Unvorstellbar, nicht wahr?

Kein seriöser Verlag wird von Ihnen jemals einen Zuschuss zu welchen Kosten auch immer verlangen oder Ihnen die Werbung für Ihr Buch aufhalsen. (Obwohl Eigenwerbung natürlich niemals schadet.)

Die einzige Ausnahme bildet das durchaus seriöse „Books on Demand" (= „Bücher auf Verlangen"), mit dem dieses Buch produziert wurde. Dieser Variante liegt das Prinzip zugrunde, dass ein Manuskript digitalisiert wird und bis auf die Exemplare, die der Autor selbst bestellt (ab einem einzigen Exemplar) das Buch nur dann gedruckt wird, wenn eine Buchhandlung ein oder mehrere Exemplare anfordert. Zwar zahlen auch hier die Autoren die Kosten für die Herstellung der Druckvorlage (bei „BoD Classic" = der hier gewählten Variante sind das 39,- €), aber die Digitalisierung und der Druck der eigenen Exemplare kosten je nach Umfang des Manuskripts und Zahl der bestellten Bücher unter 100 bis 500 €.

Books on Demand (BoD) wurde zunächst hauptsächlich von Studierenden genutzt, die ihre Examens- und Doktorarbeiten (in Kleinstauflagen) veröffentlichen mussten. Allerdings interessiert sich kaum ein Publikumsverlag für solche Werke, weil eine Veröffentlichung sich für diese Verlage nicht rechnet, da die Zahl der Käufer dieser Bücher extrem gering ist. Meistens stehen nur wenige Exemplare in irgendwelchen Uni-Bibliotheken. Also musste ein Verlag mit einem System her, das auch den Druck einer geringen Zahl von Büchern möglich und erschwinglich machte. „Books on Demand" füllte hier eine Marktlücke und ist schon längst zu einem Verlag geworden, bei dem jeder seine Werke veröffentlichen kann.

Allerdings findet auch hier ein Lektorat nur auf (zu bezahlenden) Wunsch statt, und auch BoD druckt alles unabhängig von der literarischen Qualität, sofern es sich nicht um Werke mit strafbaren, volksverhetzenden, jugendgefährdenden oder pornografischen Inhalten handelt. Seriöse Autoren lassen allenfalls persönliche Liebhaberwerke oder, sofern sie auch (wie ich) als Ghostwriter arbeiten, solche Auftragsarbeiten bei BoD verlegen. Wer (außer bei Ghostwriting) zu oft bei BoD veröffentlicht und das in seiner Bibliografie angibt, gerät bei renommierten Verlagen leicht in den Ruf, ein schlechter Autor zu sein (auch wenn das falsch sein sollte), da sich offensichtlich kein Publikumsverlag für seine Werke interessiert.

Anders verhält es sich natürlich, wenn ein Autor bereits erfolgreich Bücher in renommierten Verlagen untergebracht und so seine schriftstellerischen Fähigkeiten bewiesen hat. Gibt er *danach* ein Buch bei BoD oder einem anderen Anbieter heraus, weiß jeder, dass es sich um ein Liebhaberwerk oder Nischenliteratur handelt und der Autor nicht wegen mangelhafter Qualität auf eigene Kosten verlegen *muss*.

Der einzige Grund, weshalb ich diesen Ratgeber bei BoD veröffentlicht habe, ist, dass ich ihn in erster Linie als Begleitmaterial zu meinen Kursen im kreativen Schreiben verwende. Somit ist er für einen herkömmlichen Verlag nicht von Interesse, für meine Kursteilnehmer zum Nachlesen des erarbeiteten Lehrstoffes aber sehr wohl. Allerdings hat er auch außerhalb der Kurse überraschend viel Anklang gefunden und wurde in relativ kurzer Zeit in hoher Zahl gekauft.

Liebe Schriftstellerin, lieber Schriftsteller, wie sehr Sie sich auch danach sehnen, Ihr erstes (oder ein weiteres) Werk veröffentlicht zu sehen, fallen Sie nicht auf einen DKZ-Verlag herein! Am Ende werden Sie nur enttäuscht sein und hinter Ihrem Rücken obendrein von diesen Pseudoverlegern auch noch ausgelacht, die sich an Ihnen bereichern.

Haben Sie Geduld! Der Beruf (und auch das Hobby) des belletristischen Schreibens bringt oft mehr Absagen mit sich als Bewerbungen in nahezu allen anderen Berufen. Doch geben Sie nicht auf, denn viele der heutigen Bestsellerautoren sind teilweise jahrzehntelang abgelehnt worden, bis endlich ein Verleger das Potenzial ihres Werks erkannt hat.

Ein paar Beispiele:

- Das erste „Harry Potter"-Manuskript wurde von ca. einem Dutzend Verlagen abgelehnt. Heute gilt Joanne K. Rowling als die reichste Autorin der Welt.

- Stephen Kings erster Roman „Carrie" erhielt über hundert Absagen. Als er schließlich veröffentlicht wurde, landete er auf Anhieb auf der Bestsellerliste.

- William Goldings Roman „Herr der Fliegen" wurde über zwanzigmal abgelehnt. Ein Verleger bescheinigte ihm sogar, es sei „eine absurde und uninteressante Fantasie, nur blöd und langweilig". Das Buch gehört heute zur Weltliteratur, und Golding ist Nobelpreisträger.

- John le Carré erging es mit seinem Roman „Der Spion, der aus der Kälte kam", ähnlich. Dem Autor wurde prophezeit, dass er als Schriftsteller nicht die geringste Zukunft hätte. „Der Spion, der aus der Kälte kam" gewann im Jahr 2005 den „Dagger of Daggers Award" für den besten Kriminalroman der letzten 50 (!) Jahre – nachdem er zuvor bereits den Gold Dagger Award (1963), Somerset Maugham Award (1964) und Edgar Allan Poe Award (1965) abgeräumt hatte. Sein Autor erhielt im Jahr 1988 mit dem Diamond Dagger Award die höchste Auszeichnung für einen Krimiautor. Soviel zu Mr. le Carrés angeblich nicht existierender Zukunft als Autor.

- Ursula K. LeGuins Roman „Winterplanet" wurde mehrfach mit teilweise herabsetzenden Worten abgelehnt. Nach der Veröffentlichung gewann er mit dem „Hugo" und dem Nebula Award die beiden weltweit höchsten Auszeichnungen für fantastische Literatur.

Wenn Ihre Werke abgelehnt werden, befinden Sie sich damit in wahrhaft illustrer Gesellschaft, denn die oben Genannten sind nur eine kleine Auswahl von unzähligen berühmten Autoren und Autorinnen, die zunächst verkannt wurden. Deshalb darf man als Schriftsteller eine Ablehnung auf keinen Fall persönlich nehmen oder gar an der fünfhundertsten verzweifeln.

Halten Sie sich immer vor Augen, dass die Ablehnung nur die persönliche und somit subjektive Meinung einer einzigen Person wiedergibt: die des Lektors, der Ihr Werk gelesen hat. Und die ist *nicht* der Weisheit letzter Schluss! Vielleicht lag Ihr (guter) Text inhaltlich zu dem Zeitpunkt nicht im literarischen Trend („Mainstream") und hat ein paar Jahre später sehr viel bessere Chancen.

Bedenken Sie bitte auch Folgendes. Jedes Jahr gibt es allein auf dem deutschen Buchmarkt pro Monat (!) zwischen 7000 und 8000 Neuerscheinungen[43]. Die Konkurrenz, gegen die Sie antreten müssen, ist also immens. Außerdem gibt es weltweit (geschätzt) weniger als 5 % der (Profi- und Hobby-) Schriftsteller, die nur vom Schreiben leben können. Von diesen wiederum leben über 90 % unterhalb der Armutsgrenze (das ist die Hälfte oder weniger als der durchschnittliche Jahresverdienst der Bevölkerung eines Landes). Und weniger als 1 Prozent des Rests hat das Glück, es in die Bestsellerlisten zu schaffen – eine verschwindend geringe Zahl.

Freuen Sie sich also, wenn ein Verlag eins Ihrer Werke veröffentlicht. Und sei es nur eine halbseitige Kurzgeschichte oder ein Gedicht in einer Zeitschrift. Das ist ein hervorragender Anfang!

---

[43] Gegenwärtig liegt der Jahresdurchschnitt zwischen 90.000 und 100.000.

16. Das Genre

Das Wort „Genre" stammt aus dem Französischen (ausgesprochen ungefähr „schongre") und bezeichnet die Art oder Gattung, der unser Text angehört.[44] Die Hauptgattungen der Belletristik (Unterhaltungsliteratur) sind (sowohl für Romane wie für Storys):

1. Kriminalroman/-geschichte (Seite 181)
2. Thriller (185)
3. Spannungsroman/-geschichte (187)
4. Entwicklungsroman (187)
5. Liebesroman/-geschichte (188)
6. Fantasy (190)
7. Science Fiction (193)
8. Horror (195)
9. Mystery (197)
10. Humor (197)
11. Historischer Roman/Geschichte (199)
12. Western/Indianerroman/-geschichte (200)
13. Biografischer Roman (201)
14. Abenteuerroman/-geschichte (202)
15. Chick Lit (203)
16. Kinder- und Jugendliteratur (203)
17. All Age Literatur (204)
18. Tatsachenroman/-geschichte (204)

Dazu besitzt fast jedes Genre Unterarten, die sogenannten „Subgenres" bei denen die Grenzen oft fließend sind. Und natürlich gibt es jedes Genre (Ausnahme: erotische/pornografische Literatur) auch im Jugendbuchbereich.

Lernen Sie in diesem Kapitel die häufigsten Vertreter der einzelnen Gattungen kennen.

---

[44] Dieses Kapitel behandelt nur die gängigsten Genres und verzichtet auf Nischengenres, selten verlegte Subgenres und Genres der Fan Fiction.

1. Kriminalroman/-geschichte

Die Bezeichnung „kriminal..." stammt von lateinischen Wort *crimen* = Beschuldigung, Verbrechen. Im Kriminalroman/der Kriminalgeschichte geht es daher um die Aufklärung eines Verbrechens durch die Polizei, Privatermittler (Detektiv) oder Privatpersonen. „Krimi(nalliteratur)" ist daher der Oberbegriff des gesamten Genres, das mehrere Subgenres repräsentiert.

Detektivroman/Ermittlerkrimi: oder: „Whodunit?"[45] (= Verballhornung der englischen Frage „Who's done it?" = Wer hat es getan?/Wer war 's?) Die berühmtesten Beispiele für Detektivromane sind Agatha Christies Romane über Miss Marple und Hercule Poirot sowie Arthur Conan Doyles Sherlock Holmes.

Der Protagonist ist ein professioneller Ermittler oder Hobby-Detektiv, der mal mit, mal ohne Hilfe der Polizei das dem Roman zugrunde liegende Verbrechen löst. Kennzeichnend für den Detektivroman ist, dass das Verbrechen bereits zu Beginn der Handlung abgeschlossen ist/wird und als solches ab da nicht mehr relevant ist. Die Arbeit des Detektivs wird im Detail beschrieben und beschränkt sich auf das Ermitteln des Täters und die damit verbundene Darlegung seiner Vergangenheit und seiner Motive, die zu dem Verbrechen geführt haben.

Polizeikrimi: Hierbei handelt es sich um einen Ermittlerkrimi, bei dem die (möglichst authentische) Polizeiarbeit im Mittelpunkt steht und die Protagonisten Polizeibeamte sind. Berühmtester Vertreter dieser Gattung: Kommissar Maigret. In modernen Polizeikrimis werden die Ermittlungen jedoch nicht (mehr) von einem Einzelnen, sondern von Ermittlerteams durchgeführt.

Agenten-/Spionagekrimi: Hierbei dreht sich die Handlung weniger um konkrete Verbrechen (obwohl die zwangsläufig vorkommen; in der Regel Mord), sondern um das Gewinnen, Sichern und Verteidigen sensibler Daten und Informationen, die für das Land der Protagonisten oder einer bestimmten Personengruppe essenziell

---

[45] sprich „Hu dann it?" Andere Schreibweise: „Whodunnit"

oder sogar existenziell sind. Meistens ist der Agentenkrimi actionreich, aber es gibt auch Werke, die den psychologischen Aspekt des Konflikts zwischen Protagonist und Antagonist herausstellen. Das klassische Beispiel für einen Agentenkrimi sind Ian Flemings „James Bond"-Geschichten.

Hardboiled Krimi: (= hartgesottener Krimi) Der Hardboiled Krimi ist eine hauptsächlich amerikanische Literaturgattung, deren Protagonist ein (in der Regel männlicher) Ermittler (beamtet oder privat) ist, der sich bei seinen Ermittlungsmethoden den Teufel um Vorschriften und geltendes Recht schert und deshalb regelmäßig in Konflikt mit der Polizei oder seinen Vorgesetzten gerät. Seine Kennzeichen sind ein Hang zur Brutalität (Schlägereien, Schusswaffengebrauch), Saufereien und Neigung zum Zynismus. Berühmte Hardboiled Ermittler sind Sam Spade (von Dashiell Hammett), Philipp Marlowe (Raymond Chandler) und die Privatdetektivin V. I. Warshawski (Sara Paretzki).

Gangsterkrimi: Wie der Name schon besagt, steht das Verbrechermilieu beim Gangsterkrimi im Mittelpunkt, und der Protagonist bewegt sich in der Regel ebenfalls in diesem Milieu. Meistens dreht sich die Handlung um den sich daraus ergebenden Konflikt mit der Polizei und endet oft damit, dass der Protagonist, der eigentlich ein Antagonist (der „Böse") ist, entkommt. Häufig endet ein solcher Roman allerdings auch mit der Inhaftierung oder sogar dem Tod des Protagonisten. Beispiel: „Der Pate" (Mario Puzo)

Komischer Krimi: Beim komischen Krimi handelt es sich entweder um eine Parodie auf eine andere Krimigattung oder eine bekannte Krimipersönlichkeit (z. B. Nick Knatterton als Parodie auf Sherlock Holmes), oder einzelne, recht häufig vorkommende Szenen haben deutlich und gewollt komische/lustige Einschläge. Ein Paradebeispiel hierfür ist (aus dem Filmbereich) „Der rosarote Panther" mit seinem trotteligen Inspektor Clouseau.

Anwalts-/Gerichtskrimi: Dieses Subgenre ist eine Spielart, die fast ausschließlich von britischen und amerikanischen Autoren bedient wird. Die Handlung dreht sich um das Gerichtsverfahren, in dem das zu Anfang des Romans in der Regel bereits begangene Verbrechen aufgeklärt und der Schuldige ermittelt und bestraft werden soll. Normalerweise werden die Leser bis zum Schluss darüber im Unklaren gelassen, ob der Angeklagte tatsächlich der Täter ist oder nicht. Ein Meister des Gerichtskrimis ist der amerikanische Autor John Grisham („Die Jury"). Ein weiteres gutes Beispiel: das Theaterstück „Die zwölf Geschworenen" von Reginald Rose.

Pathologiekrimi: Dieses Subgenre müsste korrekt „Rechtsmedizinerkrimi" heißen, denn die Mediziner, die die durch Verbrechen zu Tode gekommenen Leichen obduzieren, sind *Rechtsmediziner*, keine Pathologen. (Letztere sind ausschließlich zuständig für die Untersuchen von Toten, die an einer Krankheit gestorben sind und arbeiten in Krankenhäusern, nicht in der Rechtsmedizin. Außerdem erhält der Pathologe eine ganz andere Facharztausbildung als der Rechtsmediziner.) Trotz der falschen Genrebezeichnung sind die Protagonisten dieses Subgenres die Rechtsmediziner, deren akribische und vor allem authentisch geschilderten Methoden entscheidend zur Lösung des Verbrechens beitragen. Beispiele: Die Tempe-Brennan-Romane von Kathy Reichs, die Serie um Dr. Samantha Ryan oder „Der letzte Zeuge".

Schwarze Serie/Roman noir: Unter diesem Begriff werden die Hardboiled Krimis der 1960er, 70er und 80er Jahre zusammengefasst, deren Protagonisten die „einsamen Wölfe" mit (Alkohol-) Problemen und zynischer Weltsicht sind.

Okkult-Krimi: Beim Okkult-Krimi handelt es sich um einen Kriminalroman, der in jedem Krimi-Subgenre angesiedelt sein kann und die Aufklärung eines Verbrechens thematisiert, das einen Bezug zu oder seine Ursache in einem okkulten Phänomen hat (z. B. Voodoo, Hexerei, Ritualmorde, Geisterbeschwörung, Seancen etc.). Im Unterschied zu pseudo-okkulten Romanen, bei denen sich am Ende herausstellt, dass die „magischen" Ereignisse mit Hilfe von herkömmlichen (meist technischen) Tricks getürkt waren, sind im Okkult-Krimi die okkulten Phänomene und übersinnlichen Erscheinungen real, handelt es sich also um echte Magie,

Geistererscheinungen, Dämonen etc. Variante: der Ermittler ist ein „magisches" Wesen wie Vampir, Dämon, Werwolf usw.
Literarische Beispiele sind die inzwischen eingestellte Heftromanserie „Gespenster-Krimi" des Bastei-Verlages oder die Serie „Sukkubus" beim Online-Magazin „Geisterspiegel"[46], deren Hauptperson und Ermittlerin ein Sukkubus, also eine Dämonin, ist. Aus dem Filmbereich: „Nick Knight, der Vampircop".

Regio-Krimi: Die meisten (nicht nur) Kriminalromane spielen an einem einzigen Ort, in einer (manchmal fiktiven) Stadt und/oder Region. Abstecher in andere Städte/Regionen im Zuge der Handlung kommen hin und wieder vor. Das Kennzeichen des Regio-Krimis ist nicht nur, dass er ausschließlich in einer bestimmten Stadt/Region spielt, seine Handlung lebt teilweise davon. Verlage wünschen sich von Regio-Krimis, dass

a) die Örtlichkeiten (nicht nur Straßen und ihre Namen) real und so genau beschrieben sind, dass man diese Teile des Krimis als „Reiseführer" in der entsprechenden Stadt/Region benutzen könnte;

b) regionalspezifisches Lokalkolorit eingebracht wird, was typische Verhaltensweisen des dort beheimateten Menschenschlags, regionale Küche, Bräuche, gesellschaftstypische Gegebenheiten etc. betrifft;

c) regionaltypischer Dialekt in der wörtlichen Rede vorkommt – aber sparsam dosiert! Wenn die Leser ein Wörterbuch brauchen, um diese Textstellen zu übersetzen, verlieren sie die Lust am Lesen (Romane, die hauptsächlich im ortstypischen Dialekt geschrieben sind, gelten als „Mundartliteratur". Die hat jedoch nur eine relativ kleine Lesergemeinde);

d) Regio-Krimis – wegen der Identifikationsmöglichkeit mit den realen Orten – immer in der Gegenwart spielen.

Historischer Krimi: siehe Historischer Roman

---

[46] Ab Herbst 2013 als Buchserie im Verlag Torsten Low

2. Thriller

Das englische Wort „thrill" bedeutet „packen, erregen" oder auch „Erregung", und „thriller" wird oft mit „Reißer" übersetzt. Der Thriller (Roman wie Film) lebt von meistens actiongeladener Spannung und kann sowohl im Krimi wie auch im Mystery angesiedelt sein oder beides in sich vereinen. Steht beim klassischen Kriminalroman und seinen Unterarten die Aufklärung des Verbrechens im Mittelpunkt, so geht es beim Thriller in erster Linie darum, dass die Protagonisten von ihren Gegenspielern seelische, körperliche oder moralische Gewalt erleben. Und nicht jeder Thriller hat ein Happy End. Dan Brown, Ken Follett und Patricia Highsmith sind Vertreter dieses Genres.

Action-Thriller: Der (körperliche) Kampf gegen und der Sieg über den Widersacher (einschließlich damit verbundener Action und Gewalt) bilden den Hauptaspekt der Handlung. Der Erzählstil ist rasant. Psychologische Aspekte der Figuren treten in den Hintergrund. Kampfszenen und Verfolgungsjagden sind vorherrschend. Die Jason-Bourne-Romane und -Filme sind typische Beispiele.

Psychothriller: Ein Thriller, bei dem statt der Action ebenso großer oder größerer Wert auf die psychischen Konflikte der handelnden Personen gelegt wird. Stark thematisiert wird die Vorgeschichte, die zu dem Konflikt geführt hat bzw. werden Gedanken und Gefühle einer Person so geschildert, als würde sie die gerade in diesem Moment erleben und fühlen, wobei diese Schilderung nicht immer geordnet sein muss. Ein gutes Beispiel für Letzteres ist die Schlussszene in dem Film „Psycho" von Alfred Hitchcock. Darin sitzt Norman Bates reglos in seiner Zelle und denkt mit der Stimme seiner toten Mutter. Sehr gute Beispiele für Psychothriller sind die Bücher von Sebastian Fitzek („Der Seelenbrecher", „Splitter").

Mystery-Thriller: (Definition „Mystery" siehe Seite 197) Hier wird das Thriller-Element (Action- oder Psychothriller) auf eine mystische Handlung übertragen, die auch zum Genre Horror/Grusel gehören kann und in der Regel eine Mischung aus Krimi, Fantasy und Horror darstellt. Beispiele für dieses Subgenre sind die Romane zur Serie „Akte X" oder Fernsehfilme wie „The Sixth Sense".

Öko-Thriller: Dieses Subgenre lässt sich mit der Formel „Mensch gegen Natur" zusammenfassen. In der jeweiligen Geschichte gibt es eine Naturkatastrophe oder ein ungewöhnliches und bedrohliches Ereignis (durch Klima, Tiere, Erdbeben etc.). Es gilt die Ursachen zu finden und zu beseitigen, die sich gewöhnlich als durch schädliche, von Menschen verursachte Eingriffe ins ökologische Gleichgewicht herausstellen. Die Handlung lebt von der entsprechenden Action sowie den Konflikten mit den (fast immer uneinsichtigen) Verursachern der Katastrophe. Vertreter dieses Genres sind Autoren wie Frank Schätzing („Der Schwarm") oder Bernhard Kegel („Der Rote").

Techno-Thriller/Hightech-Thriller: Klassische Thriller, deren Handlungsschwerpunkt auf Technik, besonders auch Waffentechnik liegt. Deshalb sind die Handlungen meistens im militärischen Bereich angesiedelt, spielen aber auch generell mit technischen Möglichkeiten wie der Entwicklung von Robotern, Naniten etc. Beispiele (aus dem Filmbereich) sind „Das fliegende Auge" oder die Serie „Bionic Woman".

Politthriller: Eine Thrillerhandlung, die im politischen Milieu angesiedelt ist. Die Handlung spielt sich auf staatlicher Ebene ab bzw. hat Relevanz dazu. Beliebte Themen sind Terrorismus, Erpressung von Politikern und Verschwörungsthemen, aber auch Spionage. John Le Carré, Tom Clancy und Frederick Forsyth gelten als typische Vertreter.

SciFi-Thriller: (= Science-Fiction-Thriller) Die Thrillerhandlung ist in der Zukunft und/oder einer fremden Welt angesiedelt. Die in dieser Welt/Gesellschaft futuristischen und/oder technischen Möglichkeiten bzw. utopischen Gesellschaftsstrukturen spielen eine tragende Rolle. Bekannte Beispiele aus dem Filmbereich: „Minority Report", „Inception".

3. Spannungsroman

Beim Spannungsroman sind die Übergänge zu anderen Genres fließend. Er wird meistens als Subgenre genannt, denn er kann in fast jedem Genre angesiedelt sein. So sind z. B. Krimis immer auch Spannungsromane, aber nicht jeder Spannungsroman ist ein Krimi. Beim Spannungsroman muss nicht zwangsläufig ein Verbrechen geschehen bzw. sich die Handlung um ein solches drehen. Kennzeichnend für einen Spannungsroman ist, dass der Protagonist in einen Konflikt gerät, der meistens auch ein Gefahrenpotenzial beinhaltet. Die Leser wissen bis zum Schluss nicht, ob die Sache für ihn gut oder schlecht ausgeht.

Man unterscheidet zwischen Entscheidungs- und Erklärungsspannung. Bei der *Entscheidungsspannung* steht der Ausgang des Konflikts zwischen Protagonist und Antagonist im Mittelpunkt, bei der *Erklärungsspannung* die Erklärung/Aufklärung einer Handlung, eines Rätsels, eines Verhaltens usw. (z. B. die Aufklärung eines Verbrechens im Krimi).

Die jeweilige Spannung wird dadurch erzeugt, dass die Leser nicht wissen bzw. nicht erahnen können, wie die Geschichte weitergeht oder ausgeht, z. B. dadurch, dass der Protagonist (mehr oder weniger) ständig in Gefahr schwebt. Beispiel: Gerade ist er einem Attentat entkommen, aber der Attentäter wurde nicht gefasst und wird es garantiert noch ein zweites, drittes, viertes Mal versuchen, bis er entweder sein Ziel erreicht hat oder geschnappt wird.

Der Aufbau des Spannungsromans gliedert sich in Anspannung (der Konflikt baut sich auf, wird angedeutet), Verwicklung (die geplante oder bereits angedeutete Lösung wird durch unvorhergesehene Ereignisse/widrige Umstände immer wieder verzögert und/oder zerstört) und der Auflösung des Konflikts, die nicht zwangsläufig ein Happy End für den Protagonisten bringen muss.

4. Entwicklungsroman

Hierbei handelt es sich um einen Romantyp, dessen Schwerpunkt auf der Ausarbeitung der geistig-seelischen Entwicklung des Protagonisten liegt und dessen Auseinandersetzung mit sich selbst und/oder der Umwelt dargestellt wird. Das Hauptaugenmerk richtet sich auf den Reifeprozess, den der Protagonist durchläuft und die Verarbeitung der dabei gemachten Erfahrungen. Beispiele: „Robinson Crusoe" (Daniel Defoe), „Der Zauberberg" (Thomas Mann), „Die Blechtrommel" (Günter Grass), „Siddharta" (Hermann Hesse), „Harry Potter" (Joanne Rowling)

5. Liebesroman/-geschichte

Jeder kennt die klassische Love Story: Zwei Menschen verlieben sich und wollen ein gemeinsames Leben aufbauen. Bevor sie jedoch zum Traualter/Standesamt schreiten können, gibt es noch eine Menge Hindernisse zu überwinden, bestehend aus Missverständnissen, Intrigen und missgünstigen Nebenbuhlern oder Nebenbuhlerinnen bzw. Schicksalsschlägen. Mehrmals droht die Beziehung zu scheitern, doch am Ende siegt die Liebe, und sie leben glücklich bis ans Ende ihrer Tage.

Nach diesem Strickmuster sind alle Liebesromane aufgebaut, obwohl natürlich in jedem anderen Genre auch eine Liebesgeschichte eine Rolle spielen kann. So gewann zum Beispiel im Jahr 2009 den alljährlich ausgelobten DeLiA-Literaturpreis (DeLiA = Vereinigung **De**utscher **Li**ebesroman-**A**utorinnen) für den besten Liebesroman ein Kriminalroman, der auch eine Liebesgeschichte beinhaltet („Der Traum vom Tod" von Britt Reissmann).

Grundsätzlich werden Liebesromane in die folgenden Kategorien eingeteilt.

Contemporary: (= zeitgenössisch) Hierzu zählen alle Liebesromane, die in der heutigen Zeit oder in der jüngeren Vergangenheit spielen. Die historische Grenze wird (ungefähr) beim Zweiten Weltkrieg gezogen. Alle zeitlich ausschließlich davor angesiedelten gelten als historische Liebesromane bzw. Historicals (siehe unten).

Romance: Im Englischen ist „Romance" der Oberbegriff für alle Arten von Liebesromanen, im „Denglischen" (das englische Begriffe nur allzu oft in einen falschen Kontext bringt, der mit der korrekten Bedeutung nicht viel zu tun hat oder völlig falsch übersetzt) bezieht er sich auf Liebesromane ohne sexuelle Komponenten. Im Gegensatz zum Contemporary und Historical, wo die Schilderungen der Liebesszenen *nicht* vor der Schlafzimmertür enden, gibt es beim klassischen (denglisch bezeichneten) Romance-Roman nur die keusche Romanze und schließen die (fast ausschließlich) weiblichen Autoren die Schlafzimmertür vor unserer Nase, wenn es interessant zu werden verspricht. Wie das Historical spielt aber auch der (denglische) Romance-Roman in der Vergangenheit. Berühmteste Vertreterin dieses Genres ist die „Queen of Romance": Barbara Cartland.

Historicals/Historienroman: siehe Historischer Roman

Dark Romance: Dark Romance (hier ist wieder die englische Definition von „Romance" gemeint) ist ein Subgenre der Urban Fantasy (siehe dort). Es handelt sich um eine Liebesgeschichte (mit durchaus erwünschten erotischen Szenen), die im fantastischen Bereich angesiedelt ist und in der Gegenwart spielt. Das Strickmuster lässt sich wie folgt zusammenfassen. Die Heldin begegnet einem geheimnisvollen Mann, der sich als Vampir, Werwolf, Dämon, Gestaltwandler oder Ähnliches entpuppt mit einer charakterlich durchaus dunklen Seite und fühlt sich unwiderstehlich zu ihm hingezogen. (Sie allein weiß warum.) Es gibt aufgrund seiner Natur Konflikte, die ihre Liebe scheitern zu lassen drohen, doch am Ende folgt das Happy End.

Mystic oder Magic Romance: Dies ist die „lichte" Seite der Dark Romance. Die Heldin verliebt sich in einen Mann, der über magische/übernatürliche Kräfte verfügt, die er zum Guten nutzt. Der Mann ist weder Vampir, noch Werwolf, Dämon oder ein anderes magisches Geschöpf. Ansonsten ist das Strickmuster mit dem der Dark Romance identisch. Beispiel: Die „Raintree"-Trilogie des Autorinnen-Trios Linda Howard, Linda Winstead Jones und Beverly Barton.

Erotischer Roman: Hier liegt ein Hauptaspekt der Liebesgeschichte auf der sexuellen Komponente, die auch recht freizügig geschildert wird. Der Grad zur Pornografie ist schmal, doch gibt es zwei gravierende Unterschiede. Beim erotischen Roman ergibt sich der Sex aus der aus der Handlung entstehenden Spannung zwischen den Protagonisten als logische Konsequenz daraus. Zweitens bleiben beide Partner gleichberechtigt in ihren Wünschen und Bedürfnissen und gehen auf einander ein. Beim pornografischen Roman werden Sexszenen um des Sexes Willen aneinander gereiht, und die – meistens recht dürftige und oft unlogische – restliche Handlung dient nur dazu, die Lücken zu füllen und zur nächsten Sexszene überzuleiten. Zudem befindet sich die Frau fast ausschließlich in der Rolle des Objekts zur Befriedigung der Bedürfnisse des Mannes.

Time Travel: (= Zeitreise) Hierbei handelt es sich um eine moderne Form des Liebesromans, bei dem die Heldin durch irgendein Ereignis (Zeitportal) in die Vergangenheit versetzt wird und dort den Mann ihres Lebens trifft. Die Konflikte ergeben sich, zusätzlich zu den für den Liebesroman üblichen, aus den kulturellen Differenzen der beiden Protagonisten. Bekannteste Vertreterin dieses Genres ist Diana Gabaldon („Feuer und Stein").

6. Fantasy

Die Fantasy ist nicht zu verwechseln mit der Phantastik, der sie entstammt. Die Phantastik entwickelte sich im 19. Jahrhundert und gilt als Oberbegriff für jede Form der Literatur, die übernatürliche Elemente beinhaltet, die durchaus auch technischer Natur sein können. Die klassischen Autoren der Phantastik sind Edgar Allan Poe, Jules Verne, Mary Shelley und Bram Stoker.

Aus diesen Anfängen entsprang die klassische Fantasy, als deren Begründer J.R.R. Tolkien gilt. Blieben die Romane und Geschichten der Phantastik thematisch noch weitgehend in der realen Welt verhaftet, so ist das Hauptmerkmal der Fantasyliteratur ihre Anlehnung an Mythen, Märchen und Sagen, in der Fabelwesen wie Drachen und Elfen vorkommen (können) und Magie real ist.

High Fantasy: (Hohe Fantasy) Der „Klassiker". Die Story ist in einer eigenen, sorgfältig entworfenen Welt angesiedelt, die über eigene (menschliche und nichtmenschliche) Volksgruppen verfügt sowie ein meistens an den Feudalismus angelehntes Regierungssystem. Die Religion ist normalerweise polytheistisch (Vielgötter-Glaube). Magie ist real, aber einer bestimmten Gruppe vorbehalten (Zauberer, Hexen, Priesterinnen und Priester etc.). Die Handlung ist hauptsächlich „The Quest" = die Suche der Helden und ihrer Gefährten nach einem Artefakt, das ihre Welt retten kann oder das Gegenteil, dass ein Artefakt, das die Welt bedroht, vernichtet werden muss („Herr der Ringe"). Die andere Variante ist die Heldenreise, wobei sich vielfältige Themen ergeben. Paradebeispiel für High Fantasy: „Der Herr der Ringe", „Drachenlanze".

Heroic Fantasy/Sword & Sorcery/Low Fantasy: (Heroische Fantasy/Schwert & Zauberei/Niedere Fantasy) Bei dieser Form der Fantasy liegt der Hauptaspekt auf dem Kampf eines meist männlichen Helden (erst in der jüngeren Literatur gibt es auch schwertschwingende Frauen) gegen übernatürliche Dinge wie Magie und Monstren. Angesiedelt ist sie in einer fiktiven Welt mit mittelalterlichen bzw. feudalen Strukturen. Der Handlungsbogen ist an die alten Abenteuerromane (siehe Punkt 14) angelehnt. Bekannteste Vertreter dieses Genres sind die „Conan"- und „Red Sonja"-Romane.

Urban Fantasy: Diese Romane spielen in der Gegenwart und zumindest teilweise wenn nicht gar vollständig in unserer Welt (urban = lat. „städtisch"). Die Protagonisten werden mit Magie konfrontiert und/oder übernatürlichen Wesen. Ein häufiges Thema ist auch der Übertritt in eine andere Welt durch ein Portal, um dort Abenteuer zu bestehen. Oft werden auch die modernen Vampir- und Werwolfromane diesem Genre zugeordnet. Bekannteste Urban-Fantasy-Romane sind „Harry Potter", „Die Chroniken von Narnia" (C.S. Lewis) und „Die unendliche Geschichte" (Michael Ende).

Romantasy: (Romantic Fantasy) Dies ist eine Spielart der Urban Fantasy. Genau genommen handelt es sich um einen Liebesroman mit den Subgenres „Dark Romance" und „Magic/Mystic Romance" (siehe Liebesromane). Zielgruppe sind hauptsächlich weibliche Leser zwischen 15 und 40 Jahren.

Dark Fantasy: Die Dark Fantasy (= dunkle Fantasy) gehört eigentlich in den Bereich der Horrorliteratur. Sie spielt oft in der heutigen Zeit, kann aber auch in einer Fantasiewelt angesiedelt sein. Die Betonung liegt hier auf den „düsteren" Elementen, die mit den sogenannten „dunklen Mächten" (Dämonen, Teufel, Schadenszauberei), aber auch mit Vampiren und Werwölfen zu tun haben können. Besonderes Kennzeichen ist, dass die Erotik darin oft eine große Rolle spielt. Prominente Vertreter dieses Genres sind Laurell K. Hamiltons Anita-Black-Romane.

Science Fantasy: Eine Mischung aus High Fantasy oder Heroic Fantasy und Science Fiction. Besondere Kennzeichen sind das Auftauchen von märchenhaften Elementen (Magie) und feudale Strukturen der fiktiven Welten. Bekannteste Romane dieses Genres sind der „Darkover"-Zyklus von Marion Zimmer Bradley, in dem Menschen den Planeten Darkover besiedeln und dort auf eine feudale Gesellschaft der Einheimischen treffen, die teilweise über magische Kräfte verfügen. Auch die Star-Wars-Filme gehören zu diesem Genre.

Animal Fantasy: Die Animal Fantasy hat, wie ihr Name schon sagt, Tiere als Helden, die in einer realen oder fiktiven Welt Abenteuer erleben. Bekannteste Werke: „Als die Tiere den Wald verließen", „Watership Down", und auch der Kinderbuch-Klassiker „Der Wind in den Weiden" gehört dazu.

Märchen/Sagen: Der Begriff kommt vom mittelhochdeutschen Wort „maere" (Mär) und bezeichnet eine Nachricht, Kunde oder einen Bericht. Das klassische Märchen ist eine Erzählung, die von fantastischen Begebenheiten berichtet, z. B. Begegnungen mit Elfen, Naturgeistern oder sprechenden Tieren. Man unterscheidet zwischen Volksmärchen und Kunstmärchen. Bei *Volksmärchen* handelt es sich um mündliche Überlieferungen (die irgendwann aufgezeichnet wurden; z. B. die Hausmärchen der Gebrüder Grimm), denen sich kein ursprünglicher Verfasser zuordnen lässt.

Das *Kunstmärchen* dagegen hat einen namentlich bekannten Verfasser (z. B. Andersen oder Bechstein).

Im Gegensatz zu Legenden und Sagen, die einen wahren Kern enthalten, sind Märchen frei erfunden.

7. Science Fiction

Science Fiction (kurz SF) kann man mit „wissenschaftliche Dichtung" übersetzen. Dieses Genre spielt mit wissenschaftlichen, oft technischen Möglichkeiten und ist in der näheren oder ferneren Zukunft angesiedelt, weshalb sie auch „Zukunftsliteratur" genannt wird. Ihre Themen sind in einer Gesellschaft angesiedelt, in der wissenschaftliche und technische Möglichkeiten, die (gegenwärtig noch) undenkbar sind, in die dortige Realität umgesetzt werden, z. B. überlichtschnelle Raumflüge oder ein Transporter, der Dinge in seine Atome zerlegt, abstrahlt und an einem anderen Ort wieder zusammensetzt. Beschrieben werden die Auswirkungen der vorhandenen fiktiven Technologien und Gesellschaftsstrukturen auf die Bewohner und die sich daraus ergebenden Konflikte. Zwar treten bei der SF häufig fremde Völker auf, die auf anderen Planeten beheimatet sind, aber niemals bekannte Fabel- oder Fantasywesen wie Elfen oder Drachen. Klassische SF ist z. B. „Raumschiff Enterprise" oder „Alien".

Utopie: (aus dem Griechischen = „das Nichtörtliche") Utopische Romane/Geschichten beschreiben eine Wunschwelt oder eine Wunschgesellschaft, die zwar denkbar, aber nicht unbedingt realisierbar ist. Der utopische Roman spielt nicht zwangsläufig in der Zukunft. Thema ist in der Regel ein sich aus dieser Gesellschaftsform entwickelnder Konflikt.

Hard SF: Dieses Genre beschäftigt sich mit Themen, die sich eng an die Wissenschaft halten bzw. wissenschaftliche Details und Erfindungen in den Mittelpunkt stellen (z. B. Gentechnik, Roboter etc.) und mit deren Möglichkeiten fiktional spielen. Die dargestellten „Wissenschaften" müssen *nicht* zwangsläufig der Realität oder realen Möglichkeiten entsprechen. Beispiel: Überlichtgeschwindigkeit ist technisch nicht machbar, kommt aber in fast jeder Raumfahrer-SF vor.

Die Wissenschaft steht im Mittelpunkt der Handlung oder spielt eine tragende Rolle, hinter der manchmal die Charaktere zurückstehen. Klassische Hard-SF-Autoren sind Isaac Asimov („I, Robot") und Arthur C. Clarke („2001 – Odyssee im Weltraum").

Soft SF: Bei diesem Genre stehen die Geisteswissenschaften im Mittelpunkt und/oder gesellschaftliche, politische oder philosophische Themen. Das Hauptaugenmerk liegt auf der Ausarbeitung und Charakterisierung der handelnden Personen. Die Themen sind eingebunden in futuristische Gesellschaften der Erde oder Gesellschaftssysteme auf anderen Planeten, z. B. die „Dune"-Serie von Frank Herbert. Ethische Aspekte und Verantwortung gegenüber der Gesellschaft spielen eine tragende Rolle.

Military SF: (= militärische SF) Bei diesem Subgenre dreht sich die Handlung um kriegerische Auseinandersetzungen. In der Regel wird die Erde gegen feindliche Außerirdische verteidigt, weshalb die Handlungen in ihrem Aufbau dem klassischen Abenteuerroman ähneln. Military SF findet sich häufig im Bereich des Heftromans, z. B. den Serien „Sternenfaust" und „Perry Rhodan" des Bastei-Verlags.

Explorer SF: (= Entdeckungs-/Erforschungs-SF) Die Explorer SF kann sowohl in der Soft SF wie auch in der Military SF angesiedelt sein. Das Grundthema ist ein Raumschiff oder eine ganze Flotte, das/die von der Erde ausgesandt wird, um ferne Welten zu erforschen bzw. zu besiedeln. Dabei stoßen sie auf Aliens, woraus sich die unterschiedlichsten Konflikte ergeben, die den Kernpunkt der jeweiligen Handlung bilden. Klassisches Beispiel: „Aliens" und „Raumschiff Enterprise".

Steampunk: (engl. „Dampfzündung") Die Steampunk Fiction ist in einer fiktiven Welt angesiedelt, deren Ambiente oft dem des viktorianischen Zeitalters entspricht. Sämtliche Maschinen (Eisenbahnen, Raumschiffe, Computer, fantastische Maschinen etc.) werden mit Dampfkraft („steam" = „Dampf") betrieben, haben aber eine Kapazität und Funktionalität, die der der entsprechenden Geräte unserer modernen Zeit in nichts nachstehen. In manchen Steampunk-Welten existiert zusätzlich Magie. Die Themen variieren stark, sind aber dadurch gekennzeichnet, dass die besagten Maschinen eine tragende Rolle spielen. Bekannteste Vertreter des Genres: Paula Volsky, Michael Moorcock, Philipp José Farmer.

Science-Fiction-Thriller: siehe Thriller

8. Horror/Grusel

Dieses Genre hat es sich zum Ziel gesetzt, den Lesern die Haare zu Berge stehen zu lassen (von lat. *horrere* = schaudern, sich entsetzen). Dem entsprechend sind auch die Themen gewählt, die sich vordringlich beschäftigen mit Angst, Geistererscheinungen, Dämonen, Voodoo, Vampiren, Werwölfen, Besessenheit, Ritualmorden, Exorzismus, Sukkubi und Inkubi (= weibliche und männliche Dämonen, die sich vom Sex ernähren) und dergleichen mehr. Im Gegensatz zu ähnlichen Themen bei der Urban Fantasy liegt hier der Hauptaspekt auf den Abgründen der menschlichen Seele, der „dunklen Seite" im Protagonisten oder Antagonisten und vor allem im Spiel mit den menschlichen Urängsten (z. B. der Angst vor dem Tod). Ein moderner Meister dieses Genres ist Stephen King, einer der älteren Edgar Allan Poe.

Horror darf nicht mit der Schilderung besonders blutrünstiger Szenen verwechselt werden („Splatter" – engl. „verspritzen" – genannt, weil das Blut nur so spritzt), obwohl die in Einzelfällen und wohl dosiert durchaus effektvoll sein kann. Das Horrorelement ergibt sich aus dem Spiel mit den Ängsten: die Begegnung mit etwas Unbegreiflichem, von etwas/jemand Bedrohlichem verfolgt zu werden, eine Bedrohung, die man spürt, aber nicht sieht, Kontrollverlust (Ohnmachtgefühl), einem Feind (übernatürlichem Wesen) ausgeliefert zu sein oder das Gefühl, den eigenen Wahrnehmungen nicht mehr trauen zu können. Solche Dinge erzeugen im Buch oder Film Horror.

Im „Lexikon der Horrorliteratur" werden für dieses Genre folgende Merkmale festgelegt: 1. Übernatürliches, 2. realistisch geschildertes Grauen, 3. psychologischer Grusel (wie Albträume, Wahnsinn, Besessenheit etc.), 4. Science Fiction Gruselgeschichten und 5. Groteskes, Skurriles, Surreales und Schwarzer Humor.

Archetypische Figuren des Horrorgenres sind Vampire, Werwölfe, Zombies (lebende Tote), Gespenster/Geister, ein Ort des Bösen, Doppelgänger (= das böse Ich eines Menschen), Teufel und Dämonen.

Bram Stokers „Dracula" ist zum Beispiel ein klassischer Horrorroman, ebenso die „Cthulhu"-Reihe von H.P. Lovecraft. Zu den modernen Vertretern gehören Dean Koontz, Stephen King, Markus Heitz, Peter Straub.

Gothic: (= mittelalterlich) Dieses Genre lebt von der düsteren Umgebung, in der die Handlung angesiedelt ist. Dunkelheit, dunkle Kleidung, düstere Landschaften, Nebel, Höhlen oder Gewölbe und unerklärliche Ereignisse sind vorherrschend, auch wenn der Roman/die Geschichte in der heutigen Zeit spielt. Die Protagonisten (normalerweise männlich) sind in sich zerrissene Charaktere (frei nach dem Motto, dass „zwei Seelen in ihrer Brust wohnen"), die deshalb sowohl Gutes wie auch Böses in sich tragen und allzu häufig das Böse wählen. Bei der *Gothic Romance* dreht sich die Handlung darum, einen solchen Protagonisten zu erlösen und permanent zum Guten zu bekehren, durch die unsterbliche Liebe.

Graveyard: (= Friedhof) Bei diesem Genre dreht sich die Handlung um Tod und das Grab/den Friedhof bzw. nimmt dort ihren Ausgang.

Horrorthriller: Ein Mixgenre, das eine klassische Thrillerhandlung (siehe Thriller) in ein Horrorszenario einbettet.

9. Mystery

Der Begriff „Mystery" für dieses Genre ist einer jener Anglizismen, die mit völlig falscher Bedeutung ins Denglische übernommen wurden. Im Englischen bezeichnet das Genre „Mystery" den klassischen Kriminalroman ohne mystische Elemente. („Mystery" allein bedeutet zwar „Geheimnisvolles, Mysterium", aber *„mystery novel"* wird ausschließlich mit „Kriminalroman" übersetzt.) Im Deutschen dagegen haben Mystery-Romane immer mystische Themen zum Inhalt, die sich um übernatürliche Phänomene drehen. (Bisher ungeklärt ist die Frage, warum man das Genre nicht von Anfang an korrekt „Mysterium" oder „Mysterienliteratur" genannt hat.)

Der Unterschied zur Horrorliteratur liegt darin, dass erstens das klassische Schwarz-Weiß-Schema (Gut und Böse) aufgehoben ist. Bedrohliche Erscheinungen wie z. B. Gespenster können im Mystery-Roman durchaus als Beschützer oder Übermittler wichtiger Botschaften auftreten, was die Protagonisten aber meist erst gegen Ende des Romans begreifen. Ein häufiges Thema ist auch, dass Geister/Untote die Lebenden dazu benutzen, an ihnen begangenes Unrecht (z. B. ihre Ermordung) aufzudecken und den Täter zur Rechenschaft zu ziehen.

Mystery-Romane können sowohl in der Gegenwart wie auch in der Vergangenheit spielen.

Das Mystery-Genre hat bis auf den Mystery-Thriller (siehe dort) keine eigenständigen Subgenres.

10. Humor

Dieses Genre bedarf eigentlich keiner näheren Erklärung. Es handelt sich dabei um Romane und Geschichten, deren Situationen uns zum Lachen bringen. Das Hauptmerkmal des humoristischen Romans ist, dass sich der Humor aus ganz normalen Alltagssituationen entwickelt, in denen etwas schief geht, was zu weiteren Verwicklungen und neuen lustigen Begebenheiten führt. Am Ende löst sich alles im Happy End auf. Beispiele: „Wer hat meine Hemden geschrumpft? – Geschichten aus dem wahren Leben", „Kaltduscher – Ein Männer-WG-Roman" oder „Ich schenk dir meinen Mann".

Satire: Kennzeichnend für dieses humoristische Genre, ist der (manchmal verletzende) Spott. Deshalb nannte man es früher auch „Spottdichtung". Zu seinen Ursprungszeiten (Antike) bis zum Anfang des zwanzigsten Jahrhunderts stand neben dem Anprangern gesellschaftlicher Missstände oft der Mangel an Tugend(en) einer bekannten Persönlichkeit oder eines Berufsstandes im Mittelpunkt. Heute liegt der Hauptaspekt mehr auf der Gesellschaftskritik oder Kritik an der Politik, obwohl bekannte Einzelpersonen immer noch ihr Fett abbekommen, wenn auch ihr mehr oder weniger tugendhaftes Verhalten dabei kaum noch eine Rolle spielt.

Der Satire begegnen wir heute hauptsächlich im Kabarett, im Karneval und in satirischer Lyrik.

Parodie: (griechisch „Gegenlied") Die Parodie ist eine verzerrende Übertreibung bzw. verspottende Nachahmung einer Person oder mehrerer Personen. Auch ein literarisches Werk oder ganzes Genre kann parodiert werden. Durch überzeichnende Abwertung des Originals entsteht ein humoristischer Effekt. Der Unterschied zur Satire besteht darin, dass die Parodie sich niemals mit Gesellschaftskritik befasst.

Komödie: (griechisch = „singender Umzug") Die Komödie ist die Urform der humoristischen Literatur, kommt aber ausschließlich als Theaterstück vor. Ihr Hauptmerkmal ist eine Handlung, die durch überzeichnende Darstellung menschlicher Schwächen die Zuschauer zum Lachen bringt. Sie kann durchaus kritische Untertöne enthalten. Bekanntes Beispiel: „Biedermann und die Brandstifter" von Max Frisch. In der Belletristik hat die Satire den Platz der klassischen Komödie eingenommen.

11. Historischer Roman

Das Prädikat „historisch" und die entsprechende Einordnung in dieses Genre erhalten Romane und Geschichten, die in der Vergangenheit spielen, und zwar *vor* dem Jahr 1900. Von dieser Vorgabe abgesehen ist es vollkommen egal, ob der Roman zur Zeit der Neandertaler spielt („Ayla und der Clan des Bären" von Jean M. Auel), in der Römerzeit („Der Geschmack der Tollkirsche" von Beate Sauer) oder unmittelbar vor der Wende zum 20. Jahrhundert. Alles, was nach 1900 bzw. dem 2. Weltkrieg angesiedelt ist, gilt als zeitgenössischer Roman/Geschichte. Die Grenze in der Zeit zwischen 1900 und 1939 (Beginn des 2. Weltkriegs) ist fließend. In Einzelfällen kann auch ein in dieser Zeit spielender Roman noch als historischer Roman eingeordnet werden. Das entscheidet im Zweifelsfall der Verlag.

Historischer Roman: Beim historischen Roman steht eine historische Persönlichkeit und/oder ein historisches Ereignis im Mittelpunkt, wird das Geschehen aus der Perspektive eines fiktiven Helden in direktem Bezug zum historischen Geschehen thematisiert (z. B. beim Ausbruch des Vesuv, der Pompeji zerstörte). Oder die historische Persönlichkeit ist der Protagonist oder eine wichtige Nebenfigur der Geschichte.

Kennzeichnend für einen historischen Roman ist die geschichtliche Genauigkeit der geschilderten Ereignisse, Sitten, Bräuche, Kleidung etc. der beschriebenen Zeit. Ihn zu schreiben erfordert von den Autoren ein immenses Maß an Recherche. Ein gutes Beispiel für einen historischen Roman ist James Clavells „Shogun", der das Leben des Seefahrers William Adams in Japan thematisiert (der im Roman „John Blackthorne" heißt).

Historienroman/Historical: Im Gegensatz zum historischen Roman handelt es sich beim Historical um einen Liebesroman, der in einer bestimmten geschichtlichen Epoche angesiedelt ist. Deren Beschreibung erhebt jedoch keinen Anspruch auf allzu große Authentizität. Diese Art des Romans thematisiert die Liebe eines meist ungleichen Paares, das über etliche Missverständnisse und Hindernisse zueinander findet, wobei eindeutige erotische Szenen erwünscht sind und als genretypisch gelten. Im Englischen wird dieses Genre auch als „Historical Romance" bezeichnet; im Deutschen ist der Romance-Faktor bereits im Prädikat „historical" enthalten. Eine bekannte Vertreterin dieses Genres ist Kathleen Woodiwiss („Shanna", „Der Wolf und die Taube").

<u>Historienkrimi</u>: Ein Krimi, der in einer bestimmten historischen Epoche angesiedelt ist. Hierbei wird wie beim historischen Roman Wert auf geschichtliche Genauigkeit gelegt. Die Handlung kann, muss aber nicht, einen Bezug zum politischen/kulturellen Geschehen der betreffenden Zeit haben. Berühmtester Roman dieses Genres ist Umberto Ecos „Der Name der Rose" sowie die „Bruder Cadfael"-Bücher von Ellis Peters.

<u>Historischer Krimi</u>: Der historische Krimi befasst sich mit der fiktionalen Umsetzung realer Kriminalfälle die sich vor dem 20. Jahrhundert ereigneten, hält sich aber eng an die historisch belegten Tatsachen. Auch hier wird großer Wert auf Authentizität gelegt. Viele Romane um Jack the Ripper gehören in dieses Genre.

12. Western/Indianerroman

<u>Der Western</u> ist eine Sonderform des historischen Romans. Er spielt ausschließlich im 19. Jahrhundert in Nordamerika. Die Handlung ist meistens frei erfunden, obwohl historische Persönlichkeiten und Ereignisse durchaus vorkommen können. Thematisiert wird die Besiedlung des Westens durch Einwanderer oder Siedler aus dem Osten der heutigen USA, Zwist zwischen Viehzüchtern (wegen Weideland und/oder Wasserrechten; sehr beliebt ist auch der oft tödlich verlaufende Streit zwischen Rinder- und Schafzüchtern), der Bau der Eisenbahnlinie (Union Pacific), Outlaw-Geschichten (z. B. Jesse James oder Billy the Kid), Indianerkriege, Leben und Konflikte auf einer Ranch, Texas Ranger (oder andere Gesetzeshüter wie z. B. Wyatt Earp), Goldrausch, das Leben als Trapper oder Rache für erlittenes Unrecht. Beim reinen Western ist der Held immer ein Weißer. Als Urform des Westerns

gelten James Fenimore Coopers „Lederstrumpf-Geschichten". Der bekannteste moderne Autor ist Louis L'Amour.

Indianerroman: Gegenüber dem Western spielt/spielen im Indianerroman ein Indianer oder mehrere oder ein ganzer Stamm die Hauptrolle. Außerdem beschränkt sich dieses Genre nicht auf Nordamerika, sondern schließt die südamerikanischen Ureinwohner mit ein. Beim Indianerroman wird neben der Haupthandlung großer Wert auf die Schilderung des Alltagslebens der einzelnen Stämme gelegt. Leider bleibt bei manchen Autoren dabei die Authentizität auf der Strecke. Karl May ist der bekannteste Vertreter dieser Spezies, der von Indianern keine Ahnung hatte und den größten Blödsinn über sie verzapfte. Trotzdem tut dieser Mangel der Beliebtheit seiner Bücher bis heute keinen Abbruch.

Indianerromane spielen zeitlich zwischen dem 16. Jahrhundert (der Entdeckung Amerikas durch Columbus) und dem Beginn des 20. Jahrhunderts. Ausnahmen gibt es für Südamerika. Romane, die in den Kulturen der Inka, Maya, Azteken etc. angesiedelt sind, reichen bis ins 12. Jahrhundert zurück.

Die Themen sind entweder Stammeskriege, Liebesgeschichten, Konflikte mit den Weißen oder die „Vision Quest" = die traditionelle Visionssuche als Initiationsritus. Im Bereich der südamerikanischen Indianerromane kommt auch eine Krimihandlung als Thema vor.

Je nach der verwendeten Perspektive kann dasselbe Thema ein Western oder ein Indianerroman sein. Die Schlacht am Little Big Horn aus der Sicht eines weißen Soldaten erzählt ist ein Western. Dieselbe Schlacht mit einem Indianer als Protagonisten ist ein Indianerroman. Aber auch hier sind die Grenzen oft fließend. „Der mit dem Wolf tanzt" gehört zu beiden Genres und besticht zudem durch seine Authentizität.

13. Biografischer Roman/Autobiografischer Roman

Während eine Biografie möglichst genau und vor allem sachlich (eine Biografie/Autobiografie ist *immer* ein Sachbuch!) das Leben oder einzelne Stationen des Lebens einer bestimmten Person beschreibt, handelt es sich beim biografischen Roman um ein (halb) fiktives Werk, das jedoch einzelne reale Episoden aus dem Leben der Hauptperson (die nicht immer der Autor sein muss) mit einbezieht. Oder reale Erlebnisse einer realen Person werden als Romanhandlungen wiedergegeben, wobei die reale Person einen fiktiven Namen bekommt. Ulla Hahns Romane „Das verborgene Wort" und „Aufbruch" sind autobiografische Romane, Margaret Georges „Heinrich VIII – Mein Leben" ist ein biografischer Roman.

14. Abenteuerroman

Beim Abenteuerroman handelt es sich um die Schilderung fiktiver Ereignisse, bei denen der Protagonist ein Abenteuer oder mehrere bestehen muss. „Abenteuer" wird definiert als ein gefährliches, unerwartetes, nicht alltägliches Ereignis, das zu bewältigen ist sowie als prickelndes Erlebnis (im erotischen Sinn). Somit basiert das Prinzip des Abenteuerromans darauf, dass die Hauptperson der Geschichte (beim Abenteuerroman ist es in der Regel immer nur eine) freiwillig oder unfreiwillig diverse Gefahren zu überstehen hat, deren Zweck entweder die Rettung einer Person, ihres Umfelds, ihres Landes oder die Gewinnung eines Schatzes (im weitesten Sinn) ist. Der Abenteuerroman wird normalerweise ausschließlich aus der Sicht des Helden erzählt, obwohl es natürlich auch hier – wie überall – Ausnahmen gibt.

Kennzeichnend für den Abenteuerrom sind zwei Dinge. 1. Der Held ist und bleibt immer der Gute. Szenarien, in denen er die Seite wechselt und sich zum Bösen bekennt, kommen nicht vor. 2. Die Hauptperson durchläuft keine oder eine nicht nennenswerte persönliche (charakterliche) Entwicklung und ist auch am Ende des Romans/der Geschichte immer noch derselbe Mensch, nur ein bisschen älter mit unter Umständen ein paar Narben mehr am Körper, aber nicht unbedingt weiser.

Klassische Abenteuerromane sind Western, die „Lederstrumpf-Erzählungen" und im Filmbereich die „Indiana-Jones"-Reihe.

15. Chick Lit

„Chick Lit" ist die Abkürzung für „chicken literature" = wörtlich übersetzt „Hühnerliteratur". Mit „Hühner" ist in despektierlichem Sinn jener Typ Frau gemeint, der sehr romantisch ist (und hierbei reichlich illusionsbelastet) und sich in erster Linie über Äußerlichkeiten (Figur, Kleidung, Statussymbole etc.) definiert.

Dieses relativ junge Genre hat als Protagonistin (immer eine weibliche Figur!) eine junge Frau zwischen 20 und 35 (selten bis 40, nie älter), die ledig, berufstätig und auf der Suche nach ihrem Traummann ist. Die Story folgt dieser Suche der Heldin durch ihren (Berufs-) Alltag und beinhaltet auch (jugendfreien) Sex. Charakteristisch ist ein humorvoller Ton. Oft wird auch eine zentrale Lebensfrage der Heldin thematisiert – beruflich oder privat –, die es zu lösen gilt. In der Regel ist die Lösung das Finden des Traummannes bzw. wird die Lösung dadurch möglich/erreicht.

Chick Lit wird auch als postfeministische Literatur bezeichnet, die den Typ Frau propagiert, der Karriere, Beziehung und Familie perfekt und „glücklich bis ans Ende ihrer Tage" unter einen Hut zu bringen versucht, meistens aber nicht immer mit einem Happy End. „Bridgit Jones" wird in dieses Genre eingeordnet.

16. Kinder- und Jugendliteratur

Die Kinder- und Jugendliteratur ist insofern ein eigenständiges Genre, da sie a) Kinder und Jugendliche in der Altersklasse der entsprechenden Zielgruppe als Protagonisten hat und b) Themen behandelt, die entweder die Kinder/Jugendlichen betreffen (bei zeitgenössischen Texten), also Identifikationsstoff bieten oder für sie von besonderem Interesse sind (abgestuft nach Altersgruppen). Davon abgesehen kann sie thematisch in jedem Genre angesiedelt sein (mit Ausnahme des erotischen Romans, der nicht für unter Achtzehnjährige freigegeben ist). Die primäre Zielgruppe für Jugendliteratur wird zwischen 12 und 18 Jahren eingeordnet. Für die Zielgruppe unter zwölf Jahren wird ein Buch noch als Kinderbuch eingestuft. Doch auch hier sind die Grenzen fließend.

17. All Age Literatur

Hinter dieser jungen Genre-Bezeichnung verbergen sich Bücher für junge Menschen ab 12 Jahren, deren Themen aber auch Erwachsene ansprechen, z. B. „Harry Potter". Die meisten All-Age-Bücher gehören daher zum Fantasygenre, können aber auch in anderen Genres angesiedelt sein.

18. Tatsachenromane/-geschichten

Die Themen von Tatsachenromanen und –geschichten sind fiktiv geschilderte bzw. mit Fiktion ausgeschmückte Begebenheiten, die auf realen Ereignissen basieren oder sich mit realen Personen befassen. Ein Tatsachenroman kann in jedem Genre angesiedelt sein mit Ausnahme von Fantasy, Science Fiction und allen dazugehörigen Subgenres. Der Prozentsatz der enthaltenen Tatsachen reicht von wenigen Prozent im einstelligen Bereich bis 90 Prozent. Bekanntes Beispiel: „Tannöd" von Andrea Schenkel.

WICHTIG: Das Genre des eigenen Werkes genau zu definieren, ist essenziell, wenn wir es einem Verlag einreichen. Gerade große Verlage haben für jedes Genre ein eigenes Lektorat. Wenn bereits im Anschreiben (siehe Kapitel 15) und schon in der Adresse das für unser Genre zuständige Lektorat möglichst genau genannt wird, so weiß die Poststelle sofort, zu welcher Abteilung sie unseren Brief weiterleiten muss. Wenn nicht, kann es passieren, dass unser Manuskript beim falschen Lektor landet, der es möglicherweise wegen Überarbeitung ungelesen zurückschickt, statt es an einen zuständigen Kollegen weiterzureichen.

17. Der Weg zur ersten Veröffentlichung

Wie schwierig es ist, einen Verlag für unsere Manuskripte zu begeistern, habe ich bereits erwähnt. Ein Manuskript initiativ einem Verlag anzubieten, in der Hoffnung, dass es diesen überzeugen möge, ist der schwierigste Weg zur ersten Veröffentlichung. Zum Glück gibt es geringfügig (!) leichtere.

Der einfachste Weg ist, dass Sie an so vielen **Literaturwettbeweben** teilnehmen wie möglich. Das hat mehrere Vorteile.

- Erstens üben Sie dadurch, nach vorgegebenen Themen zu schreiben, denn fast alle Literaturwettbewerbe stehen unter einem bestimmten Motto.

- Zweitens lernen Sie, Ihre Texte zu begrenzen, da die maximale Normseitenzahl (bei Gedichten Zeilenzahl), die Ihr Werk haben darf, vorgegeben wird.

- Drittens müssen Sie nicht den ersten, zweiten oder dritten Preis gewinnen, damit Ihre Story veröffentlicht wird. Die Ausrichter dieser Wettbewerbe erstellen fast immer eine Anthologie (Story- oder Gedichtsammlung) der jeweils besten 20 bis 30 Werke. Selbst wenn Sie auf Platz 20 oder 30 landen, wird Ihr Beitrag veröffentlicht.

- Viertens trainieren Sie mit jeder Story, die Sie schreiben, Ihre schriftstellerischen „Muskeln", was sich später auszahlen wird.

- Zu guter Letzt lernen Sie dadurch auch, Abgabetermine einzuhalten und sich nach Formvorgaben zu richten.

Und so finden Sie die Ausschreibungen:
Geben Sie in einer Internetsuchmaschine den Begriff „Literaturwettbewerb" und die aktuelle Jahreszahl ein, und Sie erhalten eine Fülle von Ausschreibungen. Natürlich können Sie nicht an allen teilnehmen, denn abgesehen von der erforderlichen Zeit, die Sie benötigen, die betreffenden Storys oder Gedichte zu schreiben und zu überarbeiten, haben viele dieser Wettbewerbe Zugangsbeschränkungen. Manche sind nur für Autoren bis zu einem

gewissen Alter oder mit regionalem Bezug gedacht, bei denen verlangt wird, dass die Teilnehmer entweder in der besagten Region leben, arbeiten oder dort geboren sind. Vielleicht liegt Ihnen auch das vorgegebene Thema nicht. Doch jede für Sie mögliche Teilnahme beinhaltet die Chance auf eine Veröffentlichung.

Wenn Sie dadurch zudem noch die Rückmeldung bekommen, dass Ihre Story/Ihr Gedicht es unter die ersten 20 oder 30 Besten von zwischen 200 und über 900 Einsendungen geschafft hat (so viele werden tatsächlich zu manchen Wettbewerben eingereicht), erhalten Sie dadurch die Bestätigung, dass Ihr Werk besser ist als mindestens 170 weitere. Auch das ist ein Erfolg!

Auch bei mir stellte sich der (berufs-)schriftstellerische Erfolg erst nach und nach durch Veröffentlichungen im Rahmen von Schreibwettbewerben und meine dadurch immer länger werdende Publikationsliste ein. Wer (auf diese Weise nachweislich) gut genug schreibt, um in etliche Anthologien aufgenommen zu werden, dem trauen die Verlage auch zu, dass er z. B. einen Roman vernünftig schreiben kann, obwohl das Schreiben von Romanen sich doch sehr vom Schreiben von Storys unterscheidet (siehe Kapitel 2).

Wenn Sie sich nicht durch den ganzen Wust von Wettbewerbmeldungen im Internet wühlen wollen, können Sie auch den kostenlosen „Newsletter für Preise und Stipendien" des Uschtrin-Verlages abonnieren. Der wird den Abonnenten mindestens einmal pro Monat per E-Mail zugesandt. Sie können ihn bestellen unter info@uschtrin.de oder über die Website des Verlages unter www.uschtrin.de. Darin werden Ihnen alle aktuellen deutschsprachigen Wettbewerbe gemeldet, sobald die entsprechenden Pressemeldungen der Veranstalter ausgegeben wurden.

Die zweite Möglichkeit, an Veröffentlichungen zu gelangen, ist, Ihre Storys, Kolumnen, Glossen, Artikel oder Gedichte an **Zeitschriften und Zeitungen** zu senden, vor allem an **Literaturzeitschriften**[47]. Allerdings müssen Sie sich hier unbedingt vorher in der zuständigen Redaktion erkundigen, ob man generell Interesse

---

[47] Ein Verzeichnis deutschsprachiger Literaturzeitschriften gibt es unter: www.kunstfinder.de/literatur/literaturmagazine

an Einsendungen „freier Mitarbeiter" hat und wenn ja, welche formalen Kriterien Ihre Texte erfüllen müssen. Gerade hier ist der Textumfang sehr stark begrenzt. Zudem müssen Sie in der Lage sein, auf Auftrag zu schreiben, das heißt nach (oft sehr restriktiven) inhaltlichen Vorgaben der Redaktion. Für Anfänger ist das in der Regel schwierig.

Die dritte Möglichkeit ist die Bewerbung um ein **Schreibstipendium**, allerdings fast nur für Fortgeschrittene, die schon erste Erfolge aufweisen können. Diverse Organisationen haben es ich zur Aufgabe gemacht, die Literatur zu fördern, indem sie Autoren, die eine Jury für würdig befindet, ein Stipendium gewähren. Das bedeutet, dass der Stipendiat für einen begrenzten Zeitraum (in der Regel zwischen vier Wochen und drei Monaten, selten bis zu sechs Monaten) finanziell unterstützt wird (zwischen 500 und 1500 € pro Monat), damit er sich in dieser Zeit ganz aufs Schreiben konzentrieren kann.

Der Nachteil für manche Autoren ist, dass es sich dabei fast ausschließlich um sogenannte Residenzstipendien handelt, man also für die entsprechende Zeit in die Stadt des Ausrichters (meistens unter dem Titel „Stadtschreiber") ziehen muss. Außerdem erwarten die Geldgeber, dass man nicht nur das Werk, mit dem man sich für das Stipendium beworben hat, während der Stipendiumsdauer druckreif vollendet, sondern dass man am Ort auch auf entsprechenden Veranstaltungen Präsenz zeigt (Lesungen oder Vorträge hält oder Workshops unterrichtet). Somit fällt diese Möglichkeit für Anfänger aus, besonders da die Jury meistens Autoren bevorzugt, die sich schon einen Namen gemacht haben und dadurch das Renommee des Ausrichters heben. Stipendien für Schriftsteller, die noch nicht oder nur wenig veröffentlicht haben, sind vergleichsweise selten, aber Sie sollten unbedingt nach solchen Angeboten suchen.

Immerhin macht sich ein gewonnenes Stipendium in jedem Schriftstellerlebenslauf hervorragend!

Eine vierte Möglichkeit bieten Veröffentlichungen in Privatinitiativen wie den sogenannten **Fanzines** (Kurzform des englischen Begriffs „Fan Magazine"). Hierbei handelt es sich um die „hausinternen" Medien von Fanclubs, die sich ausschließlich um das „Objekt ihrer Begierde" drehen, meistens Fernseh- oder Romanserien (z. B. „Raumschiff Enterprise", „Akte X" usw.), zu denen die Clubmitglieder in den Fanzines eigene Storys mit den und über die Helden der Serien veröffentlichen. Die Fachbezeichnung für diese Art von Storys ist „Fan Fiction". Zwar werden die Fanzines nur in kleiner Auflage (= in Höhe der Mitgliederzahl des betreffenden Clubs) produziert und schaffen es (aus rechtlichen Gründen) nie in die Zeitschriftenläden, aber es ist eine gute Übung, um die Schreibfähigkeit zu trainieren und auch von den Lesern in Form von Leserbriefen erste Rückmeldungen zu erhalten.

Ich selbst habe meine literarische Karriere ebenfalls als Fanzine-Autorin begonnen und für „Starlight", das Fanzine der *„Starlight Union – Club für Science Fiction und Fantasy"* (den gibt es heute noch!) sowie für „Hexenmond" (ISSN 0940-7995) in fünf Jahren über hundert Storys und Gedichte geschrieben (teilweise unter Pseudonymen). Auch wenn es außer einem Freiexemplar kein Honorar dafür gab und gibt, so hat es doch einen mordsmäßigen Spaß gemacht und war eine gute Übung für die Zukunft.

18. Das Pseudonym

Sie haben es geschafft, und ein Verlag veröffentlicht eins Ihrer Werke. Herzlichen Glückwunsch! Aber nun tritt Ihr Lektor mit dem Ansinnen an Sie heran, dass Sie sich ein Pseudonym – einen Künstlernamen – ausdenken sollen, weil man meint, dass Ihr Name nicht zum Genre des Romans/der Geschichte passt. Oder Sie selbst wollen unter einem Pseudonym veröffentlichen, weil Ihnen Ihr eigener Name nicht gefällt und/oder Sie nicht wollen, dass Ihre Nachbarn, Kollegen, Freunde von Ihrem Schreibhobby erfahren. In beiden Fällen befinden Sie sich in bester Schriftstellergesellschaft, stehen aber nun vor der Qual der Wahl wie Eltern, die einen Namen für ihr Kind suchen.

Was ich bereits im Kapitel über die Namenswahl für Ihre fiktiven Figuren gesagt habe, gilt weitgehend auch für die Wahl Ihres Pseudonyms. „Fritz Meyer" passt nicht als Autorenname für einen Western und „Lisa Müller" nicht für einen Liebesroman, der in Adelskreisen spielt, um nur zwei Beispiele zu nennen. Manchmal verlangt auch der Verlag nach einem ausländischen Namen. (Beim Bastei-Verlag werden z. B. Westernromane ausschließlich unter amerikanischen Pseudonymen veröffentlicht.)

Grundsätzlich sollten Sie sich einen Namen aussuchen, der Ihnen gefällt und mit dem Sie sich identifizieren können. Als Pseudonym darf er ruhig ausgefallen, aber nicht zu übertrieben sein. „Tanja Löwenstein" klingt gut, aber „Tanja-Maria von Löwenstein-Ahlfels" wäre als Pseudonym des Guten zuviel. Ausnahmen: Kabarett, Komödie und Satire, wo Sie auch bei Ihrem Künstlernamen überzeichnen dürfen. Zwei berühmte Beispiele: Jürgen von der Lippe (real: Hans-Jürgen Dohrenkamp), Hella von Sinnen (real: Hella Kemper).

Achten Sie vor allem auf Unverwechselbarkeit und recherchieren Sie vorher, ob es Ihren Wunschnamen schon gibt. Falls ja, könnte das zu Verwechslungen oder evt. sogar Rechtsstreitigkeiten führen. Im Mystery-, Dark-Romance-, Urban-Fantasy- und Horrorgenre tummeln sich inzwischen etliche Autorinnen, die sich den Namen „Raven" (Rabe) als Vor- oder Nachnamen gegeben haben. Lassen Sie sich etwas Besonderes einfallen!

Manchmal genügt es, Ihren realen Namen abzukürzen oder in eine andere Sprache zu übersetzen oder Ihren zweiten/dritten Vornamen zu benutzen, wenn der klangvoller ist als Ihr Rufname. Beispiel: Aus Martina Fuhrmann kann Marty Carter (englisches Wort für Fuhrmann) werden. Oder Sie bilden ein Anagramm aus Ihrem Namen (Anagramm = ein durch die Umstellung von Buchstaben und/oder Silben eines Wortes entstandenes neues Wort). Eine meiner Kolleginnen und „mörderische Mitschwester"[48] bildete ihr Pseudonym aus dem Namen des von ihr geschätzten Schriftstellers Voltaire.

Eine (fiktive) Monika Cäcilia Tamara Abel-Naumann kann die Initialen ihres vollständigen Namens (M.C.T.A.N.) zum schottisch-irische klingenden Nachnamen „McTan" zusammenstellen und ihren Vornamen mit „Mona" abkürzen. *Mona McTan* – klingt interessant. Manche Autoren wählen als Nachnamen ihre Heimatstadt: Bonn, Cologne (= Köln), von Mannheim, de Saarlouis, Hannover, van Veen[49] usw. Die Möglichkeiten sind vielfältig.

Als Pseudonym darf es auch gern ein Fantasiename oder Fantasyname ohne Nachnamen sein – sofern Sie ihn sich selbst ausgedacht haben. Gerade bei der Wahl Ihres Pseudonyms müssen Sie darauf achten, nicht die Persönlichkeitsrechte oder Urheberrechte anderer Menschen zu verletzen, indem Sie sich z. B. mit einem real existierenden Adelsnamen schmücken oder den Namen einer Romanfigur wählen, die ein anderer Autor erfunden hat. Deshalb forschen Sie bitte immer vorher nach, ob es den von Ihnen gewählten Namen schon gibt oder einen, der ihm ähnelt.

Hier sind ein paar Pseudonyme, unter denen ich schon veröffentlicht habe: M'Raven (für Grusel- und SF-Romane; das war noch vor dem Überangebot an „Ravens"; heute benutze ich ihn nicht mehr), Mara Sheridan (Western), Poeta Knorrejeck vom Krähenacker (für satirische Lyrik) und Dulcamara aus dem Wald (für Hexenmärchen). Manchmal benutze ich auch „McEL", wahlweise mit oder ohne Vornamen (M.C.E.L. sind die Initialen meines vollständigen Namens).

Lassen Sie sich etwas Zündendes einfallen. Viel Erfolg!

---

[48] „Mörderische Schwestern – Vereinigung deutschsprachiger Krimiautorinnen", Kontakt: www.moerderische-schwestern.eu
[49] Ortsteil von Alpen (PLZ 46519), Kreis Wesel

19. Schreibblockade – was nun?

Ich muss gestehen, dass ich eigentlich nicht kompetent bin, Ihnen Tipps zu geben, wie man mit Schreibblockaden umgeht, weil ich bis heute noch nie eine hatte. Ebenso ist mir auch die sprichwörtliche „Angst des Autors vorm leeren Blatt" (oder der weißen Fläche einer frisch geöffneten PC-Datei) völlig fremd. Im Gegenteil hatte ich zu den Zeiten, als ich tatsächlich noch auf Papier geschrieben habe, manchmal nicht genug „weiße Blätter", auf denen ich hätte schreiben können, weil ich vergessen hatte, rechtzeitig Nachschub zu kaufen.

Zwar habe ich zwischendurch immer wieder Phasen, in denen die Arbeit schleppend vorangeht, weil ich wenig bis keine Lust zum Arbeiten habe und tausend andere Dinge lieber täte; aber dass ich nicht wüsste oder schon mal nicht gewusst hätte, was ich als Nächstes schreiben soll, ist mir zum Glück noch nie passiert. Nicht einmal, wenn ich „auf Knopfdruck" = Auftrag schreiben muss mit einer Deadline im Nacken. Kann aber durchaus noch kommen. Deshalb habe ich mich vorsorglich schlau gemacht, welche Strategien ich in dem Fall anwenden kann und gebe Ihnen die Erfahrungen und Methoden anderer Autoren weiter, die sie empfehlen, um eine solche Blockade/Angst zu überwinden. Lediglich Tipp 4, 9 und 10 sind auf dem „Mist" meiner eigenen Erfahrungen mit der Vermeidung von Schreibblockaden und der Förderung bzw. der Erhaltung der geistigen Leistungsfähigkeit gewachsen.

Um die richtige Gegenmaßnahme zu wählen, müssen Sie sich zunächst bewusst machen, welche Ursache die Schreibblockade hat. Tritt sie erstmals gegen Ende des Werkes (in der Regel eines Romans) auf, dessen Arbeit bis dahin glatt und gut lief, dann verbirgt sich hinter der Blockade mit größter Wahrscheinlichkeit Angst – die Angst davor, das in absehbarer Zeit fertige Werk der Kritik von Testlesern oder Lektoren auszusetzen und die damit einhergehende Befürchtung, dass das Werk in deren Beurteilung nicht gut abschneidet oder sogar verrissen wird.

In dieser Situation ist es gut, wenn man einen Abgabetermin hat, der einen zwingt, das Werk zu Ende zu schreiben. Die beste Methode, sich dazu zu „zwingen", ist Tipp 1, dicht gefolgt von

Tipp 2 und Tipp 3 (siehe unten) oder eine Kombination aus zwei der Tricks oder allen.

Tritt eine Schreibblockade irgendwo mitten in der Arbeit auf und weiß man nicht, wie man jetzt die Handlung fortführen soll, liegt es meistens daran, dass man entweder vor dem Beginn der eigentlichen Arbeit am Roman kein Konzept (Rahmen- oder Handlungsexposé) entwickelt hat und/oder die Handlung davon abweichend sich verselbstständigt hat und nun festgefahren ist. Abhilfe schafft Tipp 3.

Die „Angst vorm weißen Blatt", also die Schreibblockade noch vor dem ersten geschriebenen Wort oder Satz, tritt meistens auf, wenn der Verlag, bei dem man bereits veröffentlicht hat, aufgrund eines neuen Exposés, einer nur kurz angedachten Idee oder weil das bereits gekaufte Werk der Beginn einer Trilogie oder Serie ist, einen Folgeband bestellt hat, der zu einem festgesetzten Zeitpunkt fertig sein muss. Hier liegt die Angst in der Befürchtung begründet, das Folgewerk könnte schlechter werden als das (idealerweise hoch gelobte, in jedem Fall aber veröffentlichte) erste Werk, hat man Angst, die Leser und/oder den Verlag zu enttäuschen. Ich kann Ihnen aus Erfahrung sagen, dass dieser Erfolgsdruck ziemlich unangenehm sein kann. Am besten versucht man, ihn zu ignorieren, denn es ist eine Tatsache, dass selbst etablierte Bestsellerautoren kein Monopol auf gleichbleibend gute Texte haben und jeder Autor mal gut, mal hervorragend, mal weniger gut schreibt. Wenn es mit dem Ignorieren des Erfolgsdrucks nicht klappt, helfen in diesem Fall Tipp 4 und 5.

Und wenn alle Stricke reißen, probieren Sie es mit Tipp 6 und Tipp 7.

Tipp 1
Lesen Sie sich die zuletzt geschriebene Szene oder das letzte Kapitel noch einmal durch. Meistens finden Sie dadurch den Einstieg in die Folgeszene.

Tipp 2
Ist Ihr Werk schon fast fertig und hat Tipp 1 nicht geholfen, beginnen Sie am Anfang Ihres Romans mit der ersten Überarbeitung.

Ziehen Sie die konsequent jeden Tag durch. Wenn Sie den Gesamttext im Zusammenhang lesen, verschaffen Sie sich einen besseren Überblick über die Handlungsstränge. Wenn Sie die Stelle erreichen, an der die Blockade auftrat, wissen Sie dann höchstwahrscheinlich, wie es weitergehen kann/soll. Fällt Ihnen vorher schon ein, wie es weitergehen soll, hören Sie mit der Überarbeitung auf und schreiben sofort weiter.

Tipp 3
Idealerweise haben Sie vor Beginn der Arbeit an Ihrem Roman ein Exposé geschrieben. Lesen Sie es sich noch einmal durch, besonders den Teil, der auf die Stelle folgt, an der die Blockade auftrat. Die Inhaltsangabe gibt Ihnen die nötigen Informationen, um fortfahren zu können.

Haben Sie noch kein Exposé verfasst und, inspiriert von einer wunderbaren Idee, einfach drauflosgeschrieben, schreiben Sie das Exposé jetzt. Wählen Sie dafür idealerweise ein Handlungsexposé, in dem Sie den Inhalt jedes einzelnen Kapitels beschreiben, und arbeiten Sie es bis zum Ende aus. Am Ende der Arbeit am Handlungsexposé sollten Sie dadurch in der Lage sein, an die vorher blockierte Stelle anzuknüpfen.

Das gilt auch für den Fall, dass Ihre Handlung inzwischen von einem bestehenden Exposé abweicht. Schreiben Sie es mit dem neuen Plot von Anfang (!) an neu auf.

Tipp 4
Nirgends ist vorgeschrieben, dass Sie beim Schreiben einer Geschichte oder eines Romans mit deren/dessen Anfang beginnen oder der Reihe nach Kapitel für Kapitel chronologisch schreiben müssen. Wenn Ihnen also der Anfang des nächsten Kapitels oder der nächsten Szene oder überhaupt des Romans/der Geschichte nicht einfällt, schreiben Sie eine Szene mitten aus dem Geschehen oder sogar schon den Schluss. Schreiben Sie weitere Einzelszenen, zu denen Sie inspiriert sind und setzen Sie die irgendwann wie ein Puzzle nach der Chronologie Ihrer Geschichte zusammen. Füllen Sie danach die Lücken dazwischen aus. Irgendwann fällt Ihnen auch ein guter Anfang ein.

Tipp 5
Sollte Ihnen tatsächlich einmal wider Erwarten rein gar nichts einfallen, schreiben Sie trotzdem *irgendetwas*, auch wenn es „Blödsinn" ist wie: *„Ich müsste jetzt das erste/nächste Kapitel, die nächste Szene zu der folgenden Geschichte schreiben. In der Geschichte geht es um ..."* Schreiben Sie den Inhalt Ihrer Geschichte auf, als wollten Sie ein Exposé schreiben, auch wenn Sie bereits eins verfasst haben. Danach oder schon währenddessen fragen Sie Ihren Protagonisten oder Antagonisten (oder beide): *„Du bist jetzt in dieser Situation (Beschreibung der Situation). Was würdest du/willst du jetzt tun? Was brauchst du?"* Schreiben Sie die Antwort Ihrer Figur(en) auf, als wenn *Sie* diese Person wären. Schreiben Sie, was *Sie* tun würden, wenn *Sie* sich in der betreffenden Situation befänden.

Was vielen Menschen auf den ersten Blick lächerlich erscheint, wirkt tatsächlich und gibt Ihnen den Einstieg in die Szene, die wir schreiben wollen. Natürlich müssen Sie Ihren Monolog/Dialog hinterher (größtenteils) wieder streichen. Egal! Hauptsache Sie haben den Anschluss bekommen und die Blockade durchbrochen.

Tipp 6
Sie haben Tipp 1 bis 5 abgearbeitet und sind immer noch blockiert. Keine Panik! Solche Phasen sind normal. Nehmen Sie sich einen schreibfreien Tag oder mehrere Tage. Lenken Sie sich in dieser Zeit mit etwas ab, das Ihnen Spaß macht und streichen Sie das Problemmanuskript vorübergehend aus Ihrem Gedächtnis. Gehen Sie morgen oder spätestens nächste Woche ausgeruht und mit frischen Kräften ans Werk. (Manchmal genügt sogar eine Pause von wenigen Stunden.) Es müsste schon mit dem Teufel zugehen, wenn Sie dann immer noch blockiert sind.

Tipp 7
funktioniert am besten in Verbindung mit Tipp 6: Nutzen Sie Ihre Arbeitspause, um ein Buch zu *lesen*. Wählen Sie eins aus demselben Genre wie Ihr Werk (das hilft vielen) oder (falls Sie zu denen gehören, bei denen das nicht funktioniert) lesen Sie eins aus einem völlig anderen Genre. Probieren Sie aus, worauf Sie am

besten ansprechen. Sich mit einem anderen Text zu beschäftigen, bringt sehr oft die Inspiration, die man braucht, um eine schwierige (blockierte) Stelle zu überwinden. Auch hier gilt: Streichen Sie Ihren eigenen Text für diese Zeit aus Ihrem Gedächtnis. Da unser Unterbewusstsein *immer* arbeitet, sogar im Schlaf, können Sie darauf vertrauen, dass Sie den Anschluss finden, wenn Sie sich ihm nach einem Tag bis fünf Tagen wieder widmen.

Tipp 8
Fragen Sie Freunde, Verwandte, Bekannte um Rat. Schildern Sie ihnen die Szene, bei der Sie nicht weiterkommen und fragen Sie, wie die anderen glauben, vermuten, erwarten, dass es jetzt weitergeht. In der Regel bekommen Sie einen entscheidenden Hinweis, der Ihre Blockade aufhebt.

Tipp 9
Das menschliche Gehirn ist einerseits ein Wunderwerk in seiner Funktionsweise, andererseits aber auch manchmal ein tückisches Miststück, was die Psyche und besonders das Unterbewusstsein betrifft.

Sie haben gestern die Arbeit an Ihrem Werk mit dem Schluss eines Kapitels beendet. Als Sie dessen letztes Wort oder das letzte Wort einer Szene geschrieben hatten, haben Sie wohlgemut aufgehört und die Weiterarbeit auf heute vertagt. Doch heute ist Ihr Gehirn wie leergefegt und fällt Ihnen beim besten Willen nicht ein, wie es weitergehen soll oder kann.

Kein Wunder, denn Ihr Gehirn hat gestern „Schluss" registriert. Als Sie die Arbeit abgebrochen haben, hatten Sie zwar etwas zu Ende geschrieben – eine Szene, ein Kapitel, einen Dialog –, aber das Gehirn hat bedauerlicherweise nicht begriffen, dass nur ein *Teilstück* des Ganzen beendet wurde. Jetzt beharrt es munter darauf, dass schon das gesamte Werk beendet wäre, weshalb es sich gar nicht mehr anstrengen will, um sich dafür noch mehr einfallen zu lassen.

Um diese Form der Schreibblockade zu vermeiden, beenden Sie die Arbeit an Ihrem Werk bitte *niemals* mit dem Ende einer Szene, eines Kapitels oder Dialoges. Schreiben Sie *immer* noch mindestens den ersten Satz, besser noch den ersten Absatz des

Folgekapitels, der Folgeszene und brechen Sie an einer Stelle ab, an der Sie genau wissen, wie es danach weitergeht. In ungefähr neunzig Prozent aller Fälle hilft Ihnen das, die Blockade gar nicht erst entstehen zu lassen.

Tipp 10
dient ebenfalls der Vermeidung von Schreibblockaden. Zumindest von denen, die ihre Ursache darin haben, dass wir den Text vor lauter Wörtern nicht mehr sehen (das ist das schriftstellerische Äquivalent zum Wald, den man vor lauter Bäumen nicht sieht) oder dass wir uns an einer Stelle festgefahren haben und nicht wissen, wie es nun weitergehen soll.

TREIBEN SIE SPORT! Am besten Ausdauersport, an fünf bis sechs Tagen in der Woche für mindestens eine halbe Stunde. Mal abgesehen davon, dass Bewegung evolutionsbedingt ohnehin zur „artgerechten Menschenhaltung" gehört (also für unsere Gesundheit unerlässlich ist), fördert besonders Ausdauersport die Gehirnleistung und die Denkprozesse. Bei mir hat diese Methode die Wirkung, dass ich nach einer Stunde, die ich auf meinem Ergometer (Heimtrainer) abgestrampelt habe, nicht nur ein paarhundert Kalorien verbraucht habe, sondern die (neuen) Ideen oft nur so sprudeln, ich in jedem Fall aber den Text trotz der vielen Wörter wieder sehen kann.

Neben diesem nützlichen Effekt brauchen gerade Menschen, die einer bewegungsarmen Tätigkeit nachgehen, Sport als Ausgleich. Sie müssen nicht gleich in ein Fitnessstudio eintreten (kostet meistens sowieso zuviel Geld). Ein Heimtrainer oder Laufband im Wohnzimmer (oder einem anderen Zimmer) aufgestellt, tut es auch. Oder Sie joggen oder wählen eine andere Sportart, die Ihnen Spaß macht. Hauptsache Sie bewegen sich regelmäßig (!). Sie werden sehen, wie gut das nicht nur Körper und Seele, sondern auch Ihrer schriftstellerischen Arbeit tut.

Und selbstverständlich sollten Sie grundsätzlich auch auf eine gesunde Ernährung achten. Was Sie essen, trägt entscheidend dazu bei, wie gut nicht nur Ihr Körper, sondern auch Ihr Gehirn funktioniert!

20. Die letzten Tipps

Liebe Geschwister im Geiste der schreibenden Zunft, Sie werden, falls Sie es nicht schon getan haben, im Laufe Ihrer Tätigkeit als Schriftsteller eigene Strategien und Hilfsmittel entwickeln, die Ihnen bei Ihrem Hobby oder (künftigen) Beruf nützlich sind. Hier sind meine bewährten Taktiken.

1. Ideen
Sie sind flüchtig wie ein zarter Duft. Wenn man sie nicht sofort festhält, sind sie im nächsten Moment weg. Schon manch ein (berühmter) Kollege vertagte das Notieren einer Idee auf „in zehn Minuten" (oder noch später), nur um „später" entsetzt festzustellen, dass die grandiose Idee futsch war wie vom Winde verweht. Manchmal unwiederbringlich. Dieses Phänomen hat die Mehrheit aller (professionellen) Schriftsteller schon mindestens einmal an sich beobachtet.

TIPP: Sobald Sie eine Idee haben, lassen Sie alles stehen und liegen und schreiben Sie die unverzüglich auf! Und sei es in Stichworten auf eine Serviette, ein Blatt von der Küchenkrepprolle oder ein Stück Toilettenpapier (nein, das ist *kein* Witz!). Ich habe zu diesem Zweck immer ein kleines Notizbuch (und einen Stift) bei mir, das bequem in jede Hemd- oder Hosentasche passt (und erst recht in jede Frauenhandtasche). Zu Hause habe ich ein etwas größeres Ringbuch als „Ideenbuch" immer in Griffweite. Die berühmten „Moleskine"-Notizbücher[50] (und andere) sind bei Schriftstellern für solche Zwecke sehr beliebt. Wenn ich am PC arbeite, öffne ich eine neue Datei, schreibe die Idee hinein und speichere sie unter einem Stichwort im Dateiordner „Entwürfe, Fragmente, Ideen" für spätere Verwendung.

---

[50] sprich „Mohlskinn" = Englischleder, da die ersten dieser Notizbücher in eben diesen speziellen Stoff eingeschlagen waren

2. Mind Maps – Gedankenlandkarten
Um das Beziehungsgeflecht meiner Charaktere in einem Roman anschaulich darzustellen und einen Überblick zu haben bzw. den Plot zu entwickeln, benutze ich sogenannte MIND MAPS (deutsch = „Gedankenkarten"). Dabei handelt es sich um eine vom britischen Mentaltrainer Tony Buzan entwickelte Technik, mit der (u. a.) die Beziehungsstruktur von Personen, Handlungen oder auch Projektplanungen als Schaubild dargestellt werden. Jede Figur erhält einen Kreis mit ihrem Namen darin sowie einen „Zweig" mit Abzweigungen (Linien), die ihre Charaktereigenschaften, Aussehen und das Verhältnis zum Geschehen anzeigen. Eine Mind Map ähnelt der Baumstruktur der PC-Dateien in der Übersicht (Explorer), nur dass sich alle „Baumstämme" um einen zentralen Punkt (= das Hauptthema des Romans) sonnenstrahlförmig gruppieren.

3. Informationen
Informationen der unterschiedlichsten Art sind eminent wichtig für (fast) jedes Romanprojekt. Oft kommt man jedoch nur schwer an die spezifischen Auskünfte heran, die man braucht. Manchmal weiß man auch nicht, wo man nach ihnen suchen soll. Ich habe es mir deshalb zur Gewohnheit gemacht, ungewöhnliche Informationen, auf ich zufällig stoße (in Zeitungen, Zeitschriften, Prospekten, Fachbüchern oder als hingeworfenen Satz in einer Filmdokumentation etc.) zu sammeln oder aufzuschreiben und sie in meinem Archiv unter dem entsprechenden Themengebiet abzuheften, auch wenn ich im Voraus nie weiß, ob ich sie jemals brauchen werde. So besitze ich z. B. Grundrisse des Weißen Hauses in Washington, eines Kreuzfahrtschiffes und einer Segeljacht ebenso wie diverse (grobe) Stadtpläne von Orten im In- und Ausland und anderes mehr bis hin zu „kleinen" Informationen wie z. B. dass die Augäpfel eines Menschen bei 69 ° Celsius zu schmelzen beginnen. Auch wenn man diese Informationen selbst vielleicht niemals für ein Projekt braucht, so kann man mit ihnen unter Umständen anderen Kollegen helfen oder sie eines Tages anderweitig nutzen.

4. Sicherungskopien

Sicherungen der eigenen Dateien sind eigentlich obligatorisch, doch ich höre immer wieder von Kollegen, dass sie die nur sporadisch anfertigen. Wenn dann der PC einmal abschmiert, sich einen Virus einfängt, der alle Dateien beschädigt oder sogar löscht oder die Festplatte den Geist aufgibt, ist die Arbeit von Tagen, Wochen oder sogar Monaten weg. Ich speichere deshalb *jeden Tag* (!) die Manuskripte, an denen ich an diesem Tag gearbeitet habe, auf einem USB-Stick und erstelle einmal im Monat eine externe Sicherungskopie des gesamten Dateiordners, in dem ich alle Manuskripte gespeichert habe. Selbst wenn der PC-Super-GAU passieren sollte, habe ich die aktuellen Daten gerettet. Außerdem drucke ich jedes fertige und abgeschlossene MS zusätzlich aus und brenne es auf eine CD-ROM. Sollten alle Stricke reißen, so habe ich immer noch die CD oder, falls auch die den Geist aufgibt, den Ausdruck, den ich einscannen und dadurch eine neue Datei erstellen kann.

Sie halten das für übertrieben? Mag sein. Doch sobald Sie einmal versehentlich auf eine falsche Taste Ihres PCs gedrückt und ein (fast) fertiges MS unwiederbringlich gelöscht haben, werden Sie in Zukunft zumindest eine bis zwei dieser Sicherheitsvorkehrungen treffen. Lassen Sie es besser nicht so weit kommen.

5. „Director's Cut"

Verlage/Lektoren haben die für uns unschöne Angewohnheit, unsere Manuskripte (aus unserer subjektiven Sicht gesehen) zu „verstümmeln". Sie streichen Passagen und Szenen, manchmal sogar Nebenfiguren, die uns lieb und teuer sind. Oder wir wissen von vorn herein, dass ein Verlag diese oder jene Szene, die uns am Herzen liegt, garantiert streichen wird, obwohl wir sie liebend gern behalten würden. Deshalb fertige ich beim Überarbeiten meinen persönlichen „DIRECTOR'S CUT" jeder Story und jedes Romans an, den ich ausdrucke und abhefte bzw. als Buch binde(n lasse) und den ich und ab und zu lese, um mein Werk so zu genießen, wie es *mir* am besten gefällt.

6. Netzwerke

Knüpfen Sie möglichst viele <u>KONTAKTE</u> zu Schriftstellerkollegen. Das muss nicht unbedingt über Netzwerke wie Facebook sein, obwohl die sich hervorragend eignen, um Erstkontakte herzustellen. Ein guter, wenn vielleicht auch nur sporadischer Kontakt zu Kolleginnen und Kollegen kann Ihnen helfen, wenn es um Plotfragen und Fachfragen geht oder die Kontakte zu Verlagen.

Die „Mörderischen Schwestern" unterhalten z. B. eine Mailing-Liste, auf der jede Schwester Fragen an die Gemeinschaft richten kann. Meistens sind es Fachfragen: „Weiß eine von euch, wie schnell man am Biss einer Vogelspinne stirbt?" (Antwort: Gar nicht, sofern man nicht auf das Spinnengift allergisch reagiert, weil der Biss einer Vogelspinne nicht giftiger ist als der einer Wespe.) Oder Fragen zu Verlagen: „Hat eine von euch bei Verlag XYZ veröffentlicht? Wenn ja, wie sind die Erfahrungen?" Da sich viele Fachfrauen in diesem Netzwerk tummeln, kommt die kompetente Antwort meistens innerhalb weniger Stunden oder sogar Minuten. Und es ist ein Leichtes, über solche Kontakte kompetente Testleser zu finden oder anderweitig Hilfe zu bekommen.

Nicht zu vergessen, dass einem solche Kontakte den Weg zu der nächsten oder gar der ersten Veröffentlichung in einem renommierten Verlag ebnen können. Mein Kontakt zum Goldfinch-Verlag, der 2012 meinen Schottland-Krimi „Talisker Blues" veröffentlichte, kam über das Netzwerk der Mörderischen Schwestern zustande. Ohne dieses Netzwerk hätte ich nie davon erfahren, dass der Verlag Krimimanuskripte sucht, deren Handlung in Großbritannien angesiedelt ist und wäre mein Schottland-Krimi vielleicht erst Jahre später veröffentlicht worden.

Kontakte zu Kolleginnen und Kollegen sind manchmal genau das „Vitamin B", das uns in vielerlei Hinsicht auf unserem Weg weiterhilft. Ganz abgesehen von den wunderbaren, manchmal lebenslang haltenden Freundschaften, die auf diese Weise entstehen und die am Ende sehr viel wertvoller sind als alle (schreib-) beruflichen Vorteile.

21. Schreiben als Beruf

Vielleicht träumen Sie, liebe Leserin, lieber Leser auch davon, eines Tages das Schreiben nicht nur als Hobby, sondern als (Haupt-) Beruf zu betreiben, mit dem Sie Ihren Lebensunterhalt bestreiten. Falls es Ihnen damit ernst ist, erlauben Sie mir, Sie in diesem Kapitel mit der rauen Wirklichkeit des Schriftstellerberufes bekannt zu machen. Denn in keinem anderen Bereich gehen die Fantasie der (noch Hobby-) Autoren und die Realität so stark auseinander wie hier.

Nach fast jeder Lesung, wenn das Publikum die Gelegenheit hat, mir Fragen zu stellen, taucht die Frage auf nach dem Weg, der zum Schreiben als Beruf führt. Auf meine Rückfrage, warum der Fragende ausgerechnet Schriftsteller werden will, kommt zu 95 % die Antwort (in unterschiedlicher Formulierung), dass man damit/dadurch „reich und berühmt" (oder berühmt und reich) werden wolle.

Lassen Sie wir die (philosophische) Überlegung, ob Ruhm wirklich so erstrebenswert ist, einmal außen vor. Ich persönlich meine: nein, wenn ich an die Einschränkungen denke, die das für das Privatlebens bedeutet. Man wird auf der Straße, im Supermarkt etc. von begeisterten Fans angesprochen und zu einem Autogramm genötigt. Jedes Wort in einem Interview wird auf die Goldwaage gelegt (auch ohne dass man berühmt ist). Man steht, wo man auftaucht, im Mittelpunkt des Interesses völlig fremder Leute (und bekommt oft von ihnen ein Manuskript in die Hand gedrückt mit der Bitte, es wohlwollend zu prüfen). Und selbst das Popeln in der Nase in den eigenen vier Wänden sollte man sich wegen der draußen lauernden Paparazzi nur noch bei heruntergelassener Jalousie leisten. Wenn man ganz großes Pech hat, gerät man in den Fokus eines psychisch kranken Menschen, der einen stalkt oder noch schlimmer in seinem Wahn umzubringen versucht. Da ziehe ich persönlich die „Anonymität" vor.

Bleiben wir beim Reichtum. Wer glaubt, dass er mit Schreiben reich werden könnte, erliegt einem Irrtum. Fakt ist, wie ich in Kapitel 15 schon erwähnte, dass nur sehr wenige Schriftsteller überhaupt vom belletristischen Schreiben leben können. Von denen wiederum haben über neunzig Prozent ein Einkommen, das unterhalb der Armutsgrenze liegt. Ich mache keinen Hehl daraus, dass ich auch (noch) dazu gehöre und das wohl – sollte ich nicht das unwahrscheinliche Glück haben, dass eins meiner Bücher ein Bestseller wird – bis an mein Lebensende. Wenn ich meinen Jahresverdienst auf den Monat umrechne, habe ich abzüglich Steuern, Sozialabgaben und Betriebskosten (= Ausgaben für Strom, Telefon/Fax/Internet, Druckerpapier, Toner, Portokosten, anteilige Miete fürs Arbeitszimmer etc.) einen Betrag zur Verfügung, der in der Nähe des Satzes liegt, den ich als ALG II („Hartz IV") plus Miete bekäme. Damit geht es mir noch gut, verglichen mit anderen Kollegen. Die meisten Schriftsteller müssen neben dem Schreiben einem sogenannten „Brotberuf" nachgehen, der ihnen das „tägliche Brot" sichert. Reich werden nur die Bestsellerautoren.

Natürlich träumen wir alle davon, einen Bestseller zu schreiben, aber die Wenigsten schaffen es. Trotzdem: Träumen Sie (weiter) davon! Solche Träume spornen die Schaffenskraft an. Alle Bestseller und auch alle Erfindungen, die uns heute das Leben erleichtern oder auf medizinischem Gebiet sogar retten, haben mit dem Traum eines Menschen von eben diesem Ziel begonnen.

Einigermaßen gut (wenn auch keineswegs sorgenfrei) leben können nur die „Vielschreiber", die jedes Jahr mindestens zwei bis drei Bücher veröffentlichen, die sich relativ gut verkaufen und die über die im Laufe mehrerer Jahre angesammelte Menge einen guten Verdienst durch die Tantiemen erzielen. Sinkende Verkaufszahlen einzelner Werke werden durch neue Bücher ausgeglichen.

Leider genießen Vielschreiber bei manchen Verlagen einen zweifelhaften Ruf, weil die Verleger der Meinung sind, dass durch die Quantität (Menge) die Qualität leidet. Das stimmt so pauschal natürlich nicht, obwohl es tatsächlich auf einige Autoren zutrifft. Darum ist es wichtig, dass man einen Verlag oder zwei (gern auch drei) Verlage von der eigenen Qualität und Leistungsfähigkeit überzeugt, um auf diese Weise zum „Hausautor" aufzusteigen, d. h. zum festen Autorenstamm des Verlages zu gehören. Aber so weit muss man es erst mal bringen, und das ist nicht leicht.

Nebenbei: Das Mindest**jahres**einkommen, ab dem man sich bei der Künstlersozialkasse als freiberuflicher Schriftsteller renten- und sozialversichern kann, liegt gegenwärtig bei 3900 Euro netto = 325 Euro im Monat – ein Hungerlohn noch unterhalb der aktuellen Hartz-IV-Sätze. Die meisten Künstler (nicht nur Schriftsteller) erreichen nicht mal das.

Wenn Sie also nur Schriftsteller werden wollen, um reich zu werden, dann suchen Sie sich lieber einen anderen Beruf (Manager, Politiker, Bankdirektor o. ä.). Belletristisches Schreiben ist dafür denkbar ungeeignet.

Ebenso falsch ist die nicht minder verbreitete Annahme vom „süßen Künstlerleben" der Schriftsteller, das einem die Gelegenheit gibt, morgens auszuschlafen und nur dann zu arbeiten, wenn einen die Muse küsst. Auch das können sich nur Bestsellerautoren leisten, die schon so viel verdient haben, dass sie nur noch alle paar Jahre ein Buch zu schreiben brauchen oder sogar schon ausgesorgt haben.

Die Realität sieht ganz anders aus. Schreiben ist (geistig) harte Arbeit, der man wie in jedem Beruf täglich acht Stunden und mehr nachgehen muss. Schriftsteller haben Abgabetermine einzuhalten, die vertraglich festgelegt sind. Sie haben nach Vertragsabschluss drei bis sechs Monate Zeit, um einen Roman zu schreiben. Je nach Länge des Werkes ist das manchmal recht knapp, da man es – siehe oben – noch mehrfach überarbeiten muss, bis es fertig ist. Da kann man es sich gar nicht leisten, auf den Kuss der Muse zu warten, sondern muss sein tägliches Pensum schreiben, ob man Lust hat oder nicht, ob man inspiriert ist oder nicht.

Ohne Bestseller erreicht man, wie schon erwähnt, die zum Leben erforderlichen Einnahmen nur über die Menge der Bücher, die man schreibt. Bei mir sind es gegenwärtig jedes Jahr vier bis sechs Romane (die ich fertig schreibe; nicht alle habe ich im selben Jahr auch begonnen und nicht alle erscheinen im Jahr ihrer Fertigstellung im Handel) und sechs bis acht Heftromane. Das heißt, ich schreibe jedes Jahr etwa 3500 Normseiten und arbeite im Durchschnitt acht bis zehn Stunden täglich (!) an sieben Tagen in der Woche und 340 bis 350 Tagen im Jahr (wobei die Zeit für

z. B. Recherche und damit evt. verbundene Reisen inbegriffen ist; ich bin mittlerweile Expertin darin, in voll besetzten Zügen und unbequemen Hotelzimmern zu schreiben).

Ganz ehrlich: Als ich noch Angestellte war, hatte ich eine kuschelige 38- bis 40-Stunden-Woche an ca. 250 Tagen im Jahr. Ich habe damals nicht annähernd so viel gearbeitet wie jetzt. Das ist der Preis dafür, selbstständig zu sein und vom Schreiben leben zu können.

Ebenfalls ganz ehrlich: Ich würde trotzdem um nichts in der Welt das Schreiben gegen irgendeinen anderen Job eintauschen, egal wie lukrativ der wäre. Denn mein Beruf macht mich glücklich wie kein anderer.

Doch nicht nur das eigentliche Schreiben gehört zum Schriftstellerberuf. Man muss auch Lesungen abhalten (die in der Regel von den Verlagen organisiert werden). Diese Lesungen müssen generalstabsmäßig vorbereitet werden, von der Auswahl der zu lesenden Textstellen (abgestimmt auf die zur Verfügung stehende Lesezeit), dem Üben des Vorlesens bis hin zur Wahl der passenden Garderobe (abgestimmt auf das Publikum). Da die Lesungen selten am Wohnort stattfinden, muss man zum Veranstaltungsort reisen; manchmal quer durchs ganze Bundesgebiet. Zu einer Lesung war ich einmal allein für die Anreise mit der Bahn zwölf Stunden unterwegs (bei planmäßigen Anschlüssen!), ebenso lange für den Rückweg und hatte am Tag dazwischen eine einzige Lesung, die inklusiv Frage- und Autogrammstunde keine zwei Stunden dauerte.

Natürlich gibt es dafür ein Lesehonorar (durchschnittlich zwischen 100 und 350 Euro; nur Bestsellerautoren bekommen hin und wieder vierstellige Summen), das einen Teil der Jahreseinnahmen ausmacht. Außerdem werden die Fahrt- und Übernachtungskosten erstattet. Aber es ist, besonders bei langer Anreise, eine anstrengende Sache.

Ein weiteres, für viele Autoren unverzichtbares Standbein ist das Unterrichten von Kursen (neudeutsch: Workshops) in kreativem Schreiben an Volkshochschulen, sonstigen Bildungsstätten und in Eigenregie. Hierfür braucht man zusätzlich ein Händchen für Menschen und ein gewisses (psychologisches) pädagogisches Geschick, was nicht jedem liegt.

Sie sehen also, liebe Leserin, lieber Leser, dass Schreiben als Beruf eine wirklich harte und vielseitige Arbeit ist. Überlegen Sie sich gut, ob Sie die damit verbundenen Nachteile in Kauf nehmen und ihn wirklich als Hauptberuf anstreben wollen.

Ich persönlich schreibe, um es frei nach Luther auszudrücken: „Hier sitze ich, ich kann nicht anders." In meinem Kopf sind so viele Ideen für Geschichten (ich nenne sie meine „kreativen Hummeln"; siehe Seite 227), die unbedingt raus wollen, dass dieses eine Leben nicht ausreicht, sie alle zu erzählen. Schreiben ist meine Leidenschaft und meine Berufung. Ich würde selbst dann immer weiter schreiben, wenn ich genau wüsste, dass nie wieder eins meiner Werke veröffentlicht wird. (Da es aber „Books on Demand" gibt, ist Letzteres in jedem Fall höchst unwahrscheinlich.☺) Dass ich inzwischen davon leben kann, ist ein großes Glück und ein wahr gewordener Traum, für dessen Erfüllung ich zutiefst dankbar bin.
    Reich werde ich mit größter Wahrscheinlichkeit dadurch nie werden und wohl bis an mein Lebensende jeden Cent vor dem Ausgeben fünfmal umdrehen müssen. Aber ich habe den (subjektiv) tollsten Job der Welt und bin (wenn auch keineswegs nur deswegen) ein sehr glücklicher Mensch.

Hiermit sind wir nun endgültig am Ende der Liste von Tipps, Tricks & Kniffen für das kreative Schreiben angelangt. Da selbst das beste Manuskript leider keine Garantie dafür bietet, dass es auch veröffentlicht wird (das hängt immer von dem persönlichen und somit subjektiven Geschmack der Lektoren ab, die es begutachten), verabschiede ich mich von Ihnen mit dem Rat, den Joyce Carol Oates allen Schriftstellern und Schriftstellerinnen mit auf den Weg gibt:

- **Schreib dir die Seele aus dem Leib!**
- **Schäme dich nie deines Themas, noch deiner Leidenschaft dafür!**
- **Schäme dich nicht, idealistisch zu sein, romantisch und voller Sehnsucht!**
- **Und lass dich nie entmutigen!**

Gabriel Garcia Marquez drückte es pragmatischer aus:

„Der Erfolg mag beflügeln, die Geneigtheit der Leser mag anspornen, aber das sind Zusatzgewinne, denn ein guter Schriftsteller wird so oder so weiterschreiben, auch wenn seine Schuhe Löcher haben und seine Bücher sich nicht verkaufen."

In diesem Sinne wünsche ich Ihnen viele gute Ideen und dass Ihre Wünsche hinsichtlich der Veröffentlichung dieser Ideen in Erfüllung gehen! Vor allem aber, dass Ihnen das Schreiben immer Freude bringen möge.

Ihre *Mara Laue*

Kreative Hummeln im Hirn

*Mich hat erwischt des Nachts ganz spät
ein Anfall Kreativität!
Summt und brummt in meinem Hirn,
pocht sehr fest an meine Stirn,
als wenn ein ganzer Hummelschwarm
dort drinnen mir verursacht Harm!*

*Damit ich ruhig schlafen kann,
setz' ich an den PC mich 'ran,
schreib' mir die Hummeln aus der Seele,
dass keine mir den Schlaf noch stehle.*

*Doch hat der Hummelschwarm die Nacht
ganz frech zu einem Tag gemacht,
zwang mich zum Bildschirm, dass ich schreibe
die Seele mir bald aus dem Leibe,
das Keyboard qualmt und Feuer sprüht
und mir fast der PC verglüht.*

*Ich hätt' die Hummeln gern verhauen,
dass sie mich lassen aus den Klauen!
Doch leider gaben sie erst Ruh,
als mir die Augen fielen zu,
zu einer Zeit, als – Licht zeigt 's an! –
der neue Morgen schon begann ...*

© Mara Laue

Glossar

Allwissender Erzähler
(= auktoriale Perspektive) Eine Erzählperspektive, bei der das Geschehen aus der Sicht eines Berichterstatters (Erzählers) geschildert wird, der über allem schwebt, alles weiß und entsprechend alles preisgeben kann, einschließlich der Gedanken aller Figuren.

Antagonist
Der Gegenspieler des Protagonisten, des Helden; der (nicht zwangsläufige) „Bösewicht".

Auktoriale Perspektive
Perspektive des allwissenden Erzählers; „auktorial" = aus der Perspektive (der Sicht) des Autors dargestellt.

Bibliografie
Liste aller bisherigen Veröffentlichungen eines Autors, die zusammen mit der Kurzvita (siehe dort) beim Einreichen eines Manuskripts dem Verlag geschickt wird.

Books on Demand
(= „Buch auf Verlangen/Anforderung") Ein Online-Buchverlag, der ein Manuskript digitalisiert und nur auf Verlangen die entsprechende Buchmenge ausdruckt. Für den Auftraggeber (Autor) sind nur die „Erstausstattung" = das Digitalisieren, Zuteilung einer ISBN und seine eigenen bestellten Exemplare kostenpflichtig in erschwinglichem Rahmen. Von jedem von jemand anderem bestellten und gekauften Exemplar erhält der Auftraggeber/Autor die üblichen Tantiemen (Verkaufspreis minus Herstellungskosten = Gewinn).

Botenbericht
Ein ursprünglich aus dem Theater stammender Begriff, der eine Situation bezeichnet, in der eine Person einer anderen einen Bericht über wichtige Ereignisse gibt, die für die folgende Handlung relevant sind. In der Belletristik wird dieses Mittel an passenden

Stellen angewendet, um kurze Informationen zu transportieren, die keiner eigenen Szene bedürfen oder Informationen zusammenfassen, die dem Leser bereits bekannt sind, aber nicht der Person, die den Bericht erhält. Der Botenbericht kann auch aus einem Zeitungs-, Radio- oder Fernsehbericht bestehen, aus einem Brief oder einer Notiz.

Braiden
(von engl. „braid" = Zopf oder flechten) Verknüpfung von mehreren Handlungssträngen in einem Roman. Ein probates Mittel, um Spannung zu erzeugen und einen Roman nicht eindimensional geraten zu lassen.

Cliffhanger
(= Klippenhänger) Ein Stilmittel, um Spannung zu erzeugen. Es bezeichnet die Methode, eine Szene an der spannendsten Stelle abzubrechen und einen Szenenwechsel mit Perspektivwechsel folgen zu lassen, ehe in einer späteren Szene oder einem neuen Kapitel die unterbrochene Szene fortgesetzt wird.

Covertext
Die nur wenige Sätze umfassende Inhaltsangabe auf der Rückseite eines Buches. Der Covertext ist besonders spannend, verrät nie das Ende und soll die Leser zum Kauf des Buches verführen.

Deus ex machina
(= Gott aus der Maschine) Eine unerwartet auftretende Person oder Begebenheit, die in einer Notsituation hilft oder die Lösung bringt. In Unterhaltungsmedien sind *Dei ex machina* Hilfsmittel von Autoren, um die Geschichte mit einfachen, unerklärten Mitteln in die gewünschte Richtung zu bewegen. Deshalb wird der Ausdruck oft abwertend als Kritik an der Schreibfähigkeit der Betreffenden verwendet, um deren Unfähigkeit zu bezeichnen, eine Handlung mit kontinuierlich logischen Zusammenhängen zu schaffen.

Dialog
(= griech. „Zwiegespräch") Gespräch zwischen zwei Figuren. Dialoge geben dem Leser Informationen, zeigen Konflikte auf oder schaffen solche (z. B. durch Missverständnisse) und/oder charakterisieren die Personen. Das Wichtige wird nicht immer direkt im Dialog ausgesprochen, sondern oft erst im Subtext (= „zwischen den Zeilen") erkennbar.

DKZV
= Druckkostenzuschussverlag. Pseudoverlag, der von den Autoren Geld für die Veröffentlichung verlangt. Ein DKZV druckt jedes Manuskript, ganz gleich wie schlecht es ist, und der abgezockte Autor bleibt auf seinen Kosten sitzen.

Dramatis Personae
(= lat. „Personen des Dramas") Dieser Begriff aus dem Theater bezeichnet die in einem Stück mitwirkenden Figuren. Er wird manchmal auch im Exposé für einen Roman verwendet, dort aber meistens → „Personenbeschreibung" genannt (siehe dort).

Eingeschränkt auktoriale Perspektive
= semi-auktoriale Perspektive (siehe dort)

Epilog
(= griech. „Nachrede") Eine (kurze) Szene, die oft nach einem längeren Zeitraum nach dem Ende der Haupthandlung stattfindet. Hierin werden noch die letzten „losen Enden" der Geschichte zusammengeführt oder wird ein Schlaglicht darauf geworfen, wie es den Figuren weiter ergeht. Beispiel: In der Schlussszene der Haupthandlung tauchte der Held mit einer neuen Identität unter. Im Epilog sieht man ihn in seinem Leben mit dieser neuen Identität, aber er zuckt immer noch zusammen, wenn er irgendwo einen bestimmten Wagentyp sieht, weil sein Gegenspieler noch „irgendwo da draußen" ist.

Erzählung
Eine literarische Textform von 36.000 – 180.000 Anschlägen Umfang (20 – 100 Normseiten), deren Handlung chronologisch, in der

Regel ohne Rückblenden und meist nur aus einer einzigen Perspektive erzählt wird.

Exposé
Die Inhaltsangabe eines längeren Textes. Das Exposé wird immer im Präsens geschrieben. Siehe auch →Handlungsexposé und →Rahmenexposé.

Fan Fiction
Storys und Gedichte, die von den Fans einer Film- oder Buchserie verfasst werden und deren Hauptpersonen die Figuren aus der betreffenden Serie sind. Außer in privat gedruckten sogenannten „Fanzines" werden sie nie veröffentlicht, da die Verwertungsrechte (= Publikationsrechte) an diesen Figuren ausschließlich den Autoren bzw. den Verlagen oder Filmproduzenten der Serien gehören.

Fanzine
(= Zusammensetzung aus „Fan Magazine") Das gedruckte, oft nur fotokopierte Medium, in dem Fan Fiction unkommerziell (!) den Lesern zugänglich gemacht wird.

Flashback
= Rückblende (siehe dort)

Genre
Die literarische Gattung, zu der ein Text gehört, z. B. Krimi, Fantasy, Science Fiction usw.

Ghostwriting, Ghostwriter
(= Geisterschreiben) Wenn jemand einen Autor damit beauftragt, in seinem Namen und Auftrag eine Geschichte – in der Regel eine Biografie, (Festtags-) Rede oder Firmenchronik – zu schreiben, so nennt man das Ghostwriting. Der beauftragte Autor ist ein Ghostwriter (= „Geisterschreiber"). Das Endprodukt wird unter dem Namen des Auftraggebers veröffentlicht und erhält allenfalls unter dessen Namen in kleinerer Schrift den Zusatz *„mit N.N.* (Name des Ghostwriters)". Manchmal verschwindet der tatsächliche Au-

tor allerdings kleingedruckt im Impressum oder wird überhaupt nicht genannt – er bleibt ein (nahezu) unsichtbarer „Geist".

Handlungsexposé
Ein ausführliches Exposé, das statt eines auf ca. 3 Seiten gekürzten Inhalts den Plot des gesamten Romans wiedergibt und evt. für jedes einzelne Kapitel eine Inhaltsangabe liefert. Handlungsexposés werden entweder auf Anforderung eines Verlages erstellt und eingereicht, oder der Autor schreibt sie für sich selbst, um ein längeres Werk zu strukturieren.

Hardcover
Ein Buch beliebiger Größe mit hartem, nicht biegsamem Einband.

Heftroman
Ein als Heft im DIN A5 Format gedruckter Kurzroman mit nicht mehr als 180.000 – 190.000 Anschlägen auf 60 – 68 Seiten. Heftromane erhalten keine ISBN sondern eine ISSN (siehe dort).

Heldenreise
Überbegriff für einen Plot, bei dem der Protagonist im Verlauf des Romans eine tiefgreifende charakterliche Entwicklung durchmacht, die man mit den klassischen Initiationsriten der Frühkulturen und Naturvölker vergleichen kann (→ Kapitel 3 Punkt 8).

Hook
(= engl. „Haken") bezeichnet den gleich auf der ersten Seite des Textes oder zu Beginn einer Szene/eines Kapitels auftauchenden „Köder", der die Aufmerksamkeit der Leser wecken und sie in den Text hineinziehen soll. Der Hook verleitet zum Weiterlesen. Auch zwischendurch werden in Romanen immer wieder Hooks eingeflochten, um die Leser bei der Stange zu halten.

Ich-Erzähler
Der gesamte Text wird aus der Perspektive einer einzigen Person geschildert und in der 1. Person Singular (= „ich") geschrieben.

Infodump
Zusammensetzung aus Information und dem englischen Wort „to dump" = ausschütten, überschütten. Der Infodump ist eine Textstelle, die keine Handlung enthält, dafür aber die Leser mit geballten, an der betreffenden Stelle jedoch völlig unnötigen Informationen überschüttet. Meistens lesen sich diese Textstellen wie Zitate aus einem Lexikon oder Lehrbuch.

Innerer Monolog
Textstelle ohne wörtliche Rede, die die Gedanken einer Figur in der Ich-Form preisgibt, aber wie wörtliche Rede nur ohne An- und Ausführungszeichen geschrieben ist. Oft wird sie, um sie optisch kenntlich zu machen, kursiv gedruckt. Beispiel: *Verdammt, ich hätte ein Taxi nehmen sollen! Aber konnte ich denn ahnen, dass es ausgerechnet jetzt anfängt zu regnen?*

ISBN
Internationale **S**tandard **B**uch**n**ummer. Die unverwechselbare, einmalige Identifikationsnummer jedes Buches weltweit.

ISSN
Internationale **S**tandard **S**eriennummer. Die unverwechselbare, einmalige Identifikationsnummer jeder Zeitschrift und Schriftreihe weltweit.

Kapiteltreatment
= Handlungsexposé (siehe dort)

Klappentext
Inhaltlich dasselbe wie der Covertext, nur dass er auf der Innenklappe des Schutzumschlags eines Hardcoverbuches steht statt wie beim Softcover-Taschenbuch auf der Buchrückseite.

Kurzgeschichte (Story)
Ein literarischer Text mit 2000 – 36.000 Anschlägen (2 – 20 Normseiten), bei dem es mehr als eine Handlungsebene geben kann (nicht muss), also die Perspektiven wechseln können. Die

Einleitung ist in der Regel kurz oder fällt ganz weg, und die Handlung kann mit dem Höhepunkt der Geschichte beginnen.

Kurzvita
Der nicht mehr als ca. zwölf Zeilen einer Normseite umfassende schriftstellerische Werdegang eines Autors, der – so vorhanden – auch gewonnene Literaturpreise bzw. Nominierungen oder Stipendien nennt.

Mainstream
(= engl. „Hauptstrom") Darunter versteht man den literarischen Trend auf dem Buchmarkt – hinsichtlich des Genres oder derselben → Storyline innerhalb eines Genres –, der gegenwärtig die Gunst der Leser genießt und deshalb bevorzugt gekauft wird (z. B. Krimis, die mit einer Liebesgeschichte kombiniert sind).

Manuskript (MS)
(wörtlich „Handschrift") Der vom Autor fertig geschriebene, ausgedruckte (heutzutage oft nur als PC-Datei existierende) literarische Text unabhängig von Länge oder Genre. Abkürzung: MS

Manuskriptnorm
Die Kriterien, wie man ein MS zu gestalten und einem Verlag einzureichen hat: Normseitenformatierung auf weißem Papier DIN A4, einseitig bedruckt, durchnummeriert, mit einem Titeldeckblatt versehen und den Titel in der Kopfzeile sowie die Adressdaten des Autors in der Fußzeile wiederholend.

Mauerschau
Die Mauerschau (auch „Teichoskopie" genannt von griechisch „teichos" = Stadtmauer und „skopia = spähen, umschauen) ist ein Begriff aus dem Theater. Er bezeichnet einen mündlichen Bericht, den eine Figur über eine für die anderen Personen auf der Bühne und die Zuschauer nicht sichtbare Handlung liefert, die sich im selben Moment vor der Tür oder in der Ferne ereignet. Auf der Bühne steht diese Figur dazu meistens auf einer Stadt- oder Burgmauer oder an einem Fenster. In der Belletristik wird sie eher selten gebraucht (häufiger ist der → Botenbericht), um einen kur-

zen Sachverhalt mitzuteilen, der keine eigenständige Szene erfordert.

Monolog
(= griech. „Alleinrede") Der Monolog ist eine längere Textpassage, in der eine Figur ein Selbstgespräch führt, eine Rede hält oder längere Zeit spricht, ohne von einem anwesenden Zuhörer unterbrochen zu werden (siehe auch ➞ innerer Monolog).

Nebenplot
= Jeder Handlungsstrang einer Geschichte, der nicht zur Haupthandlung gehört. Ist der Hauptplot eines Kriminalromans die Aufklärung eines Mordes und verliebt sich der ermittelnde Kommissar in eine Zeugin, so ist Letzteres ein Nebenplot.

Novelle
Literarischer Text mit 90.000 – 270.000 Anschlägen (50 – 150 Seiten), der einen zentralen Konflikt nicht unbedingt chronologisch darstellt und auch nicht immer nur aus einer einzigen Perspektive. Charakteristisch sind das detaillierte Beschreiben und Herausarbeiten eines Höhepunktes oder Wendepunktes im Leben der Hauptperson sowie die damit verbundenen Folgen.

Normseite
Standard-Manuskriptformat mit maximal 30 Zeilen à 60 Anschlägen, 1,5-zeilig, linksbündig im Flattersatz mit dem Titel des Textes und der Seitenzahl in der Kopfzeile sowie dem Autorennamen und den Adressdaten in der Fußzeile.

Personale Perspektive, wechselnde personale Perspektive
Die Leser betrachten die Handlung durch die Augen einer bestimmten Person und erfahren die Situation so, wie diese Person sie erlebt. Die personale Perspektive ist durch die Verwendung der 3. Person Singular gekennzeichnet. Wird die 1. Person Singular verwendet, handelt es sich um die Ich-Perspektive. Die personale Perspektive kann wechseln = wechselnde personale Perspektive.

Personenbeschreibung
Die einem Exposé beigefügte Charakterisierung der darin vorgestellten Hauptpersonen. Wichtig ist hierbei weniger das Aussehen (es sei denn, es hätte Relevanz zum Geschehen, z. B. ein entstelltes Gesicht), als vielmehr ihre wichtigsten Charaktereigenschaften, ihre Motive und ihre Beweggründe, besonders auch das Kernbedürfnis ihres Wesens, d. h. was ihnen im Leben das Wichtigste ist (z. B. Gerechtigkeitssinn, Familienbande usw.). Die Personenbeschreibung steht meistens am Ende des Exposés. Ist eine Charakterisierung aber essenziell für das Verständnis der Exposéhandlung, sollte sie dem Exposé vorangestellt werden.

Perspektive
Die Perspektive legt fest, aus welcher Sicht die Geschichte oder eine einzelne Szene erzählt wird. Man unterscheidet zwischen auktorialer, semi-auktorialer, personaler, wechselnder personaler und Ich- Perspektive.

Plot
Die Grundidee und Haupthandlung einer Geschichte. Der Plot erzählt, wo und wie sie beginnt, was sich ereignet und wo und wie sie endet.

Plotpoint
= Wendepunkt der Geschichte, an der die Haupthandlung eine neue Richtung einschlägt. Zwei Plotpoints sind für jede Geschichte unerlässlich: 1. der Punkt, an dem die Handlung (eventuell nach einer Einleitung) richtig losgeht; 2. der Punkt, an dem die Wendung das Ende vorbereitet (z. B. der Kommissar findet den entscheidenden Hinweis auf den Täter). In Romanen sollte es immer mehrere, für den Leser möglichst unerwartete Plotpoints geben.

Prämisse
(= lat. „das Vorausgeschickte") Die Prämisse schildert – meistens nur in einem einzigen Satz – die Wandlung, die eine Figur im Lauf einer Romanhandlung durchmacht und enthält die Ausgangssituation, den Hauptkonflikt und die Lösung dieser einen Person. Prä-

missen sind Bestandteil der Personenbeschreibung eines Exposés, aber nicht zwangsläufig dafür erforderlich.

Prolog
(griech. „Vorrede") Eine nicht unbedingt mit der Überschrift „Prolog" betitelte kurze Szene, die dem Beginn der Haupthandlung vorangestellt wird und oft in der Vergangenheit angesiedelt ist. Oft erschließt sich die Bedeutung dieser Szene für die Handlung erst im Lauf der Geschichte oder ganz zum Schluss.

Protagonist
(griech. = „der Erste der Handelnden") = die Hauptperson, der Held/die Heldin, dessen/deren Geschichte in erster Linie erzählt wird.

Pseudonym
(= griech. „Falschname") = der (frei erfundene) Künstlername, unter dem ein Autor seine Werke veröffentlicht.

Publikumsverlag
Seriöser (größerer) Verlag, der seinen Autoren für ihre Arbeit ein Honorar bezahlt.

Pulp Fiction
(Pulp = „Schund") Englische Bezeichnung für Trivialliteratur, besonders Heftromane und Taschenromane, also Literatur, die keine gehobenen Ansprüche an Inhalt, Form und Authentizität stellt.

Quest, The
(engl. = „die Suche") Eine Handlung, die sich oft über eine (Roman-) Serie erstreckt und die Suche nach einem Schatz, einer Erkenntnis oder anderen wichtigen Dingen bezeichnet. Manchmal wird auch die Heldenreise so bezeichnet (→ Kapitel 3 Punkt 8).

Rahmenexposé
Das Rahmenexposé enthält nur die wichtigen Handlungsstränge und Zusammenhänge, die die Hauptfiguren betreffen. Unwichtige Nebenfiguren werden nicht erwähnt. Es ist nicht länger als ca. 2 –

3 Seiten (evt. plus Personenbeschreibung) und die Inhaltsangabe, die einem Verlag zusammen mit einer Textprobe eingereicht wird.

Roman
Literarische Textform mit mindestens ca. 360.000 Anschlägen (120 Normseiten). Kennzeichnend ist eine komplexe Handlung mit mindestens zwei Hauptpersonen (dem Protagonisten und dessen Antagonisten) und mehreren Handlungssträngen, die (nicht immer) zeitgleich ablaufen und miteinander verwoben sind. Es können beliebig viele Personen auftreten und beliebig viele Schauplätze gewählt werden. Ein Roman umfasst oft einen längeren Lebensabschnitt. Bei Krimis und Thrillern, in denen es um die Aufklärung eines Verbrechens geht und die von der Dynamik der Handlung leben, gibt es Ausnahmen.

Semi-auktoriale Perspektive
Halbauktoriale Perspektive. Eine Erzählperspektive, die die personale Perspektive subtil mit auktorialen Elementen mischt, z. B. für die Beschreibung des Aussehens einer Person.

Setting
Das (Lebens-) Umfeld der Protagonisten, Antagonisten und die Orte, an denen die Handlung eines Romans oder einer Story stattfindet.

Shortstory
Mini-Kurzgeschichte. Sehr kurze Geschichte mit 500 – 1000 Anschlägen und einer Länge von ca. ½ – 1 Normseite. Die Shortstory wirft ein Schlaglicht auf eine einzige kurze Szene und hat nur eine, höchstens zwei handelnde Figuren.

Stilblüten
Durch falsche Wortwahl, Satzstellung, Wortfolgen, Satzbezüge oder Doppeldeutigkeit ungewollt komische Formulierung.

Softcover
Ein Buch gleich welchen Formats mit einem flexiblen Einband.

Story
1. Kurzgeschichte. 2. Der Kernpunkt, die Geschichte eines Romans oder einer längeren Geschichte, Erzählung etc.

Storyline
(= „Geschichtenlinie") Der Handlungsbogen bzw. das Muster, dem eine Geschichte folgt. Beispiel: *Eine Frau verliebt sich in einen Vampir, Werwolf oder anderes übernatürliches Wesen; es gibt aufgrund seiner Natur Probleme, die ihre Liebe scheitern zu lassen drohen, aber am Ende siegt die Liebe mit einem Happy End* = die Storyline des Dark Romance Genres.

Subtext
siehe Dialog

Synopsis
Knappe Zusammenfassung eines Textes in nur wenigen Sätzen. Diese Bezeichnung wird auch oft für den Klappentext/Covertext gebraucht.

Taschenbuch
Ein kleinformatiges Buch (12 x 18 – 19 cm) mit einem Softcover-Einband.

Taschenroman
Ein im Taschenbuchformat produzierter Roman mit 215.000 – 360.000 Anschlägen (120 – 200 Seiten, in Ausnahmefällen bzw. bei Sonderserien mehr), der inhaltlich ein Heftroman in ungefähr doppelter bis dreifacher Länge ist. Er gehört meistens zu einer Romanserie, in der entweder immer wieder dieselben Personen eine Rolle spielen oder die innerhalb eines Genres eine Serie mit wechselnden Figuren bilden (z. B. die „Mystery"-Serie des Cora-Verlags).

Treatment
= englischer Begriff für ein Exposé, der aber hauptsächlich im Drehbuchbereich verwendet wird.

„Witwen" & „Waisen"
„Witwe" nennt man eine Figur oder einen Handlungsstrang, die/der zunächst als wichtig aufgebaut, dann aber nicht mehr aufgegriffen wird. Der Handlungsstrang bzw. die Geschichte der Figur wird nicht zu Ende erzählt und bleibt offen. Der Strang/die Figur spielt bis zu einem bestimmten Punkt im Roman eine Rolle, verschwindet aber sang- und klanglos in der Versenkung, sobald sein/ihr Zweck erfüllt wurde. Obwohl noch Fragen offen bleiben, erfährt oder erahnt man nicht, was weiter daraus wird. Beispiel: ein falscher Verdächtiger in einem Krimi, der nicht mehr auftaucht, sobald der Ermittler die Spur zum wahren Täter gefunden hat.

Die „Waise" ist dagegen eine Figur, die (meistens) am Ende eines Romans aus dem Nichts erscheint und die Lösung bringt, ohne vorher schon jemals erwähnt worden zu sein. Beispiel: der wahre Täter in einem Kriminalroman, auf den es bis zum Schluss nicht den geringsten Hinweis gab und der deshalb auch noch nie erwähnt wurde.

In guten Romanen findet man weder „Witwen" noch „Waisen".

Zuschussverlag
= DKZV (siehe dort)

Weiterführende Literatur

Diese Bücher gehören in das Regal jeder Schriftstellerin und jedes Schriftstellers:

- Rechtschreib-Duden (Duden Band 1)
- Wörterbuch der Synonyme (Duden Band 8)
- Fremdwörterlexikon (Duden Band 5)
- ein Grammatik(lehr)buch
- ein gutes Konversationslexikon
- das aktuelle „Jahrbuch für Autorinnen und Autoren" (erscheint alle zwei Jahre; Preis: 29,90 €), Autorenhaus Verlag Berlin. In diesem Buch finden Sie nicht nur nützliche Sachartikel über Schreibhandwerk und Literaturbetrieb, sondern vor allem auch Adressen und Informationen über (fast) alle seriösen deutschsprachigen Verlage – eine Fundgrube für die Recherche, wem Sie Ihr Manuskript anbieten können.
- „Handbuch für Autorinnen und Autoren", 7. Auflage, Uschtrin Verlag München 2010. Dieses Buch beantwortet unter anderem alle Fragen zu Verlagskontakten, der rechtlichen Seite des Schriftstellerberufs sowie alles, was man wissen muss, um ein Manuskript professionell zu gestalten. Außerdem enthält es zu allen Literaturarten (Roman, Theaterstück, Hörspiel, Drehbuch etc.) nützliche Tipps und ebenfalls eine Fülle von entsprechenden Verlags- und Redaktionsadressen (Preis: 43,- €).

Spezielle Literatur, die Ihnen weiterhilft, das Schreibhandwerk zu perfektionieren, finden Sie im Literaturverzeichnis, dessen Werke mir – neben meinen persönlichen Erfahrungen – als Quellen für dieses Buch dienten.

Literaturverzeichnis

Alpers, Hans J./Fuchs, Werner/Hahn, Ronald M.: Lexikon der Horrorliteratur. Erkrath 1999.
Beinhart, Larry: Crime. Kriminalromane und Thriller schreiben, Berlin 2003.
Dietmann, Ulrike: Ulrikes „Heldenreise". Hollywoods Erfolgsgeschichte auf dem Prüfstand, in: TextArt 1/2009, S. 42 – 46.
Egri, Lajos: Dramatisches Schreiben. Theater – Film – Roman. Berlin 2003.
Egri, Lajos: Literarisches Schreiben. Starke Charaktere, originelle Ideen, überzeugende Handlung. Berlin 2002.
Frey, James N.: Wie man einen verdammt guten Roman schreibt. 2 Bde. Band 1 Köln 1996, Band 2 Köln 1998.
George, Elizabeth: Wort für Wort – oder: Die Kunst, ein gutes Buch zu schreiben. 3. Aufl. München 2004.
Glomp, Ingrid: Gut und verständlich schreiben. Norderstedt 2010.
Gotham Writers' Workshop/Steele, Alexander (Hg.): Creative Writing. Romane und Kurzgeschichten schreiben. Berlin 2004.
Harenberg Literaturlexikon. Autoren, Werke und Epochen, Gattungen und Begriffe von A bis Z. Dortmund 2003
McClanahan, Rebecca: Word Painting. A Guide to Writing More Descriptively. Cincinnati 1999.
McKee, Robert: Story. Die Prinzipien des Drehbuchschreibens. 5. Aufl. Berlin 2008.
Lodge, David: Das Handwerk des Schreibens. Hamburg 2007.
Roentgen, Hans Peter: Drei Seiten für ein Exposé. Fischbachtal 2010.
Roentgen, Hans Peter: Vier Seiten für ein Halleluja. Fischbachtal 2008.
Seger, Linda: Von der Figur zum Charakter – Unvergleichliche Filmcharaktere erschaffen (Originaltitel: *Creating unforgettable characters – A practical guide to character developement in: films, TV series, advertisements, **novels & short stories***), 2. Aufl. Berlin 2001.
Stein, Sol: Über das Schreiben. 10. Aufl. Frankfurt a.M. 2006.
Waldscheidt, Stephan: Immer schön hängen lassen! Wie Sie Ihre Leser aufs Angenehmste quälen, in: TextArt 3/2009, S. 8 – 11.
Zuckerman, Albert: Bestseller. Der Agent von Ken Follett über die Kunst und das Handwerk, einen Bestseller zu schreiben. Bergisch Gladbach 2000.

Schreibkurse

Folgende Kurse können Sie als Fernkurse per E-Mail oder Post belegen (nähere Infos und Anmeldung unter www.mara-laue.de).

1. Grundkurs Kreatives Schreiben (für Anfänger/-innen)
In 17 Lektionen erarbeiten Sie sich das Handwerkszeug des kreativen Schreibens und entwickeln auf dieser Basis eine eigene druckreife Geschichte. Dauer: ca. 1 – 2 Jahre[51].

2. Themenschwerpunkt-Kurse (für Fortgeschrittene)
Sie beherrschen bereits die Grundlagen des kreativen Schreibens und wollen noch einzelne Themen vertiefen. Dazu stehen folgende Themen zur Auswahl:

    Kurs 1: Plotentwicklung/Handlungsaufbau
    Kurs 2: Methoden der Spannungserzeugung
    Kurs 3: Figurenentwicklung
    Kurs 4: Konfliktstruktur
    Kurs 5: Dialogaufbau
    Kurs 6: Perspektive und Rückblende
    Kurs 7: Show, don't tell – Einprägsames Beschreiben

Dauer: ca. 1 – 3 Monate, abhängig vom Thema

3. Romanentwicklung (für Fortgeschrittene)
Sie möchten einen Roman schreiben, haben schon eine Idee dafür und wollen nun deren Umsetzung professionell begleiten und coachen lassen. Oder Sie haben bereits einen Roman geschrieben, dem Sie den letzten Schliff geben möchten. In diesem Kurs erhalten Sie Kapitel für Kapitel Anregungen und Rückmeldungen bis zum letzten Satz. Der Kurs schließt mit der Ausarbeitung eines Verkaufsexposés für die Bewerbung bei einem Verlag.

Dauer: ca. 6 Monate – 2 Jahre (für einen durchschnittlich langen Roman von ca. 300 – 400 Normseiten)

---

[51] Die Kursdauer richtet sich immer nach den persönlichen Umständen der/des Studierenden hinsichtlich Zeit und Engagement. Die angegebenen Zeiten sind auf Erfahrung basierende Durchschnittswerte.

Weitere Bücher der Autorin

Die jeweils aktuellste Liste finden Sie auf www.mara-laue.de

1. Kriminalromane

Die dritte Seite

Als Wilhelm Dreyer seine Geliebte erstochen in ihrer Wohnung findet, flüchtet er, statt die Polizei zu rufen und bittet seine junge Frau Amanda, ihm ein falsches Alibi zu geben. Doch Hauptkommissar Ralf Zell kommt ihm recht schnell auf die Schliche und fördert im Laufe der Ermittlungen ein Netz aus Lügen, Intrigen und Täuschungen zutage, durch das nicht nur Wilhelm Dreyer schwer belastet wird. Seine Frau gerät ebenfalls unter Verdacht, besonders da die undurchsichtige Künstlerin ein auffallendes Interesse an den Ermittlungen zeigt. Aber auch die Tote hatte einiges zu verbergen, und als auf Amanda Dreyer ein Mordanschlag verübt wird, erhält der Fall eine ganz neue Wende. Ralf Zells 1. Fall
ISBN 978-3-9812428-5-0, Preis: 15,50 €

Schwarze Dame Tod

Kaum aus dem sonnigen Süden heimgekehrt steht Kommissar Ralf Zell im heimischen Nieselregen am Schauplatz eines ungewöhnlichen Verbrechens. An einer verlassenen Bushaltestelle liegt eine Leiche: der Schwiegersohn des größten Baulöwen von Braunschweig. „Schwarze Dame Tod" stammelte er noch, bevor er starb. Ein Raubmord? Aber die Kugel stammt aus einer schallgedämpften Waffe. Ein Auftragsmord? In Braunschweig? Die Ermittlungen im Umfeld des Toten werfen mehr Fragen auf, als sie beantworten. Warum reagiert die Ehefrau so kühl? Und hatte das Opfer wirklich eine Geliebte? Immer mehr Indizien weisen auf die Sängerin Nicki Raven, die so gerne Schwarz trägt. Eine verführerische Dame, um die Kommissar Zells Gedanken nicht nur beruflich immer intensiver kreisen. Ralf Zells 2. Fall
ISBN: 978-3-86680-755-6 – € 12,-

Smaragdjungfer. Ein Wilhelmshaven-Krimi

- Ein verschwundener Datenträger mit wichtigen Beweisen
- ein Verbrecher mit Beziehungen bis in die höchsten Kreise
- eine traumatisierte Ermittlerin, die zur Gejagten wird
- und ein Fall, bei dem nichts so ist, wie es zunächst scheint

Kriminalkommissarin Paula Rauwolf hat einiges hinter sich. Und ihr neuer, strafversetzter Kollege Lukas Rambacher ist auch kein Quell der Freude. Wenigstens ist ihr neuer Fall ziemlich eindeutig. Mit blutigen Händen neben der Leiche, da wird auch der trickreichste Rechtsverdreher diesem Jerome Kastor nicht helfen können. Aber das ist gar nicht nötig. „Mangel an Indizien, ermitteln Sie in eine andere Richtung!" Ist der Staatsanwalt verrückt geworden? Wer hält seine schützende Hand über Kastor? Paula ist fest entschlossen, das herauszufinden. Als sie eine Verbindung zwischen Kastor und dem mächtigen Reeder Witold Graf entdeckt, scheint alles klar. Über Graf gibt es ja schon lange Gerüchte, andererseits ist er mit den Spitzen von Politik und Gesellschaft auf Du und Du. Doch als die Ermittler Graf und Kastor zu nahe kommen, geraten sie selbst in höchste Gefahr.
ISBN 978-3-86680-870-6 – 12,00 €

Talisker Blues. Ein Schottland-Krimi
(März/April 2012)

Kieran MacKinnon saß zwanzig Jahre im Gefängnis wegen Mordes an seiner Freundin. Völlig betrunken soll er sie eines Nachts am Strand erstochen haben. Die Beweise sprechen dafür, er kann sich an nichts erinnern. Jetzt kehrt er zurück in seine Heimat auf die Insel Skye und versucht, sich ein neues Leben aufzubauen. Doch bald darauf wird wieder eine Frauenleiche gefunden. Und wie damals liegt eine Whiskyflasche mit Kierans Fingerabdrücken neben ihr ...
ISBN 978-3-940258168 – 12,90 €

Neu in 2012:
- „Runenmal" – Ralf Zells 3. Fall (März 2012)
- „Zwölf Stunden Frist" (Oktober 2012)

2. Urban Fantasy/Fantasy

Das Gesetz der Vampire
Okkult-Krimi

Vampire, Dämonen und ein teuflisches Komplott
Nachdem der Jäger Ashton Ryder den vampirischen Mörder seiner Frau getötet hat, verwandelt ihn dessen Geliebte aus Rache ebenfalls in einen Vampir. Voller Hass macht er erbarmungslos Jagd auf seine neuen Artgenossen, bis er von den „Wächtern", der Polizei der Vampire, gestoppt wird. Sie zwingen Ashton, sich in die Gemeinschaft der Vampire einzugliedern und ihre strengen Gesetze zu befolgen. Als er einem Komplott auf die Spur kommt, das einige Vampire mit Hilfe von Dämonen schmieden, um die Wächter auszulöschen, muss er sich entscheiden, wohin er gehört – oder versuchen, das mysteriöse Heilmittel zu finden, welches den vampirischen Keim in ihm vernichten könnte. Doch das befindet sich im Besitz einer Dämonin.
Band 1 der Ashton-Ryder-Trilogie
ISBN 978-3-940036-07-2, Preis: 15,70 €

Göttin der Finsternis
Okkult-Krimi (November 2011)

Ashton Ryders Höllentrip – Wer aus der Unterwelt zurückkehrt, ist nie mehr derselbe
Der junge Vampir Ashton Ryder hat sich gerade erst in seine Ämter als Wächter und neues Oberhaupt der New Yorker Vampire eingelebt, als die Wächter mit einer ernsten Bedrohung konfrontiert werden. Yassarra, die schwarze Vampirgöttin, ist erwacht und schickt sich an, ihre grausame Herrschaft über die Vampire zu etablieren. Als Ashton ihr in die Hände fällt und in die Unterwelt verschleppt wird, gibt es nur ein Mittel, ihn und seine Seele zu retten: ein dunkles Geheimnis, das die Dämonin Sam Tyler hütet. Doch das zu benutzen, hätte nicht nur für Sam fatale Folgen. Es könnte auch das fragile Gleichgewicht der magischen Kräfte in

der Welt zerstören – mit unabsehbaren Folgen für die magische Gemeinschaft und unzählige Menschen.
Band 2 der Ashton-Ryder-Trilogie

Sanktuarium
Okkult-Krimi (Sommer/Herbst 2012)

Vampir, Werwolf und Dämonin – mit diesem Trio sollte man sich besser nicht anlegen
Ashton Ryder hat schwere Schuld auf sich geladen. Um sie zu sühnen, wird ihm vom Rat der Wächter auferlegt, zum „Sanktuarium" zu pilgern, dem größten Heiligtum der Vampire, das verborgen in Russlands Wäldern liegt. Dort angekommen, müssen er und seine Begleiter – die Dämonin Sam Tyler und ihr Gefährte, der Werwolf Nick Roscoe – feststellen, dass der Hüter des Sanktuariums von einem Werwolf ermordet wurde. Nick gerät in Verdacht, und ehe die drei sich versehen, geraten sie zwischen die Fronten eines sich anbahnenden Vernichtungskrieges von Werwölfen und Vampiren. Doch wer steckt wirklich hinter dem Mord, und welchem Zweck dient die grausame Tat?
Die Antwort könnte in dem Geheimnis liegen, das seit Jahrtausenden im Sanktuarium bewahrt wird. Und nur dieses Geheimnis könnte Ashton und auch Nick ihren Seelenfrieden zurückgeben.

Dämonenerbe 1: Erweckung
Dark Romance

Bronwyn Kelley hat als Journalistin ein aufregendes Leben, das plötzlich noch ereignisreicher wird. Sie entwickelt magische Kräfte und muss feststellen, dass sie dadurch zur Zielscheibe eines fanatischen Mönchsordens geworden ist. Der geheimnisvolle und attraktive Halbdämon Devlin Blake könnte ihr Antworten geben, denn auch er verfügt über magische Kräfte. Er bietet Bronwyn an, sie im Gebrauch ihrer Magie zu unterrichten. Keineswegs selbstlos, denn Devlin verfolgt eigene Pläne. Er braucht Bronwyn, um

ein magisches Tor zu öffnen, das den Dämonen ungehinderten Zutritt zur Welt der Menschen ermöglicht. Doch eben das wollen andere Parteien durch ihren Tod verhindern. Um zu überleben muss sie sich auf Devlin einlassen – mit unvorhersehbaren Konsequenzen für sie beide. Denn in diesem tödlichen Spiel ist nichts so, wie es zu sein scheint.
ISBN 978-3941547445, 16,50 €

Dämonenerbe 2: Prophezeiung
Dark Romance (Mai 2012)

Sie sind dazu ausersehen, das magische Tor zu öffnen, das den Dämonen den Weg in die Welt öffnet. Doch die beiden Halbdämonen Bronwyn und Devlin haben andere Pläne. Fest entschlossen, das Tor für immer zu versiegeln, suchen sie in Indien nach der Vajramani-Prophezeiung, die den einzigen Hinweis enthält, wie sie die Absichten der Dämonen durchkreuzen können. Andere Leute haben dasselbe Interesse, wollen aber die Gefahr beseitigen, indem sie Bronwyn und Devlin töten. Obendrein wollen die Nagas, uralte Schlangendämonen, sie für ihre eigenen Zwecke benutzen.
So wird der Trip nach Indien zu einer enormen Belastung ihrer noch jungen Liebe. Um ihren Feinden zu entkommen, müssten sie ihre magischen Kräfte vereinen, indem sie ihre Seelen unauflöslich miteinander verbinden. Doch Bronwyn schreckt vor diesem ultimativen Test ihres Vertrauens zurück, denn Devlin hat sich verändert und zeigt immer stärker seine dämonischen Züge. Ist er noch der Mann, den sie liebt, oder hat das Oberhaupt der Nagas bereits von ihm Besitz ergriffen? Und wieso hat ihr dämonischer Leibwächter Gressyl plötzlich eine so starke geistige Verbindung mit ihr?
Bronwyn steht vor einer schweren Entscheidung, denn von der Kraft ihrer Liebe hängt es ab, ob sie Devlins Seele retten und sich damit auch die alte Prophezeiung zum Wohl der Menschen erfüllen kann.

Dämonenerbe 3: Erben der Macht
Dark Romance (Dezember 2012)

Die Wintersonnenwende steht bevor, an der Devlin und Bronwyn mit ihrer rituellen Bluthochzeit das Eine Tor öffnen sollen, das allen Dämonen ungehinderten Zutritt zur Menschenwelt verschafft. Zwar hat die Vajramani-Prophezeiung ihnen einen Weg gezeigt, das zu verhindern. Doch der Schlüssel dazu liegt 3000 Jahre in der Vergangenheit. Um ihn zu finden, müssen beide nicht nur eine lebensgefährliche Zeitreise unternehmen. Sie müssen auch ihre Feinde davon überzeugen, dass sie auf deren Seite stehen. Die haben sich jedoch miteinander verbündet und blasen zur finalen Jagd auf Bronwyn und Devlin – die Einzigen, die das Eine Tor für alle Zeiten versiegeln könnten. Doch der Preis dafür ist hoch. Werden die beiden Halbdämonen bereit sein, ihn zum Wohl der Menschen zu bezahlen oder sich für die Macht entscheiden, deren Erben sie sind, und die Herrschaft über Dämonen und Menschen antreten?

Zeit der Zauberin
Fantasyroman

Bedrohliche Omen künden von der Rückkehr einer todbringenden Macht, die der grausamen Blutgöttin Sirrattah die Herrschaft über Sairónhderell bringen soll. Nur die Magie eines Drachen vermag das Artefakt zu vernichten, das diese Macht bewahrt. Allerdings gibt es schon lange keine Drachen mehr in der Welt. Deshalb wird Kiuna, eine junge Kriegerin und Zauberin, ausgesandt zu versuchen, das Artefakt der Macht auf andere Weise zu zerstören. Doch Kiunas magische Kräfte sind nur ungenügend ausgebildet, und ihr bleibt nicht viel Zeit, um das geheimnisvolle „Drachenheil" zu finden und die erforderliche Magie zu erlernen, ehe sie dem Hohepriester der Blutgöttin im magischen Duell gegenübertreten muss, dessen dunklen Kräften schon die mächtige Silberhexe nicht gewachsen war. Und niemand weiß, auf wessen Seite die „Meisterin der Schatten" stehen wird, wenn die Zeit der Zauberin beginnt. *Lassen Sie sich entführen in eine Welt voller Magie, Gefahren, Geheimnisse und Liebe!*
ISBN 978-3-940209-26-9, Preis: 19,90 €

Sukkubus
Okkult-Krimi-Serie
19-teilige Online-Serie als kostenloser PDF-Download:
www.geisterspiegel.de/Stories & Lyrik/Serien/Sukkubus

Samantha „Sam" Tyler – Privatdetektivin, Bodyguard und Sicherheitsexpertin – hat es in ihrem Job nicht nur mit profanen Fällen zu tun. Ausgestattet mit magischen Fähigkeiten nutzt sie diese, um die Menschen sowohl vor den Geschöpfen der Unterwelt wie auch gewöhnlichen Verbrechern zu beschützen. Doch ihre magischen Kräfte sind nicht von dieser Welt, denn Sam ist der Sukkubus Tai'Samala – eine Dämonin, die sich vom Sex mit Menschen ernährt. Dass sie ihre wahre Natur vor den Menschen verbergen muss, macht ihr das Leben nicht gerade leichter, ebenso wenig wie ihr Seelenbund mit dem Werwolf Nick Roscoe und der Bluteid, der sie mit dem uralten Dämon Axaryn verbindet. Außerdem halten ihre drei Töchter sie auf Trab: das Medium Abby, die Dryade Siobhan und Danaya, deren Vater Luzifer ist.

Ab Frühjahr/Sommer 2013 wird die Serie mit dem 2. Zyklus als Buchreihe im Verlag Torsten Low fortgeführt.

Neu in 2012 – 2013:
- „Schattenwolf 1: Der Fluch der Wölfin" – Okkult-Krimi; Start einer neuen Romanserie auf www.geisterspiegel.de (September 2012)
- „Sukkubus 1: Der Blutpriester" – Okkult-Krimi (Verlag Torsten Low, Frühjahr 2013; Beginn des 2. Zyklus der Sukkubus-Serie)

3. Science Fiction

REX CORDA NOVA Band 6: Todesfalle Noki-Som

Fast zehntausend Lichtjahre von der Erde entfernt befindet sich das System der Sonne Noki-Som. Die Besatzung des Hantelraumers HENDRO RIMMIN hat hier zwei von den Orathonen erbeutete Raumschiffe untergebracht. Am Rand des Nachbarsystems, der roten Riesensonne Rubin, liegt die Vakuole der Zeitlosen, eine Art künstliches Mini-Universum. Aus der Vakuole fliegt ein Raumschiff der Kynother und sendet einen Notruf aus. Dieser Hilferuf wird nicht nur von den beiden terranischen Stationen Domino und Clearwater empfangen, sondern auch von den Kynothern. Beide Parteien senden Rettungstrupps aus, die nach Überlebenden Ausschau halten sollen.

Anfangs scheint alles gut zu gehen, doch gerade als beide Trupps bei dem Raumschiff eintreffen, erscheinen die Orathonen. Wo immer Mitglieder dieses Volkes auftauchen, hinterlassen sie Tod und Zerstörung. Und so sind Menschen und Kynother auf einander angewiesen, obwohl Letztere aufgrund ihrer leidvollen Geschichte niemandem mehr trauen können.
ISBN 978-3-942079-29-7, Preis: 15,90 €

REX CORDA CLASSIC (Co-Autorin)

Band 20: Die ewige Strafe (mit H. G. Francis und M. H. Rückert)
Band 21: Flucht aus der Hölle (mit Margret Schwenkendiek)
Band 22: Ein Toter soll nicht sterben (mit Dirk van den Boom)
Band 23: Der falsche Agelon (mit Margret Schwenkendiek)
Band 24: Planet der Rätsel (mit Margret Schwenkendiek)
Band 25: Tod einer Zeitlosen (mit Margret Schwenkendiek)
Band 26: Khara am Abgrund (mit Margret Schwenkendiek)
ff

Jedes Jahr 2 – 3 neue Titel

4. Theaterstücke

Der Liebesorden
Komödie (Sketch)

Eine Couch erzählt von ihrem bewegten Leben „unter" ihren Menschen und erhält zum Dank für ihre Dienste als „Kupplerin" den Liebesorden.

Abgestürzt
Sozialkritisches Stück

Maya Heller ist eine gestandene Frau, die sich durch nichts unterkriegen lässt. Deshalb ist sie, als sie ihren Job als Chefsekretärin durch die Insolvenz der Firma verliert, auch sehr zuversichtlich, schnell wieder eine neue Stelle zu finden. Doch trotz, vielmehr gerade wegen ihrer hervorragenden multiplen Qualifikationen wird sie immer wieder abgelehnt und stürzt schließlich in den Bezug von Hartz IV ab.
    Sie erlebt nicht nur auf dem Amt Demütigungen, sondern auch von ihren Nachbarn, die sie als arbeitsscheu und asozial diffamieren. Mit jeder neuen Absage wächst die Verzweiflung über den unerträglichen Zustand der unverschuldeten Armut und Fremdbestimmung durch das Amt. Doch während ihr jüngerer Bruder – schon lange Harzt-IV-Empfänger – sich mit der Situation arrangiert hat und gar keinen Job will, weil er mit dem „Einkommen" durch Kleinkriminalität viel besser dasteht, wehrt sich Maya mit Händen und Füßen dagegen, ihre Situation als unabwendbar zu akzeptieren und ersinnt schließlich eine Strategie, aus der Armut herauszukommen.

Und tschüss!
Jugendstück

Svenja findet das ganze Leben Scheiße. Die Eltern nerven sie, die kleine Schwester tyrannisiert sie, Lehrer Gropius hackt nur auf ihr rum, und überhaupt ist die Schule das Letzte. Was liegt da näher, als sich auszuklinken, mit Freunden abzuhängen und mithilfe bunter Pillen und Alkohol dem Alltag zu entfliehen. Natürlich geht das nicht lange gut und macht alles nur noch schlimmer. Als obendrein auch noch ihr Freund mit ihr Schluss macht, nimmt sie eine Überdosis, um sich umzubringen. Während die Ärzte verzweifelt um ihr Leben kämpfen, begegnet sie dem leibhaftigen Tod, der ihr nicht nur eine völlig neue Sicht auf das Leben eröffnet, sondern ihr am Ende auch noch eine zweite Chance gibt.

5. Lyrik

Träume im Sternkristall – Ein Jahr in 366 Gedichten
2. Auflage (Dezember 2011)

Ein Gedicht für jeden Tag des Jahres – das bedeutet eine Fülle von Beobachtungen über Lebensfreude, Naturerscheinungen, ironische Episoden über menschliche Schwächen, zauberhafte Begegnungen mit Mensch, Tier, Gewitterhexe und manch anderem ungewöhnlichen Geschöpf.
Lassen Sie sich verzaubern auf einer lyrischen Reise durch die Jahreszeiten.

Neu in 2012/2013:

- Am Ende des Regenbogens – Ein 2. Jahr in 366 Gedichten (2012)
- Seelenblumen – Lyrik zwischen Traum und Tag (2013)

6. Anthologien

Lebensbrüche, Wendepunkte und die Dinge dazwischen
21 Geschichten aus dem prallen Leben (2. Auflage Januar 2012)

Ob Amüsantes über einen teuren Lustkauf, eine nachdenklich stimmende Begegnung mit dem Tod, Erlebnisse von Menschen vor schwerwiegenden Entscheidungen, ein satirischer Nachruf auf einen stadtbekannten Zuhälter oder wie einem Fleischliebhaber ein Sojaschnitzel untergejubelt wird – diese Geschichten sind mitten aus dem Leben gegriffen.
Kleine Lesevergnügen zum Entspannen und für Zwischendurch.

Nachtgeschöpfe
13 Gruselgeschichten (März 2012)

Ist der geheimnisvolle Mr. Harper tatsächlich ein Vampir? Wer lebt in dem düsteren Haus auf dem Hügel mitten im Wald? Ist die wunderschöne Frau, die der alte Henri Durant seit Jahren verfolgt, wirklich eine Werwölfin? Oder gibt es für alles eine ganz harmlose Erklärung? Doch was verbirgt sich in dem seltsamen Spiegel, der nie das Bild des Betrachters reflektiert, sondern ...?
Gruseln Sie sich mit 13 Storys, die Ihnen die Haare zu Berge stehen lassen

7. Sachbücher

Brotzeit – Wissenswertes, Anekdoten und Gedichte rund ums Vollwertbrot

Dieses Buch bietet Ihnen:

- amüsante Gedichte
- eine Brotgalerie mit 40 Farbfotos
- Informatives über Brot und seine Zutaten
- Wissenswertes und Anekdoten
- Zutatenlisten der vorgestellten Brote
- Rezepte
- und jede Menge Spaß beim Lesen!

Nach dieser Lektüre werden Sie Ihr Brot mit ganz anderen Augen sehen! Ein Buch nicht nur zum selbst Lesen, sondern auch ein besonderes Geschenk für alle, die gutes Brot zu schätzen wissen. ISBN 978-3842367302, Preis: 14,90 €

Neu in 2013:

- „Naturreligion heute – Glaube und Magie in Westeuropa"